高等职业教育产教融合系列教材

# 进出口贸易实务

吕孟荣　主编

北京理工大学出版社
BEIJING INSTITUTE OF TECHNOLOGY PRESS

**图书在版编目（ＣＩＰ）数据**

进出口贸易实务 / 吕孟荣主编. -- 北京：北京理工大学出版社，2023.11（2023.12重印）

ISBN 978-7-5763-3178-3

Ⅰ．①进⋯ Ⅱ．①吕⋯ Ⅲ．①进出口贸易-贸易实务-高等学校-教材 Ⅳ．①F740.4

中国国家版本馆 CIP 数据核字（2023）第 232898 号

责任编辑：王梦春　　　文案编辑：邓　洁
责任校对：刘亚男　　　责任印制：施胜娟

出版发行 / 北京理工大学出版社有限责任公司
社　　址 / 北京市丰台区四合庄路 6 号
邮　　编 / 100070
电　　话 / （010）68914026（教材售后服务热线）
　　　　　　（010）68944437（课件资源服务热线）
网　　址 / http：//www. bitpress. com. cn

版 印 次 / 2023 年 12 月第 1 版第 2 次印刷
印　　刷 / 涿州市京南印刷厂
开　　本 / 787 mm×1092 mm　1/16
印　　张 / 15
字　　数 / 352 千字
定　　价 / 45.00 元

# 前　　言

习近平总书记在党的二十大报告中指出："推动货物贸易优化升级，创新服务贸易发展机制，发展数字贸易，加快建设贸易强国。"这是以习近平同志为核心的党中央站在新的历史起点上，统筹中华民族伟大复兴战略全局和世界百年未有之大变局作出的重大战略安排，为新时代新征程贸易强国建设指明了前进方向，提供了根本遵循。

我国货物贸易、服务贸易分别跃居全球第一位和第二位，货物与服务贸易总额连续两年位居全球第一位，贸易大国地位进一步巩固，贸易结构不断优化，贸易效益显著提升，正在向贸易强国迈进。过去我国经济腾飞离不开贸易带动作用，未来贸易仍将是我国经济高质量发展的重要动力。建设贸易强国是全面建设社会主义现代化国家的必然要求，具有重大而深远的意义。

《进出口贸易实务》就是在这样一个背景下编写的以适应时代要求的教材，同时，也是"双高建设"的建设课程之一。随着跨境贸易的日益发展，进出口贸易已经成为推动经济发展的重要力量。因此，本教材的编写旨在为学生提供系统全面的进出口贸易知识，帮助他们掌握贸易实务技能，增强他们的国际经济意识和竞争力。

本教材内容丰富、条理清晰，涵盖了进出口贸易的基本理论和实践操作，是一门介绍进出口贸易实践的课程。主要内容包括进出口商品的买卖和贸易方式、进出口商品的运输、进出口商品的检验工作、进出口商品的海关报关、进出口商品的货运保险业务、进出口商品结算货款和提供资金的国际结算与银行信用业务、解决进出口业务纠纷的仲裁工作和司法审理等。同时，本教材还融入了最新的跨境贸易发展趋势和实践经验，为学生提供了更加全面和实用的知识。

本教材是浙江商业职业技术学院国家"双高计划"电子商务专业群所在专业的专业核心课程配套教材，由浙江商业职业技术学院吕孟荣主持编写，编写过程中，得到了各方面的支持和帮助，其中包括来自企业和学术界的专家和学者的宝贵意见和建议。作为校企合作的尝试，我们得到了来自以下企业的鼎力支持：阿里巴巴国际数字商业集团；浙江茶叶进出口公司；杭州富阳进出口公司；浙江华讯国际物流有限公司；Brilliant Toy co.，LTD Hangzhou Branch，杭州环宇集团有限公司；希望本教材能够成为一本优秀的教材，为培养高素质的进出口贸易人才做出贡献。高屋建瓴的顶层设计，高水平开放，离不开人才培养，离不开高素质人才培养体系的进一步完善。

另外，本教材的编写也得到了学生们的积极参与和反馈，他们的建议和意见为教材的不断完善和提高提供了重要的参考。

最后，我要感谢所有为本教材的编写和出版做出贡献的人员，在此特别要感谢浙江商业职业技术学院数字贸易课程组李欢博士、方榕等老师的大力支持，在编写工作上给予了极大的鼓励和帮助；也特别感谢校督导组的邵作仁教授，提供了大量宝贵建议和帮助。

作为数字化课程组的成果，数字化已成为一个关键词，我们将课程资源全部制作成了数字化资源，并与北京世纪超星信息技术发展有限责任公司合作，完成了网络课程的开发。

由于编写时间仓促，编者水平有限，难免有不少疏漏之处，恳请同行和读者批评指正。

编　者
2023 月 7 月于杭州西子湖畔

# 目　　录

# 第一单元
# 掌握跨境贸易流程

课件

✎ **单元介绍**

通过任务分解，充分了解并把握跨境贸易的出口流程、进口流程以及数字化贸易带来的机遇和挑战。

✎ **学习目标**

**知识目标：**

1. 了解有关国际贸易的基本概念；
2. 掌握国际贸易实务的基本流程；
3. 了解国际贸易数字化带来的新机遇。

**技能目标：**

1. 能够掌握进出口贸易的各个环节去完成制定合适的国际贸易策略。
2. 能够对跨境贸易市场进行基本的调研和市场供需分析。
3. 能够借助跨境电子商务平台完成贸易交易。

**素质目标：**

1. 具备创新和创业意识，能够在国际贸易中发现机遇和挑战，提升个人竞争力。
2. 具备团队合作精神，能够与国际同行共同推动国际贸易发展。
3. 提升全球化思维和跨文化交流能力，能够适应不同国家和地区的商务环境。

## 任务 1.1　了解出口贸易流程

✎ **任务描述**

出口贸易是一个复杂的流程，从确定出口商品、开拓海外市场，到完成交易、发货、收款等环节。为了更好地掌握出口贸易的全流程，我们需要了解各个环节的具体内容。

✎ **任务分析**

要完成这个任务，我们需要进行以下工作。

（1）市场调研：首先，需要了解目标市场的需求、消费者偏好、市场规模等信息，以便确定适合该市场的商品。同时，还需要了解目标市场的贸易政策、关税和法规，以制定合适的出口策略。

（2）商品定位与选择：根据市场调研结果，确定适合出口的商品，并考虑其质量、价格、竞争力等因素。同时，需要了解商品的供应链情况，包括生产周期、成本等。

（3）寻找合作伙伴：选择合适的出口贸易合作伙伴，包括供应商、代理商、物流服务商等。与供应商建立稳定的合作关系，确保商品质量和供应稳定；与代理商和物流服务商合作，以便完成交易和发货。

（4）出口许可申请：在出口前，需要向相关部门申请出口许可证。不同国家和地区的出口许可证要求可能不同，需要了解目标市场的许可证申请流程和要求。

（5）贸易条款与合同签订：根据商品类型和市场需求，确定合适的贸易条款（如离岸价、到岸价等），并与合作伙伴商谈和签订合同。合同应明确双方的责任和义务，保护双方的权益。

（6）货物采购与运输：根据合同要求，向供应商采购货物，并安排合适的运输方式（如海运、空运等）将货物运至目的地。同时，需要关注运输周期、货物保险等问题。

（7）进口清关与交付：在货物到达目的地后，需要进行进口清关手续。根据目标市场的规定，准备相关文件和缴纳关税。清关后，将货物交付给进口商或客户，确保交易顺利完成。

（8）收款与风险管理：根据合同约定的收款方式（如电汇、信用证等），及时收回货款。同时，关注汇率波动和潜在风险，采取相应的风险管理措施。

### 📝 知识储备

要成功完成这个任务，需要以下知识储备：

（1）市场营销知识：包括市场调研的方法、消费者行为分析、市场定位等。通过市场调研，能够准确地了解目标市场的需求和竞争情况，为商品定位和选择提供依据。

（2）商品知识：了解商品的性能、质量、价格等方面的信息，以便在市场上进行有效的竞争。同时，了解商品的供应链情况，包括生产周期、成本等，为合作伙伴选择和谈判提供支持。

（3）国际贸易法律法规知识：熟悉国际贸易相关法律法规和政策，包括关税、贸易壁垒、知识产权保护等。了解目标市场的法规要求，确保业务合规。

（4）合同与风险管理知识：了解合同的基本条款和风险条款，能够根据业务需求与合作伙伴商谈并签订合适的合同。同时，了解风险管理的基本原则和方法，能够采取有效的风险管理措施保护自身利益。

（5）物流管理知识：了解物流的基本流程和要求，包括货物运输、包装、保险等。根据商品特性和市场需求选择合适的运输方式，并合理安排物流计划，确保货物按时交付。

## 1.1.1 掌握出口贸易流程

### 1. 出口前准备阶段

（1）市场调研的方法。
了解目标市场的消费者需求、市场规模、行业趋势、竞争状况等信息，

市场调研与贸易
关系建立的方法

以便制定出口策略和计划。

①参加展会：参加国际贸易展览会可以了解目标市场的商品需求、市场规模、价格水平等信息，同时也可以与潜在客户建立联系。

②网络调查：通过网络搜索、社交媒体等方式了解目标市场的消费者喜好、品牌偏好、购买渠道等信息，可以为出口决策提供参考。

③政府机构调查：通过国家商务部、驻外使领馆等政府机构了解目标市场的贸易政策、法律法规、市场准入条件等信息，可以为企业的出口决策提供依据。

（2）出口商品的选择原则。

出口商品的选择原则，需要根据实际情况进行综合考虑，以选择合适的商品进行出口。

①生产能力和商品供应：选择出口商品时，应考虑该商品是否具有足够的外贸生产能力，是否能够稳定供应。

②商品适应性：商品是否适应目标市场的需求，是否能根据不同市场的需求进行适当的改变。

③目标市场的需求：商品在目标市场上的需求水平是选择出口商品的重要因素，可以通过考虑人口和物理环境、政治环境等因素来评估商品在市场中的潜力。

④竞争状况：需要考虑相同或相似商品在该市场上的竞争状况，避免出口商品的竞争劣势。

⑤经济效益和利润：需要考虑出口商品的经济效益和利润，是否能够为外贸企业带来稳定的收入。

⑥法律法规和国际标准：需要考虑目标市场的法律法规和国际标准，避免违反当地法规，影响出口商品的销售和形象。

⑦贸易壁垒和关税：需要考虑目标市场的贸易壁垒和关税，避免因关税等费用增加而影响出口商品的竞争力。

**2. 出口合同磋商阶段**

在出口合同磋商阶段，双方应该注重沟通和协商，尽可能达成双方都能接受的合同条款。同时，双方也需要注意合同的法律效力和风险控制，避免出现纠纷和损失。

（1）合同磋商。

出口合同磋商阶段包括四个环节：询盘、报盘、还盘和接受，也称为"四步法"。

① 询盘：买方向卖方发出询问，询问商品、价格、交货期限、付款方式等信息。

② 报盘：卖方根据买方的询盘，向买方报出商品、价格、交货期限、付款方式等信息。

③ 还盘：如果买方对卖方的报盘不满意，可以向卖方提出还盘，即提出新的条件或者价格。

④接受：如果买方对卖方的报盘满意，双方可以签署正式的出口合同，并按照合同履行各自的义务。

（2）合同签订。

在签订出口合同之前，双方应该仔细阅读合同条款，并确保自己理解和认可合同内容。在签订合同时，双方应该遵守国际贸易法律法规，避免出现纠纷和法律风险。签订合同后，双方应该按照合同履行各自的义务，确保交易顺利完成。

出口合同签订是出口交易的重要环节，主要包括以下内容。

①合同主体：合同签订双方的名称、地址、联系方式等信息。

②商品规格和数量：合同中应详细列明出口商品的规格、型号、品牌、数量等。

③价格条款：合同中应明确出口商品的价格、付款方式、货币种类、交付条件等。

④质量标准：合同中应明确出口商品的质量标准、检验标准、包装标准等。

⑤运输方式：合同中应明确出口商品的运输方式、运输费用、保险责任等。

⑥交货期限：合同中应明确出口商品的交货时间、交货地点、交货方式等。

⑦违约责任：合同中应明确出口合同中的违约责任、赔偿方式等。

⑧知识产权：合同中应明确出口商品的知识产权归属、使用权、保护方式等。

⑨争议解决：合同中应明确出口合同中可能出现的争议解决方式、仲裁机构等。

⑩其他条款：合同中应明确出口合同中的其他条款，如保密协议、技术支持等。

### 3. 出口合同履行阶段

在出口合同履行阶段，需要注意各个环节的细节，确保出口商品的质量和安全，避免出现纠纷和损失。同时，需要遵守国际贸易法律法规，确保交易合法合规。

出口合同履行阶段包括以下程序（图1-1）。

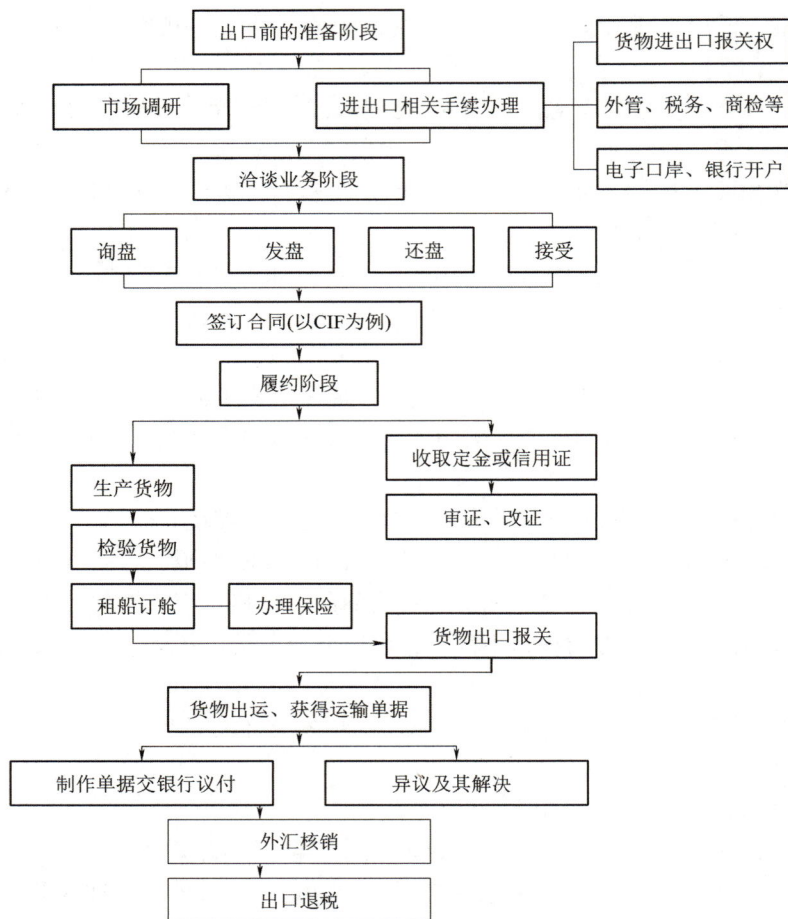

**图1-1　跨境货物出口贸易流程**

（1）按时备货：根据出口合同的规定，生产制造或采购出口商品。对出口商品进行质量检验和验收，确保商品符合合同规定的质量标准和规格要求。

（2）包装装运：对出口商品进行包装，按照合同规定的运输方式和条件进行装运。

（3）报关报检：按照出口国家和进口国家的法律法规，进行报关报检手续。

（4）运输保险：按照合同规定的运输方式和条件，购买运输保险，确保出口商品在运输过程中的安全。

（5）付款结算：按照合同规定的付款方式和时间，进行付款结算。

（6）货物交付：按照合同规定的交货时间和地点，将出口商品交付给买方。

（7）售后服务：提供售后服务，解决出口商品在使用过程中的问题和纠纷。

### 4. 合同履约后续阶段

出口合同的履约后续阶段需要企业严格遵守合同条款和国家法律法规，确保合法合规，维护企业声誉和品牌形象，避免出现损失和纠纷。

（1）出口外汇核销：出口外汇核销是指企业在完成对外贸易收汇后，需要向银行提交相关单证，以证明该笔收入符合国家外汇管理规定，并完成相关核销手续。

（2）出口退税：出口退税是指国家为鼓励企业发展对外贸易，对出口货物征收的增值税、消费税等税款予以退还的政策。企业可以根据相关规定申请退税，具体退税率和申请流程可能因地区和行业而异。

（3）合同资料归档：在出口合同履约后续阶段结束后，企业应将所有相关合同资料进行归档，以备日后查询和纠纷处理之用。

## 1.1.2　掌握进口贸易流程

### 1. 进口前准备

进口市场调研的目的是了解进口市场的需求和趋势，确定进口商品的市场潜力和销售策略。调研方法可以采用市场调查、网络调研、实地考察等方式，通过了解市场需求、竞争对手、政策环境等因素，为企业的进口业务提供参考和支持。

进口市场调研是指通过一系列的方法和手段，了解目标进口市场的市场环境、消费者需求、竞争情况等信息，为企业的进口业务决策提供参考。

下面是进口市场调研的具体方法。

①确定调研目标和范围：根据企业的进口需求和战略定位，明确调研的目标和范围，包括进口商品的种类、目标市场、市场规模、市场份额等。

②收集市场信息：通过问卷调查、实地考察、文献资料调查、访谈调查等方法，收集目标市场的市场环境、消费者需求、竞争情况等信息，了解目标市场的概况和特点。

③分析市场信息：对收集到的市场信息进行分析，包括市场规模、市场份额、市场增长率、消费者需求、竞争对手、市场趋势等方面的分析，为企业进口业务决策提供参考。

④竞品分析：对目标市场的竞争对手进行分析，包括竞争对手的商品特点、价格策略、销售渠道、市场占有率等方面的分析，为企业进口商品的定位和价格策略提供参考。

⑤市场数据分析：通过市场调研机构或者第三方数据平台，收集目标市场的市场数据，包括市场规模、市场份额、市场增长率、消费者需求等方面的数据，为企业进口业务决策提

供数据支持。

⑥制定进口策略：根据市场调研结果，制定进口策略，包括进口商品的种类、采购渠道、价格策略、销售渠道等方面的策略，为企业的进口业务提供指导和支持。

⑦调整进口策略：根据市场变化和企业实际情况，及时调整进口策略，保持企业在目标市场的竞争优势。

### 2. 进口合同磋商

进口合同磋商的内容主要包括以下方面。

（1）商品名称、规格、数量和价格：双方需要商定商品的名称、规格、数量和价格，并确认支付方式和交货条件的细节。

（2）包装和标签：双方需要商定商品的包装和标签，并确认包装材料、规格和印刷内容等细节。

（3）运输和交货：双方需要商定运输方式和交货时间，并确认运输公司和交货地点的细节。

（4）支付方式：双方需要商定支付方式，并确认支付条件、结算时间和结算银行等细节。

（5）保险：双方需要商定保险条款，并确认保险公司、保险金额和保险范围等细节。

（6）索赔和仲裁：双方需要商定索赔和仲裁条款，并确认索赔条件、仲裁机构和仲裁条款等细节。

（7）其他条款：双方需要商定其他条款，如保密协议、知识产权协议等。

在进口合同磋商中，双方需要根据上述内容进行详细的商讨和协商，以确保合同公平、合理和可行。此外，在进口合同中，以FOB（离岸价格）和信用证结算为例，双方需要注意以下事项。

（1）FOB价格：FOB价格是货物在装运港口的离岸价格，不包括运费和保险费。因此，双方需要商定货物的离岸价格，并确认是否由买方负责支付运费和保险费。

（2）信用证结算：信用证是一种银行信用，可以保证买方的利益。因此，双方需要商定信用证的开立、审核和支付等细节，并确认信用证的种类、金额和有效期等。

（3）单据要求：在进口合同中，双方需要商定各种单据的要求，如商业发票、提单、保险单等。此外，还需要注意单据的签发人和抬头人的要求。

（4）交货时间和地点：双方需要商定交货时间和地点，并确认交货方式和运输方式等细节。同时，还需要考虑货物的质量和数量等方面的验收和检验。

（5）索赔和仲裁：在进口合同中，双方需要商定索赔和仲裁条款，并确认索赔条件、仲裁机构和仲裁条款等细节。此外，还需要考虑索赔和仲裁程序的具体操作和实施。

总之，在进口合同磋商中，双方需要根据合同的内容进行详细的商讨和协商，并注意各种结算方式和交货条件等方面的细节。同时，还需要考虑索赔和仲裁等条款的制定和实施，以确保合同的公平、合理和可行。

### 3. 进口合同履行

在进口合同履行过程中，以FOB和信用证结算为例，图1-2是相关的内容和流程。

（1）货物装运：卖方按照合同约定将货物装载到指定的运输工具上，并提供装运文件，如商业发票、装箱单、提单等。

（2）运输和保险：卖方负责安排货物的运输和保险，确保货物在运输过程中的安全。

（3）货物交付：卖方将货物交付给指定的运输公司，并提供相关的装运文件给买方。

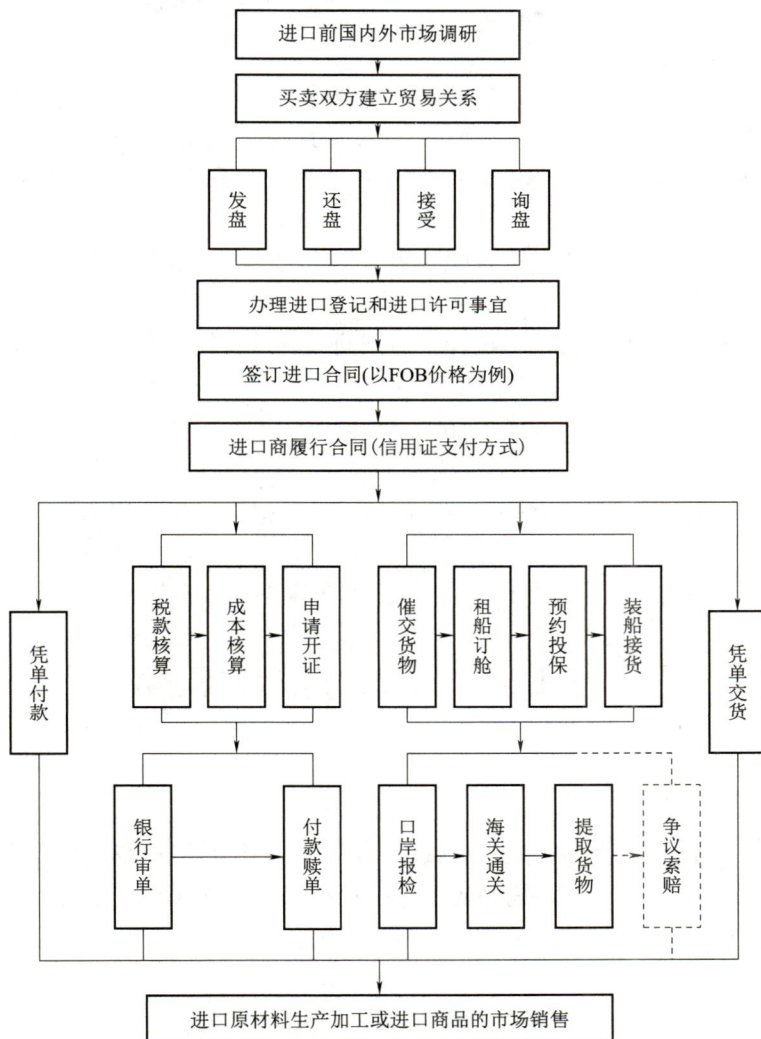

**图1-2　跨境货物进口主要流程**

（4）提单和信用证：买方根据合同约定开立信用证，并在信用证中规定装运文件的要求和付款条件。卖方将提单提交给买方，并提供符合信用证要求的装运文件。

（5）货物清关：买方根据提单和装运文件办理货物清关手续，包括报关、支付关税等。

（6）货款支付：买方根据信用证的付款条件，在规定的期限内向卖方支付货款。

（7）质量检验和验收：买方根据合同约定对货物进行质量检验，并确认货物符合合同要求后进行验收。

（8）违约处理：如果任何一方违约，另一方可以根据合同约定采取相应的补救措施，如索赔、解除合同等。

（9）争议解决：如果双方发生争议，可以根据合同约定选择仲裁或诉讼等方式进行解决。

### 4. 合同履行的后续工作

在进口合同履行后，还有一些后续工作需要进行，以确保合同的顺利完成和交付。以下是其中的一些重要工作：

（1）货物接收和验收：买方在货物到达目的地后，需要进行货物的接收和验收。买方应仔细检查货物的数量、质量和规格等是否符合合同约定，并记录相关信息。

（2）货物入库和仓储：买方将接收的货物安全地入库和储存，确保货物的完整性和安全性。

（3）货物销售和分销：买方根据合同约定，将货物进行销售和分销，以实现预期的经济效益。

（4）售后服务：买方在货物使用过程中遇到问题或需要售后服务时，可以与卖方进行沟通，并寻求解决方案。

（5）合同归档和记录：买方和卖方都应将合同及相关文件进行归档和记录，以备将来查阅和核实。

（6）评估和总结：买方和卖方可以对合同履行的情况进行评估和总结，以便在未来的合作中进行改进和优化。

进口合同履行的后续工作对双方的合作关系和未来的业务发展都非常重要。

# 任务 1.2  寻找跨境贸易机会

## 任务描述

跨境贸易是一个充满机会和挑战的领域。在这个数字化时代，我们可以利用全球传统进出口贸易展会和电子商务平台来寻找并实现跨境贸易机会。本次任务的目标是帮助学生和教师了解跨境贸易的潜在机会，并探讨如何利用这些机会。

## 任务分析

要完成这个任务，我们需要进行以下工作。

（1）研究跨境贸易：了解跨境贸易的基本概念、流程和法规。研究不同国家和地区的贸易政策、关税和贸易限制，以便为选定市场制定合适的战略。

（2）市场调研：分析目标市场的需求、消费者偏好和竞争态势。了解当地市场的文化、经济和政治环境，以便更好地适应和满足当地需求。

（3）展会选择：根据市场调研结果，选择参加合适的进出口贸易展会。了解展会的参展规则和要求，以及展会所在地的交通、住宿和物流情况。

（4）电子商务平台优化：在选择电子商务平台（如阿里巴巴国际站、亚马逊等）时，确保平台的优化和配置。包括商品上传、关键词设置、价格策略、营销策略等，以提高商品在平台上的曝光率和销售转化率。

✎ 知识储备

要成功完成这个任务，需要以下知识准备。

（1）跨境贸易基础知识：包括跨境贸易的概念、流程、法规以及涉及的税收、货币兑换等问题。

（2）市场调研方法：例如，如何确定目标市场、如何收集市场信息和竞争对手情报、如何分析消费者需求等。

（3）进出口贸易展会参展流程：包括展会申请、展位预订、展品准备、现场布展等环节。

（4）电子商务平台运营技能：例如，如何设置和维护电商平台店铺、如何优化商品信息以提高搜索排名、如何进行有效的在线营销等。

### 1.2.1　寻找出口贸易机会

（1）参加国际贸易展览会：参加国际贸易展览会是了解市场趋势和商品需求的重要途径，也可以与潜在客户和供应商建立联系，从而寻找出口贸易机会（表1-1）。

表 1-1　国际进出口贸易展览会信息

| 展会名称 | 举办国家 | 展会特点 | 举办时间 | 举办地点 |
|---|---|---|---|---|
| China Import and Export Fair | 中国 | 综合性国际贸易展览会、国际化程度高、参展商品种类丰富 | 春秋两季 | 广州琶洲国际会展中心 |
| China（Shanghai）International fair For Trade in Services | 中国 | 服务贸易展览会、国际化程度高、参展商质量高 | 每年5月 | 上海 |
| 柏林国际消费类电子及家庭用品博览会（IFA） | 德国柏林 | 历史悠久、全球最大的消费类电子和家用电器贸易展览会之一 | 每年9月 | 德国柏林展览中心 |
| 中国国际进口博览会（进博会） | 中国 | 世界规模最大的进口展览会，展示全球各地的进口商品和服务 | 每年11月 | 国家会展中心（上海） |
| 美国拉斯维加斯国际消费类电子商品展览会（CES） | 美国拉斯维加斯 | 全球最大的消费类电子和家用电器贸易展览会之一，覆盖面广，创新性强 | 每年1月初 | 美国拉斯维加斯会展中心 |
| 德国汉诺威国际物流展览会（CeMAT） | 德国汉诺威 | 专注于物流领域的展览会，参展商质量高，覆盖全球物流行业领导者 | 每年4月或10月 | 德国汉诺威展览中心 |

（2）利用网络平台：利用互联网平台，如阿里巴巴、Global Sources、社交媒体等，可以找到国外的潜在客户和供应商，进行商业联系和交易，从而寻找出口贸易机会。

（3）寻找海外贸易代理公司：寻找海外贸易代理公司可以帮助企业寻找潜在客户和供应商，并进行商业谈判和交易，从而寻找出口贸易机会。

（4）借助外贸协会：加入外贸协会可以获取最新的市场信息和政策法规，了解市场需求和趋势，从而寻找出口贸易机会。

（5）研究市场：通过研究市场，了解市场需求和趋势，可以找到适合自己的出口贸易机会，从而寻找出口贸易机会。

（6）寻找合作伙伴：寻找合作伙伴，共同开发市场，共同承担风险和分享利润，可以帮助企业寻找出口贸易机会。

（7）借助专业机构：通过购买海关数据，可以了解与其他国家或地区的贸易往来情况，包括进出口量、价格、贸易伙伴等。

## 1.2.2    寻找进口贸易机会

（1）参加国际贸易展览会：参加国际贸易展览会是了解进口贸易机会的重要途径之一。通过参加展会，可以了解到各种商品的最新市场动态和供应商信息，同时也能与潜在的进口商建立联系。

（2）搜索进口贸易网站：在互联网上搜索进口贸易网站，可以了解到各种商品的进口商和供应商信息，以及相关的市场动态和政策信息。通过网站上的询盘和联系方式，可以与供应商直接沟通，了解商品的详细信息和价格。（参见表 1-2 常用国际进出口贸易 B2B 资源）

**表 1-2    常用国际进出口贸易 B2B 资源**

| 网站名 | 网址 | 注册国别 | 网站特点 |
| --- | --- | --- | --- |
| 阿里巴巴国际站 | http：//alibaba.com | 中国 | 成立于 1999 年，是全球最大的数字化贸易出口平台之一，拥有超过 2 600 万的海外活跃采购商，业务覆盖 200 多个国家 |
| 环球资源 | http：//globalsources.com | 美国 | 创立于 1971 年，是一家多渠道 B2B 外贸网站，通过线下会展、商情刊物、出售行业咨询报告等方式营运 |
| ECVO | http：//www.ecvv.com | 中国 | 以平价奢华的全球贸易推广服务商为目标，一直致力于为全球采购商提供优质供应商商品信息，同时也为中国供应商提供外贸进出口全程服务 |
| 中国制造网国际站 | https：//www.made-in-china.com | 中国 | 全链路外贸服务综合平台，致力于为中国供应商和海外采购商挖掘全球商机，提供一站式外贸服务 |
| FOBGOOD | http：//fobgoods.com | 中国 | 专注于为中国供应商和海外采购商提供可靠的国际贸易平台，提供多种特色服务 |
| TradeKey | tradekey.com | 沙特阿拉伯 | 成立于 2003 年，是中东和印度次大陆地区最受欢迎的 B2B 贸易平台之一，专注于为全球供应商和采购商提供最优质的贸易服务 |
| IndiaMart | http：//indiamart.com | 印度 | 成立于 1996 年，是印度最大的 B2B 电子商务平台之一，致力于为全球供应商和采购商提供印度市场进出口贸易服务 |
| Ecplaza | http：//Ecplaza.net | 菲律宾 | 成立于 1997 年，是菲律宾最大的 B2B 电子商务平台之一，为全球供应商和采购商提供在线贸易匹配、市场研究、在线支付等服务 |

（3）参加贸易协会和商会：参加贸易协会和商会可以与同行业的企业建立联系，了解行业的最新动态和政策信息，同时也可以了解到潜在的进口商和供应商信息。

（4）建立海外代理关系：通过与海外代理建立联系，可以了解到当地市场的需求和供应情况，同时也可以将自己的商品推广到海外市场。

（5）寻找外贸代理：通过寻找外贸代理，可以将自己的商品推广到海外市场，并通过代理商的渠道获得更多的进口贸易机会。

总之，寻找进口贸易机会需要通过多种途径，包括参加展会、搜索网站、参加贸易协会和商会、建立海外代理关系和寻找外贸代理等，以便了解市场需求和供应情况，并与潜在的进口商和供应商建立联系。

# 任务 1.3　探索跨境贸易新机遇

## 📝 任务描述

本任务的目标是探索跨境贸易的新机遇，包括贸易数字化、贸易方式数字化、营销手段数字化、大数据应用和跨境电子商务平台等方面。

## 📝 任务分析

为了完成任务，我们需要进行以下工作。

（1）掌握贸易数字化和跨境电子商务平台的应用，包括跨境电子支付、跨境物流、数字化营销等。

（2）熟悉各种数字化营销手段，如搜索引擎优化（SEO）、社交媒体营销、电子邮件营销等，并能够根据目标市场的特点选择合适的营销手段。

（3）了解大数据应用在跨境贸易中的作用，如市场分析、消费者行为分析、竞争情报等，并能够利用大数据来制定更有效的贸易策略。

## 📝 知识储备

为了解决跨境贸易中的问题，我们需要以下知识准备。

（1）贸易和电子商务相关的理论知识，如国际贸易术语、数字化营销概念、电子支付流程等。

（2）数字化营销和大数据应用的相关技能，如搜索引擎优化（SEO）、社交媒体营销技巧、数据分析技能等。

（3）能够利用数字技术进行贸易风险规避，包括贸易条款的风险、货物运输的风险等。

### 1.3.1　发现贸易流程新变化

数字贸易是随着数字经济而出现的贸易新业态。大力发展数字贸易，对激发数字经济和贸易发展潜力具有重要意义，与传统贸易相比，数字贸易的突出变化主要体现在以下两方面。

**贸易数字化**

#### 1. 贸易方式数字化

贸易方式数字化是指面向贸易全流程、全产业链的数字化转型，源于数字技术在各领域的广泛应用，以及由此催生的跨境电商，还包括在线广告、数字支付、智慧物流、线上展

会、智慧监管等。

### 2. 贸易对象数字化

贸易对象数字化即以数据形式存在的要素和服务成为跨境贸易中的重要交易对象，如服务外包和数字数据贸易，服务外包主要包括信息技术、业务流程和知识流程外包等；数字数据贸易是指基于互联网技术开展的数字商品、数据服务、在线服务和数字平台服务等，其中数字商品包括数字工具、数据内容服务等，数据服务包括数据采集、传输、存储和处理，卫星定位和导航服务等，数字平台服务主要有云计算服务、社交媒体和搜索引擎服务等。数字贸易对提升贸易效率、优化贸易流程、降低贸易成本、催生新兴产业等方面发挥着越来越重要的作用。

传统贸易借助数字技术，以互联网为基础，以数字交换技术为手段，为供求双方提供交易所需的数字化电子信息。目前，由第三方贸易平台提供的创新商业模式，为贸易流程提供了前所未有的数字化能力，对传统贸易流程进行全方位的重塑。

在国内以阿里巴巴为代表的电子商务企业，以统一的技术标准搭建全球公共数字贸易平台，平台将数字化信息作为贸易标的，不提供商品，在完成商品服务交易时实现收益。交易企业以平台为支撑，提升贸易数字化水平，形成以数字驱动为核心，以生产融合为主线的数字化、网络化、智能化发展模式，推动企业提升贸易数字化和智能化管理能力，大力提升外贸综合服务数字化水平，以适应全球数字经济和数字贸易的新趋势。

跨境贸易企业的数字化转型及贸易流程的数据化主要包括对生产、营销、报关、物流、仓储、跨境支付、售后等各个环节。跨境贸易流程数字化将重塑和深化传统贸易，顺应当前世界经济发展趋势，为跨境贸易领域带来新机遇，为跨境贸易高质量发展提供新动能。

贸易数字化是我国外贸发展的必由之路，也是外贸企业的明智之举和适应市场发展的自主选择。此外，贸易数字化要推进产业协同，带动链上企业贸易数字化转型，支持具有产业链带动能力的龙头企业，构建网络化协同平台，打通全产业链的数字化通道，降低贸易成本，带动上下游企业加快创新，提高中小企业的参与度，探索建立政府、金融机构、平台、中小企业的联动机制。我国的数字技术发展水平处于世界领先地位，在移动互联网方面，中国在 5G 网络的商业应用，大数据、云计算方面，阿里飞天平台、百度大脑、微信开放技术平台等云计算平台国际领先。因此，数字技术领先优势的不断扩大为我国的数字贸易实现更快发展提供了坚实的技术保障。

## 1.3.2　拓展贸易流程新赛道

数字化对传统贸易流程的全流程重塑，体现出的特征是"三个化"，即在线化、数据化和智能化。在线化的基础就是连接，通过互联网和物联网连接员工、连接客户和连接设备，让商品在线、客户在线、员工在线和设备在线。连接后一定会沉淀下海量数据，要让数据在企业内外部流动起来，让所有业务都数据化，然后基于这些海量数据通过算法实现智能化应用，比如精准营销、智能制造、定制化设计等。贸易数字化是以贸易为龙头、以产业为主体、以平台为支撑、以数据为驱动的全流程数字化。因为涉及贸易全流程，所以贸易数字化的形式还是非常多的。

目前常见的贸易数字化为传统贸易提供了新动能，主要有以下几种类型。

### 1. 数字营销

数字营销主要是依托互联网和移动互联网平台，运用数字化技术，比如直播、VR（虚拟现实）和AR（增强现实）技术、3D打印技术等，进行全方位获客和品牌推广。由于互联网具有实时互动和不受时空限制等特点，能把商品和品牌进行全时空、全流程推广，运用数字技术也能确保客户触达和品牌推广可以被量化和被监测，可以动态调整商品和品牌推广，从而提高营销的效率和效果。目前常用的数字营销平台和方式有外贸B2B平台、海外搜索引擎平台（Google、Bing等）、海外社交媒体（Facebook、LinkedIn）、海外视频网站（YouTube）、云展会等。

贸易数字化
的方式

### 2. 外贸大数据

随着大数据行业的快速发展，各行各业都沉淀了大量的数据，同时这些数据也深刻影响着各个行业的发展，外贸行业也是如此，国际货物和资金在全球范围内流动时，也沉淀了大量的交易数据。早在20世纪70年代，美国就已公开全国进出口贸易提报单数据，这些数据经过加工后广泛应用在跨境贸易、金融信贷、海运运输等领域。目前，越来越多的国家公开了海关提报单数据，加上各个国家的外贸统计数据及展会数据，还有互联网上公开的买家和卖家数据，这些海量的数据通过专业的数据处理和加工，再运用各种算法和分析工具，形成一个数据终端系统，全面赋能外贸企业，成为外贸企业的必备数据工具系统。运用这些数据可以精准定位和开发客户，可以分析市场，也可以监测同行和客户并精准定位价格。

### 3. 跨境电商

跨境电商是目前贸易数字化比较成熟的一个应用，也是整个外贸中发展最快的一块，但主要集中在对个人的消费品领域，主要的跨境电商平台有亚马逊、eBay、阿里速卖通等。跨境电商B2B刚刚开始探索，还处于摸索阶段。除了以上3种比较常见的贸易数字化应用，目前贸易数字化还包括外贸区块链、数字化信息管理系统（外贸软件）、数字物流和智能通关、数字供应链金融等。

贸易数字化最重要的两个抓手是赋能和转型，包含两个方面的内容：一个是贸易全流程赋能和转型；另一个是外贸企业的数字化转型。贸易数字化就是利用数字化技术赋能贸易全流程，赋能外贸企业的数字化转型。整个贸易流程，从贸易的开发、撮合、交付至成交后的贸易服务，涉及很多环节，也涉及物流、资金流、信息流。

从跨境贸易来讲，目前的数字化水平还是比较低的，因为跨境贸易具有强监管、多环节、跨地域、跨文化等特点，数字化实现起来难度比较大，目前数字化应用水平也不是很高。接下来如果像物联网、区块链这样的技术发展起来，并大规模应用到跨境贸易流程中去，那么未来跨境贸易流程一定能够实现质的突破。贸易流程一旦实现了实质性的突破，整个贸易的效率一定会大大地提高，贸易流程会大大地缩短，贸易机会会大大地增加，贸易成本也能大大地降低。现在我们已经在推行的如跨境贸易单一窗口等贸易便利化措施，实际上都是数字化技术的应用。

区块链和人工智能技术刚刚开始在跨境贸易流程中应用，如果大规模应用起来，一定会给整个跨境贸易带来非常大的变革，技术和工具的变革将带来整个跨境贸易的提升。其实所有的技术都是推动跨境贸易发展的重要力量，就像以前集装箱和信用证的发明极大地推动了跨境贸易的发展一样。数字化技术就像当年我们发明了集装箱、信用证一样，会大大促进和推动整个跨境贸易的发展。我们也期待这些技术能够有突破性的进展，通过这些数字化新技术赋能整个贸易全流程。

贸易数字化另一块很重要的内容就是贸易主体也就是外贸企业的数字化转型。这些传统的企业如何进行数字化转型？

对外是企业的价值链数字化转型，从原材料采购、研发设计、生产制造、营销销售到售后服务都要进行数字化转型。就像现在国际市场环境发生了深刻变化，很多订单碎片化、网上流量碎片化，有很多订单以前是集装箱，现在是包裹，这就要求企业的获客能力也就是获取订单的手段一定要进行变化。获取订单模式变化之后，生产制造的环节也要变化，因为客户需求、订单碎片化之后，每个订单的量都比较小，这时候就要考虑企业的生产模式和流水线能不能适应柔性化的生产要求，能不能具备大规模、个性化的定制能力。如果企业能够及时进行数字化转型，具备这样能力，就能够在未来的跨境贸易领域具有非常大的竞争优势。这是外贸企业对外的数字化转型，也就是外贸企业的全价值链数字化转型。

当然，当外贸企业对外进行转型之后，企业内部如果不进行数字化转型，数字化转型也很难成功。企业内部数字化转型包括思维、组织、运营、人才和文化的数字化转型，企业只有内外部都完成数字化转型后，才能将企业进化成数字时代的"新物种"。外贸企业数字化转型是所有企业必经的一条路，这不是一个加分项，而是一个必须项。未来10年外部环境充满不确定性，但最大的确定性就是数字化，数字化转型已经成为"一把手"工程，自上而下去推进，循序渐进、快速迭代。

贸易流程的智能化是企业贸易流程数字化治理应用关键目标，值得期待。企业数字化治理应用趋势实现数字赋能、质效合一、敏捷化和智能化、一站式、全流程和一体化。

从跨境出口贸易流程来看就是要实现在平台中完成从贸易洽谈、签约、订单下达、生产、检验、报关、出运、保险、制单、跨境结算、收汇、退税、核销、售后等的一站式操作、全流程监控、一体化完成。进口贸易也可以实现同样的智能化效果。这对传统贸易方式必将产生颠覆性的意义。

## 📱 前沿视角

习近平总书记在党的二十大报告中指出："推动货物贸易优化升级，创新服务贸易发展机制，发展数字贸易，加快建设贸易强国。"这是以习近平同志为核心的党中央站在新的历史起点上，统筹中华民族伟大复兴战略全局和世界百年未有之大变局作出的重大战略安排，为新时代新征程贸易强国建设指明了前进方向，提供了根本遵循。

......

发展数字贸易。抓住数字经济发展机遇，加快发展数字贸易，建立健全促进政策，积极参与国际规则与标准制定，打造建设贸易强国的"新引擎"。

培育数字贸易新业态新模式。加快贸易全链条数字化赋能，提升贸易数字化水平。积极支持数字商品贸易。持续优化数字服务贸易，促进专业服务、社交媒体等业态创新发展。稳步推进数字技术贸易，提升云计算服务、通信技术服务等业态的关键核心技术自主权和创新能力。积极探索数据贸易，逐步形成较为成熟的数据贸易模式。

建立健全数字贸易治理体系。加快建立数据资源产权、交易流通、跨境传输、安全保护等基础制度和标准规范。在国家数据跨境传输安全管理制度框架下，研究开展数据跨境传输安全管理试点。加快培育数字贸易主体，建设国家数字服务出口基地，打造数字贸易示范区。加强数字经济领域国际合作，积极推动加入《数字经济伙伴关系协定》进程。

——摘编自《人民日报》

结合课程学习，请谈谈你对数字贸易发展前景的认识。

## 任务实施

| 任务编号 | 任务目标 | 任务步骤 | 任务结果 | 任务评价 |
|---|---|---|---|---|
| 任务 1.1 | 了解出口贸易流程 | 1. 阅读关于出口贸易的相关文献，了解出口贸易的基本概念和流程 | 1. 理解出口贸易的基本流程，包括商品开发、供应商选择、合同签订、生产监管、报关、物流和客户服务等 | |
| | | 2. 与从事出口贸易的公司或机构进行交流，了解实际操作中的差异和挑战 | 2. 与专业人士交流，了解实际操作中的挑战，如风险管理、贸易壁垒和跨国文化沟通等 | |
| | | 3. 参加出口贸易相关的培训课程或研讨会，提升专业知识和技能 | 3. 通过参加培训课程或研讨会，提升出口贸易相关的专业知识和技能，如国际贸易法规、国际贸易惯例和跨文化沟通技巧等 | |
| 任务 1.2 | 寻找跨境贸易机会 | 1. 分析目标市场，包括消费者需求、市场规模和竞争对手情况等 | 1. 对目标市场进行详细分析，了解消费者需求、市场规模和竞争对手情况，确定潜在的跨境贸易机会 | |
| | | 2. 寻找合适的跨境贸易合作伙伴，包括供应商、进口商或销售渠道等 | 2. 通过互联网平台、行业协会或展会等途径，寻找并筛选出合适的跨境贸易合作伙伴 | |
| | | 3. 进行商业谈判，确定合作细节并签订合同 | 3. 与合作伙伴进行商业谈判，确定合作细节，如商品价格、交货时间、付款方式等，并签订合同 | |
| 任务 1.3 | 探索跨境贸易新机遇 | 1. 关注新兴市场和行业趋势，如数字化、智能化和绿色环保等 | 1. 持续关注新兴市场和行业趋势，了解新的跨境贸易机遇，如跨境电商、供应链数字化转型和绿色贸易等 | |
| | | 2. 进行市场调研，了解潜在的新兴市场和行业趋势，并进行可行性分析 | 2. 通过市场调研，分析潜在的新兴市场和行业趋势的可行性，如市场需求、竞争格局和技术发展等 | |
| | | 3. 与行业专家和从业者交流，获取他们对新机遇的看法和建议 | 3. 与行业专家和从业者进行交流，了解他们对新机遇的看法和建议，如如何应对市场变化、提升商品竞争力等 | |

## 知识与技能训练

### 同步测试

参考答案

**一、填空题**

1. _____是出口贸易的第一步，需要了解目标市场的需求和规定，选择适合出口的商品。

2. 与客户签订的合同需要明确交货期、价格、付款方式等细节，这是出口贸易中的_____步骤。

3. 准备货物的过程包括生产、包装、运输等环节，这是出口贸易中的_____步骤。

4. 将货物报关，办理出口手续，包括商检、海关检验等，这是出口贸易中的_____步骤。

5. 进口常规流程中，办理进口手续包括商检、海关报关、缴纳关税和增值税等手续，其中信用证交易条件下还需要办理_____手续。

6. 进口常规流程中，收货验货需要确认货物数量和质量是否符合合同要求，确认货物是否损坏或缺失，确认货物是否按照要求包装等，这些都是为了确保货物的_____。

7. 进口常规流程中，售后服务的内容包括处理货物质量问题、提供维修服务、升级和更新等，这些都是为了确保客户的_____。

8. 数字化贸易流程中，支付结算可以通过_____、_____和_____等方式来实现。

9. 数字化贸易流程中，数据安全是一个重要的问题，需要采取_____、_____和_____等措施来保护数据安全。

10. 收到客户付款后结算货款，根据合同要求办理结汇手续，这是出口贸易中的_____步骤。

二、选择题

1. 准备货物的过程包括以下哪些环节（　　）。

A. 市场调研和商品选择　　　　　　　B. 签订合同

C. 海关报关　　　　　　　　　　　　D. 生产、包装、运输等环节

2. 下列哪项不是出口贸易的常规流程（　　）。

A. 市场调研和商品选择　　　　　　　B. 开发客户和洽谈

C. 拉关系和送礼物　　　　　　　　　D. 海关报关

3. 下列哪项不是海关报关的流程（　　）。

A. 安排报关前的检验和检疫　　　　　B. 缴纳关税和增值税

C. 办理货物出口许可证　　　　　　　D. 办理商检和海关检验

4. 下列哪项不是收款和结算的流程（　　）。

A. 收到客户付款后结算货款　　　　　B. 根据合同要求办理结汇手续

C. 开具发票　　　　　　　　　　　　D. 银行确认收款

5. 进口常规流程中，以下哪项不是签订合同的内容（　　）。

A. 交货期　　　B. 价格　　　C. 付款方式　　　D. 运输方式

6. 进口常规流程中，以下哪项不是办理进口手续的内容（　　）。

A. 商检　　　　　　　　　　　　　　B. 海关报关

C. 缴纳关税和增值税　　　　　　　　D. 签订合同

7. 进口常规流程中，以下哪项不是收货验货的内容（　　）。

A. 确认货物数量和质量是否符合合同要求

B. 确认货物是否损坏或缺失

C. 确认货物是否按照要求包装

D. 确认货物的生产日期和保质期

8. 进口常规流程中，以下哪项不是售后服务的内容（ ）。

A. 处理货物质量问题        B. 提供维修服务

C. 处理客户投诉和问题        D. 收到货款后支付货款

9. 进口常规流程中，以下哪项不是海关报关的流程（ ）。

A. 商检        B. 海关验货

C. 缴纳关税和增值税        D. 签订合同

10. 贸易数字化的主要方面包括以下哪些（ ）。

A. 数字营销、外贸大数据和跨境电商

B. 外贸区块链、数字化信息管理系统和数字物流和智能通关

C. 数字营销、外贸大数据和外贸区块链

D. 数字营销、跨境电商和数字供应链金融

## 综合实训

220 V 1,500 W Lithium Battery Portable Solar Atmospheric Water Generator

1−499 boxes：$399.00

500−9,999 boxes：$359.00

≥10,000 boxes ：$199.00

Essential details

Warranty：12 months

NW：20 kgs

Dimension：393×223×320 mm      900BOXES IN ONE 20'FCL

Certificate：FCC, CE, ROHS, MSDS, UN38.3

Charge method：Wall and solar

Life cycles：2,000 times

图 1-3 Lithium Battery

该商品出口欧洲市场，出口厂家应该如何去做出口前的准备？

## 实训目的

本次实训旨在让学生了解和掌握出口前的准备工作，包括市场调研、询价、报价、签订合同等环节，以及欧洲市场的相关规定和要求，为学生今后从事出口贸易工作奠定基础。

## 实训内容

（1）市场调研：了解欧洲市场对 Lithium Battery Portable Solar Atmospheric Water Generator 的需求情况，包括市场规模、市场需求、竞争情况等。

（2）询价：向欧洲市场的主要进口商和分销商发出询价单，了解市场价格和供应情况。

（3）报价：根据市场调研和询价情况，制定合理的报价方案，包括商品价格、包装方式、运输方式、支付方式等内容。

（4）签订合同：与欧洲市场的进口商签订合同，明确商品数量、价格、包装方式、运输方式、支付方式等条款。

（5）出口环节：了解出口欧洲的相关环节，包括海关报关、检验检疫、退税等，以及欧洲市场的相关标准和规定。

## 实训要求

（1）学生应当对欧洲市场的需求情况和竞争情况进行深入的调研和分析，了解商品的市场需求和竞争格局。

（2）学生应当根据市场调研和询价情况，制定合理的报价方案，并在报价方案中考虑到商品的质量、成本、利润等因素。

（3）学生应当在与进口商签订合同时，明确商品数量、价格、包装方式、运输方式、支付方式等条款，并考虑到合同的有效期、违约责任等内容。

（4）学生应当了解出口欧洲的相关环节，包括海关报关、检验检疫、退税等，以及欧洲市场的相关标准和规定，为商品的出口提供保障。

## 实训考核

（1）市场调研报告：学生应当提交一份关于欧洲市场对 Lithium Battery Portable Solar Atmospheric Water Generator 的需求情况和竞争情况的调研报告。

（2）报价方案：学生应当提交一份关于 Lithium Battery Portable Solar Atmospheric Water Generator 的报价方案，包括商品价格、包装方式、运输方式、支付方式等内容。

（3）合同草案：学生应当与进口商签订一份关于 Lithium Battery Portable Solar Atmospheric Water Generator 的合同草案，明确商品数量、价格、包装方式、运输方式、支付方式等条款。

（4）出口环节方案：学生应当提交一份关于出口欧洲的相关环节的方案，包括海关报关、检验检疫、退税等，以及欧洲市场的相关标准和规定。

# 第二单元
# 掌握贸易商品的基本内容

## 单元介绍

    本课程将通过贸易商品的基本理论框架，让学生了解贸易商品的基本内容，包括商品名称、规格、数量、包装要求。通过模拟贸易流程，让学生掌握贸易合同中有关品名、数量、包装等如何描述和拟定，能独立处理合同相关条款问题的能力。

## 学习目标

**知识目标：**

1. 了解贸易商品的基本内容，包括商品名称、规格、数量、包装要求等；
2. 掌握贸易合同签订时，有关品名、数量、包装条款的拟定。

**技能目标：**

1. 具备贸易商品谈判和合同签订有关商品条款的能力；
2. 具备国际贸易中的合同商品风险识别和应对能力。

**素质目标：**

1. 培养学生跨文化的沟通、协作和解决问题的能力；
2. 增强学生的职业道德和行业规范意识；
3. 遵守知识产权相关法律法规，避免出现任何知识产权纠纷。

## 任务 2.1　了解交易商品名称

## 任务描述

    商品命名是一项重要的市场策略，它不仅可以帮助商品在市场上脱颖而出，还可以传达商品的价值和特点。在今天的全球化市场中，了解品名的文化差异并掌握商品命名的原则变得尤为重要。本次任务旨在帮助您更好地理解商品命名的关键因素，以及如何在不同的文化背景下进行商品命名。

## 任务分析

    商品命名需要考虑到多个因素，包括商品功能、目标市场、品牌形象以及法律合规等。

以下是对这些因素的分析：

（1）商品功能：商品名称应该突出商品的独特功能和特点，以便在市场中脱颖而出。例如，如果您的商品是一款新型的智能手机，可以考虑在名称中突出"智能"和"手机"这两个关键词，以便让消费者迅速理解商品的主要功能。

（2）目标市场：商品名称应该考虑目标市场的语言习惯、文化背景和喜好。在某些文化中，某些颜色、数字或词汇可能具有特殊的象征意义，因此在商品命名时需要特别注意。例如，在中国文化中，红色象征着喜庆和吉祥，而在西方文化中可能被视为热情或危险的象征。

（3）品牌形象：商品名称应该与品牌的形象相符合。如果品牌形象是年轻、时尚和创新的，那么商品名称也应该具有这些特点。例如，一些时尚品牌的商品名称可能采用简短、有力和独特的词汇，以突出品牌的时尚感。

（4）法律合规：商品名称应该遵守相关的法律法规，包括商标法、广告法等。在商品命名时需要避免使用侵犯他人权益、虚假宣传或含有不良影响的语言和符号。

### 📝 知识储备

（1）简洁易记：商品名称应该简洁明了，易于记忆和发音。例如，一些著名的品牌如苹果、谷歌等都采用了简洁易记的名称，这些名称也与它们的品牌形象相符。

（2）突出特点：商品名称应该突出商品的独特特点或核心功能，以便在市场中脱颖而出。例如，如果您的商品是一种新型的饮料，可以考虑在名称中突出其独特成分或功能，如"低糖""高能量"等。

（3）符合语言习惯：商品名称应该符合目标市场的语言习惯，避免使用难以理解或发音的词汇。例如，在中文市场，商品名称应该使用常见的汉字，避免使用复杂的汉字或组合。

（4）合法合规：商品名称应该遵守相关的法律法规，不得侵犯他人的权益。在商标注册时需要检查商标是否与其他已注册商标冲突，并遵守相关法律规定。

（5）独特性：商品名称应该具有独特性，避免与其他商品名称过于相似。例如，一些品牌可能会使用独特的词汇或组合来突出其独特性，如"小米""华为"等。

（6）情感诉求：商品名称可以激发消费者的情感诉求，从而增强品牌的影响力和忠诚度。例如，一些品牌可能会使用具有情感色彩的词汇或符号来表达品牌的价值观或理念，如"可口可乐""迪士尼"等。

（7）考虑文化差异：商品名称应该考虑不同文化之间的差异，避免使用可能引起负面反应的词汇或符号。例如，在一些西方国家中，"13"被视为不吉利的数字，因此在商品命名时需要避免使用这个数字。

### 2.1.1 掌握商品命名原则

在合同中，设定商品的名称时，要考虑该商品在商检、报关、申领许可证时的适用性，即商品品名要符合《商品名称及编码协调制度》中分类原则，以便日后能在商检、报关、申领许可证时，能迅速、准确地归类。另外，也可根据商品的特性，分别采用文字说明或样品或两者同时兼用。一旦确定商

正确使用
货物描述

品的具体名称，则在交付货物时，货物的名称必须符合事先约定的名称或相关说明（如规格、等级、牌名等），否则会遭到买方的拒收货物或索赔。

通常商品命名要符合以下原则。

（1）货物的名称内容要明确、具体、简洁、易于理解和识别，避免使用笼统空泛及大类的名称，如服装、食品、鞋、药品、家用电器等大类名称。

（2）商品名称应该符合国际通用的命名规则和标准，以便于国际贸易中的交流和理解。

（3）商品名称应该与商品的实际特征和用途相符合，以便于消费者正确识别和选择商品。

（4）商品名称应该遵循国际法律法规和商业惯例，不得涉及任何虚假宣传和欺骗行为。

（5）商品名称应该避免与已有的商标、品牌和专利权发生冲突，以免引起侵权纠纷。商品名称还要注意避免使用民族"忌语"或会引起"歧义"的字、句。

### 2.1.2　了解品名的文化差异

跨境贸易中商品品牌命名的目的和跨文化交际决定了我们不仅要注意语言对等，还要注意文化对等。因此，品牌命名是根据不同的文化因素、社会习俗和语言环境进行信息"再创造"的过程。

商品品牌名称和人名一样，是代表商品的符号，随着商品交易的扩大而出名。成功的品牌名称具有以下共同特征。

（1）符合商品特点。

（2）具有象征性，容易让人产生联想。

（3）节奏饱满，朗朗上口，易于记忆。

（4）简洁生动。

（5）渗透文化氛围等。

品牌名称的翻译对于一个在中国拥有高度知名度的品牌能否被其他国家的消费者所接受和青睐起着重要的作用。

在用中文为外国品牌命名时，必须考虑中国文化，以便容易获得消费者对品牌名称的文化和心理认可，并反映品牌名称与商品属性之间的相关性。可口可乐的 Sprite 饮料，它的 Sprite 品牌名称被翻译成中文是"魔鬼"和"妖精"。为了适应中国市场，被翻译成"雪碧"，作为其在中国的品牌名称。"雪碧"在中文里有着纯净、清凉的含义，与其商品的功效高度一致，深受消费者喜爱。品牌的文化融合是以本土为基础，包含各种国际文化因素，使其具有超越地域和文化界限的能力，这使得出口国外市场的"红豆"品牌服装不是直译为"Red Bean"，而是译为"爱情种子"。中国品牌的国际名称也必须符合一些消费者对西方文化和生活方式的追求，迎合国外商品的技术含量高于国内商品的普遍观念。

## 任务 2.2　掌握交易商品品质的表述

### 任务描述

本次任务将帮助您了解常见的商品品质表示方法，掌握合同中商品品质机动幅度的设定，以及如何拟定合同中的商品品质条款。

## 任务分析

（1）确定商品品质的标准：在合同中规定商品品质时，需要确定商品品质的标准，以确保商品的质量符合合同要求。这些标准可以包括国家或行业的标准、品牌的标准、规格说明书等。

（2）考虑机动幅度：在合同中规定商品品质时，需要考虑机动幅度，以便在交货时允许一定的品质差异。这些机动幅度可以包括公差、容差、等级等，以便在交货时允许一定的品质差异。

（3）规定检验和测试：在合同中规定商品品质时，需要规定商品的检验和测试方法，以确保商品的质量符合合同要求。这些检验和测试方法可以包括抽样检验、全数检验、实验室测试等。

（4）考虑争议解决方式：在合同中规定商品品质时，需要考虑争议解决方式，以便在发生争议时能够有效地解决问题。这些争议解决方式可以包括仲裁、诉讼、协商等。

## 知识储备

以下是一些常见的商品品质表示方法。

（1）规格说明书：规格说明书是一种常见的商品品质表示方法，它详细说明了商品的各项指标和要求，包括尺寸、材料、性能等。

（2）商品标准：商品标准是一种常见的商品品质表示方法，它规定了商品的各项指标和要求，包括尺寸、材料、性能等。

（3）图样：图样是一种常见的商品品质表示方法，它规定了商品的外观和形状等。

（4）样品：样品是一种常见的商品品质表示方法，它规定了商品的外观、颜色、气味等。

（5）牌号：牌号是一种常见的商品品质表示方法，它规定了商品的品牌、型号等。

（6）商标：商标是一种常见的商品品质表示方法，它规定了商品的标识和品牌等。

（7）包装：包装是一种常见的商品品质表示方法，它规定了商品的包装材料、包装方式等。

（8）规格范围：规格范围是一种常见的商品品质表示方法，它规定了商品的各项指标和要求在一定范围内的合格性。

（9）公差范围：公差范围是一种常见的商品品质表示方法，它规定了商品的各项指标和要求在一定范围内的偏差的合格性。

（10）等级范围：等级范围是一种常见的商品品质表示方法，它规定了商品的各项指标和要求在一定范围内的等级的合格性。

（11）检验标准：检验标准是一种常见的商品品质表示方法，它规定了商品的检验方法和标准，包括抽样检验、全数检验等。

（12）测试标准：测试标准是一种常见的商品品质表示方法，它规定了商品的测试方法和标准，包括实验室测试、现场测试等。

（13）合格证书：合格证书是一种常见的商品品质表示方法，它证明商品已经通过了相关的检验和测试，符合相关的标准和要求。

（14）质量保证书：质量保证书是一种常见的商品品质表示方法，它证明商品已经有了相关的质量保证措施和承诺，包括质量保证期限、质量保证范围等。

## 2.2.1　商品品质的表示方法

商品的品质（Quality of Goods）是指商品的内在质量和外观形态的综合。前者包括商品的物理性能、机械性能、化学成分和生物特性等自然属性，后者包括商品的外形、色泽、款式、视觉、嗅觉等。

跨境贸易中，买卖双方所涉及的商品种类多而复杂，商品品质一般表示方法归纳如表 2-1 所示。

贸易货物品质
的表示方法

表 2-1　商品品质表示

| 表述的方法 | 商品品质表示方法 |
| --- | --- |
| 常规的表述 | 1. 实样品质<br>2. 实样品质+文字描述<br>3. 文字描述 |
| 以交易一方的样品品质的表述 | 1. 卖方提供的样品品质<br>2. 买方提供的样品品质<br>3. 卖方复样品质 |

### 1. 凭样品品质成交

凡以样品表示商品品质并以此作为交货依据的，称为"凭样品买卖"（Sale by Sample）。

（1）凭卖方提供的样品品质（Sale by Quality of Saller's Sample）。当买卖双方采用凭卖方提供的样品品质成交时，买方或其代理人通常先看到卖方提供的样品，一旦有了购买的意想，会到卖方存放货物的场所，核验卖方所提供的样品是否一致，一旦达成交易，卖方就应按对方验看过的商品交货。只要卖方交付的是买方验看过的货物，买方就不得对品质提出异议。这种做法，多用于寄售、拍卖、展卖的贸易中，如字画、珠宝等。

（2）凭买方提供的样品品质（Sale by Quality of Buyer's Sample）。按这种方式成交时，卖方根据买方提供的样品，加工复制出一个类似的样品交买方确认，这种经确认后的样品，称为"对等样品"（Counter Sample）或"回样"，也有称为"确认样品"（Confirming Sample）。当对等样品被买方确认后，日后卖方所交货物的品质，必须与对等样品品质完全一致，否则就是违约。

为了防止交付货物的品质与等样品品质不一致而发生争执，除了需要在合同中明确表述，并冠以编号外，必要时买卖双方在"确认样品"上签字，各执一个（份）。

### 2. 凭文字叙述成交

在跨境贸易中，除了凭实样成交外，还有的是在合同中以文字叙述的形式来表示商品的品质，故也称为"凭说明买卖"。

以文字叙述表示品质，主要是指用文字、图表、图片等方式来说明成交商品的品质。这类表示品质方法可细分为如下几种。

（1）凭规格买卖（Sale by Specification）。商品规格是指一些足以反映商品品质的主要指标，如化学成分、含量、纯度、性能、容量、长短、粗细等。跨境贸易中的商品由于品质特点不同，其规格也各异，买卖双方凡用商品的规格确定品质时，称为"凭规格买卖"。

（2）凭等级买卖（Sale by Grade）。商品的等级是指同一类商品按规格上的差异，分为品质优劣各不相同的若干等级。凭等级买卖时，由于不同等级的商品具有不同的规格，为了便于履行合同和避免争议，在品质条款列明等级的同时，最好一并规定每一等级的具体规格。这对简化手续、促进成交和体现按质论价等方面，都有一定的作用。

（3）凭标准买卖（Sale by Standard）。商品的标准是指将商品的规格和等级予以标准化。商品的标准，可由国家或有关政府主管部门制定，也可由行业协（公）会、交易所或国际性的标准组织制定。这里需要特别指出是在合同中必须注明引用标准的版本和制定者，以免引起争议。

（4）凭说明书和图样买卖（Sale by Descriptions and Illustrations）。在跨境贸易中，有些机、电、仪等技术密集型商品，因其结构复杂，对材料和设计的要求严格，用以说明其性能的数据较多，很难用几个简单的指标来表明品质的全貌，而且有些商品，即使其名称相同，但由于所使用的材料、设计和制造技术的某些差别，也可能导致功能上的差异。因此，对这类商品的品质，通常以说明书并附以图样、照片、设计图纸、分析表及各种数据来说明具体性能和结构特点。按此方式进行交易，称为凭说明书和图样买卖。

（5）凭商标或品牌买卖（Sale by Trade Mark or Brand）。商标（Trade Mark）是指生产者或商号用来识别所生产或出售的商品的标志。品牌（Brand Name）是指工商企业给制造或销售的商品所冠的名称。商标或品牌自身实际上是一种品质象征。人们在交易中可以只凭商标或品牌进行买卖，无需对品质提出详细要求。

（6）凭产地名称买卖（Sale by Name of Produce）。在国际货物买卖中，有些商品，因产区的自然条件、传统加工工艺等因素的影响，在品质方面具有其他产区的商品所不具有的独特风格和特色，对于这类商品，一般也可用产地名称来表示品质。

在跨境贸易中，对于某些品质变化较大而难以规定统一标准的农副商品，往往采用"良好平均品质"（Fair Average Quality，FAQ）这一术语来表示其品质。"良好平均品质"是指一定时期内某地出口货物品质的平均水平，一般是指中等货，也称大路货。在标明大路货的同时，通常还约定具体规格作为品质依据。

### 2.2.2　商品品质的机动幅度

在订立品质条款时，除了科学、合理外，还要留有品质机动幅度，允许品质有一定的机动幅度。

#### 1. 品质机动幅度

品质机动幅度是允许卖方所交商品的品质指标可在一定幅度内灵活掌握，这种做法一般适合于初级商品（如农副土特商品）及某些工业制成品的质量指标。通常，规定品质机动幅度的办法有以下几种。

（1）规定范围：汽车零部件的品质标准为"≤0.1毫米"：这意味着汽车零部件制造商必须确保其生产的汽车零部件的尺寸误差不超过每10毫米0.1毫米。例如，如果一辆汽车的发动机需要一个直径为6毫米的轴承，那么这个轴承的直径必须在6毫米±0.1毫米之间。

（2）规定极限：对于天然品质不确定的商品，只能表明品质上下极限的字样。如绿豆的"含水率最高为10%，杂质最高为2%，碎粒最高为20%"等字样。

（3）规定上下差异：食品品质的机动幅度为"±2%"，这意味着食品生产商必须确保其生产的食品质量在每批次中与标准相比波动不超过2%。例如，如果一批食品的标准重量是100克，那么这批食品的质量必须在98克到102克之间波动。

### 2. 品质公差

品质公差是指为国际上相同行业中所认同的或买卖双方认可的有关商品品质方面的差异。一般而言，既然品质公差是国际上行业内所公认，即使在合同中不作规定，卖方交货品质只要在公认的误差范围内，也可以被视为符合合同要求。但是，往往在实际操作中，买卖双方因为市场行情的变化，就商品品质差异发生争执，甚至对簿公堂。因此，为了明确起见，应在合同品质条款中订明一定幅度的品质公差（Quality Tolerance），尤其是涉及手工制作的工业制成品（如纺织服装、手表等），在生产过程中不能做到很精确，事先的约定是防止事后纷争的有效屏障。

### 2.2.3　合同中商品品质条款

在买卖双方的操作实务过程中，对于商品品质可按以下方法进行。

#### 1. 合同中书面载明商品的品质，并附带保障条款

对于那些不能用文字叙述表明商品的品质，可用凭买方或卖方的样品品质为交货品质，但当用买方的样品品质为交货品质时，最好在合同中加列保障性条款，如"本合同项下商品由买方提供，一旦涉及专利、商标等知识产权并导致第三者权益受损，由买方承担责任，与卖方无关"。

#### 2. 买卖双方在"封样"上签字

卖方在寄发样品或发运商品前，由公证机构或会同买方，抽取若干份样品加以封存，一旦买卖双方在履约过程中发生质量争议，可使用封样核对。

#### 3. 买方出样，凭卖方对等样品质成交

有时会因仿制商品与买方来样不符而招致退货索赔。卖方按买方提供的样品先做一个复制品交买方确认，经确认后即以该复制品作为交货品质的依据，这种经确认的复制品，称为"对等样品"或"回样"。

## 任务2.3　掌握商品数量的表述

### 任务描述

在此任务中，我们需要对商品数量的表述进行深入理解，包括计量单位、计量方式、计量单位换算以及合同中的数量规定。

### 任务分析

要准确地表述商品数量，我们需要考虑以下几个关键点。

（1）计量单位：在国际贸易中，常用的商品计量单位包括重量单位（如千克、克、吨等）、体积单位（如立方米、升、毫升等）以及个数单位（如件、双、卷等）。不同的商品可能使用不同的计量单位，因此在进行交易前，我们需要明确商品的计量单位。

（2）计量方式：商品的计量方式包括净重、毛重和理论重量等。净重是指商品去除包装后的实际重量；毛重是指商品包括包装在内的总重量；理论重量则是指根据商品体积或尺寸计算得出的重量。在合同中，我们需要明确规定商品的计量方式。

（3）计量单位换算：由于不同地区可能使用不同的计量单位，因此在交易过程中，我们需要进行计量单位换算。例如，将千克转换为磅，或者将升转换为毫升等。我们需要掌握常用的计量单位换算方法，以确保交易的准确性。

（4）合同中的数量规定：在合同中，我们需要明确规定商品的数量。这包括商品的计量单位、计量方式以及数量的浮动范围。对于数量有争议的情况，合同中还需要明确解决争议的方法。

### 📝 知识储备

为了准确地表述商品数量，我们需要掌握以下知识点。

（1）常用的商品计量单位及其含义。

（2）商品的计量方式及其特点。

（3）常用计量单位的换算方法。

（4）在合同中规定商品数量的方法及注意事项。

通过掌握这些知识，我们将能够更加准确地表述商品数量，确保交易的公平性和有效性。同时，也能更好地保护自己在交易过程中的利益。在实践中，我们需要灵活运用这些知识，根据具体情况进行调整和判断，确保交易的顺利进行。

### 2.3.1　计量单位

商品的数量涉及计量单位和计量的方式。在跨境贸易实务操作中，计量单位的选择应考虑到商品计量的统一性和商品在商检、报关、领取许可证、出口退税等后续环节的便利性。

合同数量中采用的度量衡制度

在合同中，商品的计量单位有公制、国际单位制、英制和美制。我国计量法规定使用"国际单位制"，但是在一些英美国家中会采用英制或美制。

公制（The Metric System）。基本单位为千克和米，为欧洲大陆及世界大多数国家所采用。

国际单位制（The International System）是国际标准计量组织在公制基础上制定公布的。其基本单位包括千克、米、秒、摩尔、坎德拉、安培和卡七种。它也是我国的法定计量单位。

英制（The British System）。它的基本单位为磅和码。一般为英联邦国家所采用，而英国因加入欧盟，在一体化进程中已宣布放弃英制，采用公制。

美制（The U. S. System）。它的基本单位与英制相同，为磅和码，此外容积单位加仑和蒲式耳，英美制名称相同，大小不同。

在跨境贸易中经常使用的单位归纳如表 2-2 所示。

**表 2-2　跨境贸易中经常使用的单位**

| 单位名称 | 单位换算 |
|---|---|
| 长度 | 1 千米（km）= 1 000 米<br>1 公里（km）= 1 000 米<br>1 米（m）= 100 厘米（cm）<br>1 厘米（cm）= 10 毫米（mm）<br>1 英尺（ft）= 30.48 厘米<br>1 英寸（in）= 2.54 厘米 |
| 重量 | 1 吨（t）= 1 000 公吨（mt）<br>1 公吨（mt）= 1 000 公斤（kg）<br>1 公斤（kg）= 1 000 克（g）<br>1 克（g）= 0.001 千克（kg） |
| 个数 | 件或个（Piece，PC）、打（Dozen，Doz）、套或台或架（Set）、双（Pair，PR）、箱或纸箱（Case 或 Carton）、袋（Bag）、包（Bale）、卷（Roll 或 Coil）、桶（Barrel 或 Drum） |
| 体积 | 1 立方米（m³）= 1 000 000 立方厘米（cm³）<br>1 立方分米（dm³）= 1 000 立方厘米（cm³）<br>1 立方厘米（cm³）= 0.061 × 0.061 × 0.061 英寸（in³） |
| 容积 | 1 升（L）= 1 000 毫升（ml）<br>1 毫升（ml）= 1/1 000 升（L）<br>1 加仑（gal）= 8.326 94 升（L）<br>1 美加仑（US gal）= 3.785 412 升（L） |

## 2.3.2　计量单位换算

### 1. 部分计量单位的换算

1 公吨 = 1 000 千克 ≈ 2 204.62 磅

1 磅 ≈ 454 克

1 打 = 12 件

1 码 = 0.914 4 米 = 3 英尺

1 加仑（美制）= 3.785 4 升

1 加仑（英制）≈ 4.546 升

1 英寸 = 2.54 厘米

### 2. 重量的计算方式

（1）净重（Net Weight，N.W）和毛重（Gross Weight，G.W）：净重指商品本身的重量，毛重是商品经包装后的重量。在合同中未规定计量方式时，应以净重计量。皮重（Tare Weight，T.W.）可以通过实际皮重、平均皮重、习惯皮重或约定皮重计算。

（2）公量（Conditioned Weight）：适用于含水率不稳定的商品，通过测定商品的实际回潮率，计算商品干净重，再换算成公定回潮率的重量。

（3）理论重量（Theoretical Weight）：适用于具有固定规格尺寸的商品，通过从件数中推算出总重量来计算。

### 2.3.3　合同中的数量规定

在合同中，对成交的商品数量进行约定是必要的。

**1. 约定数量条款**

根据《联合国国际货物销售公约》的规定，按约定数量交货是卖方的
基本义务。如果卖方交货数量多于约定的数量，买方可以选择拒收多余部
分或收取多余部分中的一部分或全部，但应按实际收取数量付款。如果卖方交货数量少于约
定的数量，卖方应在规定的交货期届满之前补交，且不得使买方遭受不合理的损失。买方有
权要求赔偿。

合同的数量及
**MORE OR LESS**

**2. 确定机动幅度**

对于大宗散装商品，如农副商品和工矿商品，由于商品特点和运输装载的缘故，难以严
格控制装船数量。因此，合同中通常增加溢短装条款，即规定交货数量可在一定幅度内增
减。常用的方式为规定允许溢短装的百分比。

**3. UCP600 惯例**

在以信用证支付方式成交时，按照国际商会的《跟单信用证统一惯例》的规定，即使信
用证没有规定溢短装条款，在支取金额不超过信用证金额的前提下，对于那些以长度、体
积、容积、重量单位来表示商品数量的，可有 5% 的增减幅度。如果在商品的数量前加有
"大约""近似"一类的词语，而在信用证金额前没有"约"字样，虽然商品的数量上有
10% 的增减幅度，但支取金额还是不能超过信用证金额。

**4. 计量单位的国别差异**

在计算重量时，可以用"吨"表示。但是，在实行美制的国家，理解为"短吨（Short
Ton）"；在实行英制的国家，理解为"长吨（Long Ton）"；国际单位制则是"公吨
（Metric Ton）"。另外，长吨、短吨对千克换算值也是不同的：1 长吨=1 016 千克，而 1 短吨=
907 千克。

**5. 合同条款举例**

以下是合同条款举例。

（1）5% more or less in quantity and amount will be allowed.

（2）5% more or less both in amount and quantity per each item will be acceptable.

（3）With 10% more or less both in amount and quantity allowed at the seller's option.

（4）Both amount and quantity plus or minus 5% acceptable.

（5）Both quantity and credit amount 10% more or less are allowed.

（6）5% more or less in QTY & amount at the seller's option.

（7）Amount of credit and quantity of merchandise 5% more or less acceptable.

（8）5% more or less in quantity and invoice value are allowed.

（9）Ten percent more or less in both quantity and credit amount allowed.

（10）±5% in quantity and amount will be allowed.

溢短装条款的英文表达式有多种，以上汇集的一些常见的表达形式也适用。这些表达式
是指合同中货物的数量和数量的增加或减少。最常见的增减百分率是 5%。有些表达表示增

加或减少是由卖方选择的，而其他表达则是特定于颜色、项目或商品编号的。这些规定在规定的表述中同时包括数量和数量。此外，一些合同可能只允许数量和数量的增加，而不是减少。

# 任务2.4　了解贸易商品的包装

## 任务描述

在国际贸易中，商品包装是非常重要的环节。本次任务将帮助您了解商品包装分类、商品包装材料、运输包装和销售包装，以及运输标志和产地标识等方面的知识。

## 任务分析

在完成本次任务之前，您需要了解以下内容。

（1）商品包装分类：商品包装可以根据不同的标准进行分类，如运输包装和销售包装等。运输包装通常用于在运输过程中保护商品，而销售包装则用于在销售过程中吸引消费者并保护商品。

（2）商品包装材料：商品包装材料的选择非常重要，因为它们会影响商品的品质、安全性和环境影响。常见的包装材料包括纸张、塑料、玻璃和金属等。

（3）运输包装要求：运输包装需要满足一系列要求，如保护商品、抵抗运输过程中的机械损伤、防止渗漏等。在运输过程中，还需要注意防止温度、湿度等环境因素对商品的影响。

（4）销售包装要求：销售包装需要吸引消费者、展示商品特点、保护商品免受损坏和污染等。销售包装的设计需要符合目标市场的审美和消费习惯，同时也要符合相关法规要求。

（5）运输标志和产地标识：运输标志包括危险品标志、易碎品标志等，用于提示运输过程中需要注意的事项。产地标识则用于标注商品的制造或生产地，有助于消费者了解商品的来源和质量。

## 知识储备

### 1. 商品包装分类

运输包装：运输包装是指用于在运输过程中保护商品的包装。它们通常较大，具有保护性，例如纸箱、木箱等。

销售包装：销售包装是指用于在销售过程中吸引消费者并保护商品的包装。它们通常较小，具有美观性和保护性，例如塑料袋、纸盒等。

货物的包装
材料与分类

### 2. 商品包装材料

纸张：纸张是常见的包装材料之一，具有可回收性和可降解性。纸箱、纸盒等都是由纸张制成的。

塑料：塑料具有轻便、耐用、防水等特点，常用于制作塑料袋、塑料盒等。需要注意的是，塑料对环境的影响较大，需要谨慎使用。

玻璃：玻璃具有密封性好、耐热等特点，常用于制作食品和化学品的容器。但玻璃较重，易碎，需要谨慎使用。

金属：金属具有密封性好、强度高等特点，常用于制作食品和化学品罐头等容器。但金属价格较高，需要谨慎使用。

**3. 运输包装要求**

保护商品：运输包装需要能够保护商品在运输过程中不受损坏或污染。这包括防止机械损伤、震动、温度变化等。

抵抗机械损伤：运输包装需要具备足够的强度和稳定性，以抵抗运输过程中可能遇到的冲击和压力。

防止渗漏：对于易碎或液体商品来说，防止渗漏是非常重要的。运输包装需要采用合适的材料和结构，以防止液体或气体渗漏对商品和环境造成损害。

**4. 销售包装要求**

吸引消费者：销售包装需要具有吸引力和视觉冲击力，以吸引消费者的注意力并激发他们的购买欲望。这包括设计新颖、色彩鲜艳、图案吸引人等特点。

展示商品特点：销售包

## 2.4.1　商品包装分类

商品包装种类繁多，我们根据习惯将常用的几种包装归纳如下，如表2-3所示。

表2-3　商品包装的种类

| 分类标准 | 包装种类 |
|---|---|
| 按流通环节 | 小包装、中包装、大包装 |
| 按运输方式 | 铁路货物包装、公路货物包装、船舶货物包装、航空货物包装等 |
| 按包装功能 | 运输包装、销售包装 |
| 按包装材料 | 木箱包装、纸袋包装、麻布袋包装、塑料包装、金属包装、玻璃与陶瓷包装和复合材料包装等 |
| 按商品种类 | 食品包装、药品包装、液体包装、粉粒包装、危险品包装等 |
| 按防护技术 | 贴体、透明、托盘、开窗、收缩、提袋、易开、喷雾、蒸煮、真空、充气、防潮、防锈、防霉、防虫、无菌、防震、遮光 |
| 按经销习惯 | 内销包装、出口包装、特殊包装、礼品包装 |

## 2.4.2　商品包装材料

### 1. 木质包装材料

木质包装材料是指以木材为原料制作的用于包装物品的材料。木质包装材料具有以下特点。

（1）木材本身就具有较高的强度，经过加工制作的木质包装材料更加坚固耐用。

（2）木质包装材料是天然材料，不含有害物质，易于回收和再利用。

（3）木质包装材料具有良好的透气性，可以保持包装物品的干燥和通风。

（4）木材中的纤维素和木质素具有较好的防潮性能，可以有效地保护包装物品。

（5）根据需要进行加工制作，可以制作成各种形状和尺寸的包装材料，满足不同的包装需求。

因此，跨境贸易中被广泛使用，但实木包装材料极易携带森林病虫害，国际组织和很多国家都对进境货物木质包装采取了极为严格的检验检疫制度。

**2. 纸质包装材料**

纸和纸板是包装材料中最为常用的。纸质包装材料主要有纸、纸卡、纸板等，纸、纸卡和纸板之间有以下区别。

纸是指定量每平方米在 150~200 g 以下的薄而轻的纸种。

纸卡是指定量每平方米在 150~200 g 之间的薄而坚硬的纸种，通常用于包装和印刷。

纸板是指定量每平方米在 150~200 g 以上的厚而硬的纸种。

如果对纸板进行深加工也可以得到一系列的加工商品，如瓦楞纸板、蜂窝纸板等，瓦楞纸板以其耐冲击而被广泛用于制作包装商品的纸箱，即将若干块瓦楞纸板呈六面体并采用钉合、胶水粘合或无钉无胶的插嵌式连接各个瓦楞纸板就形成瓦楞纸箱。以瓦楞纸板的波纹数，分别可得到"单瓦楞""双瓦楞"和"三瓦楞"纸箱。

**3. 塑料包装材料**

塑料根据其自身的性能来分可以分成：可以多次反复进行熔融成型加工而基本能保持其特性的热塑性塑料和只能进行一次熔融成型的热固性塑料两大类。根据其用途来分可以分成使用面广，价格便宜，综合性能较好的通用塑料，如 PE，PP，PVC，PS 和胺基塑料有良好的物理力学强度，可以代替金属使用在工程机械上的工程性塑料如：ABS，尼龙，聚酯，POM，TPX-1 等。

塑料包装材料是指以塑料为原料制作的用于包装物品的材料。塑料包装材料具有以下特点。

（1）轻便：塑料包装材料相对于其他包装材料来说比较轻便，可以减少运输成本。

（2）耐用：塑料包装材料具有较好的耐久性，可以保持包装物品的完整性和安全性。

（3）防潮防水：塑料包装材料可以有效地防止水分和湿气的侵入，保持包装物品的干燥和清洁。

（4）透明度高：塑料包装材料可以制作成透明的材料，方便观察包装物品的情况。

（5）成本低：塑料包装材料的成本相对较低，适用于大规模生产和使用。

需要注意的是，塑料包装材料在使用过程中可能会产生环境污染和资源浪费等问题，需要采取相应的措施进行处理和回收。同时，在跨境贸易中，塑料包装材料也可能会受到一些限制和规定，需要遵守相关的法律法规和国际标准。

**4. 金属包装材料**

金属包装材料是指以金属为原料制作的用于包装物品的材料。广泛被应用于食品、饮料、化工、医药、建材、家电等行业，是食品罐头、饮料、糖果、饼干、茶叶、油墨、油漆、染料、化妆品、医药和日用品等的商品包装容器、运输包装和销售包装，常见的金属包装材料包括铁皮罐、铝罐、钢桶等。金属包装材料具有以下特点：

（1）强度高：金属包装材料具有较高的强度和耐用性，可以保护包装物品免受破损和损坏。

（2）密封性好：金属包装材料可以有效地防止氧气、水分和其他外界物质的侵入，保持包装物品的新鲜和干燥。

（3）防腐性好：金属包装材料可以有效地防止包装物品受到腐蚀和污染，延长其使用寿命。

（4）可回收利用：金属包装材料可以进行回收和再利用，减少资源浪费和环境污染。

（5）造型多样：金属包装材料可以根据需要进行加工制作，可以制作成各种形状和尺寸的包装材料，满足不同的包装需求。

需要注意的是，在跨境贸易中使用金属包装材料可能会受到一些限制和规定，需要遵守相关的法律法规和国际标准。此外，金属包装材料在使用过程中也需要注意防止锈蚀和损坏等问题。

### 2.4.3　运输包装和销售包装

跨境贸易运输必须要求对贸易商品进行包装。通常商品包装包含运输包装和销售包装。

运输包装及
标志的制作

**1. 运输包装**

运输包装是指为了保护货物在运输过程中不受损坏而进行的包装。它是一种特殊的包装，需要考虑到运输条件和运输方式等因素。运输包装的特点包括：

（1）强度高：运输包装需要具有较高的强度和抗震能力，以保护货物在运输过程中不受损坏。

（2）适应性强：运输包装需要根据不同的运输方式和运输条件进行设计，以适应不同的运输环境。

（3）防潮防水：运输包装需要具有防潮防水的能力，以保护货物不受潮湿和水浸。

（4）环保性好：运输包装需要尽可能地减少对环境的污染，可以采用可回收材料和可降解材料等方式。

（5）便于搬运：运输包装需要考虑到货物的重量和尺寸，以便于搬运和装卸。

常见的运输包装包括木箱、纸箱、塑料箱、金属箱等。在选择运输包装时，需要根据货物的性质、运输方式和运输距离等因素进行综合考虑，以确保货物在运输过程中的安全和完整。

**2. 运输包装的标志**

运输包装的标志是指在包装上标记的符号、文字和图案等信息，用于指示包装物的性质、数量、重量、体积、运输方式和运输条件等信息。常见的运输包装标志有以下几个方面。

（1）包装标识：用于标识包装物的名称、规格、数量、重量、体积等信息。

（2）运输标识：用于标识运输方式、运输条件、危险品等信息，例如"易碎物品""危险品""保持干燥"等标识（图2-1）。

（3）目的地标识：用于标识包装物的目的地和收件人信息，例如收件人姓名、地址、电话。

（4）货运标识：用于标识货物的运输方式和运输公司等信息，例如货运单号、托运人名称、运输公司名称等。

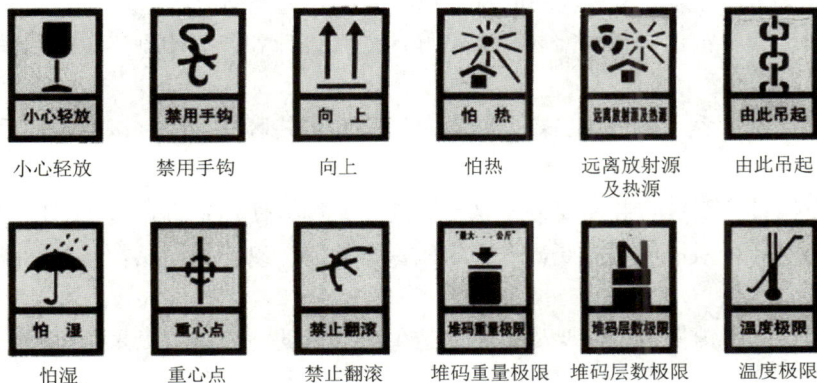

**图 2-1　运输标识**

（5）警示标识：用于标识包装物的特殊性质和危险程度，例如"易燃物品""毒品""放射性物质"等标识（图 2-2）。

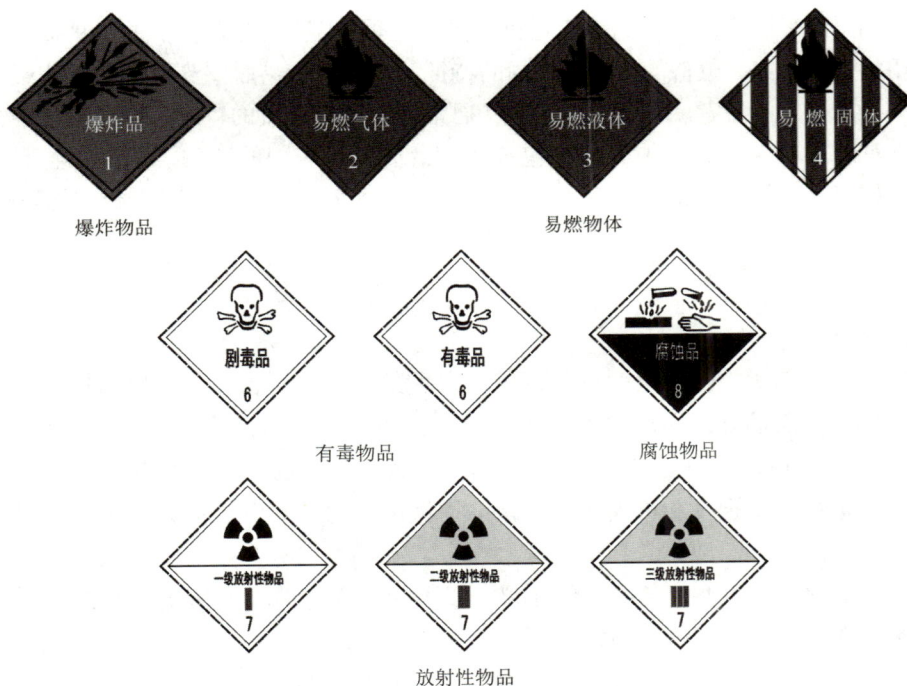

**图 2-2　警示标识**

运输包装标志的作用在于提高包装物的识别度和可追溯性，减少货物在运输过程中的损坏和丢失，保障货物的安全和完整性。在进行包装时，需要根据运输方式和运输条件等因素进行综合考虑，选择合适的标志和标识方式，以确保货物的顺利运输。

**3. 销售包装**

销售包装，又称小包装，是指为了促进商品销售而进行的包装，它是商品和消费者之间的桥梁。销售包装的主要目的是提高商品的附加值，增加商品的吸引力和美观度，促进消费者的购买欲望和购买行为。销售包装的特点包括以下几个方面。

（1）吸引消费者：销售包装需要具有良好的外观设计和包装印刷，以吸引消费者的注意力和购买欲望。

（2）区分竞争对手：销售包装需要与竞争对手的包装区分开来，以突出商品的特色和差异化优势。

（3）方便携带：销售包装需要便于携带和使用，以方便消费者在购买后的使用和保存。

（4）保护商品：销售包装需要具有一定的保护功能，以保护商品在运输和储存过程中不受损坏。

（5）环保性好：销售包装需要尽可能地减少对环境的污染，可以采用可回收材料和可降解材料等方式。

常见的销售包装包括纸盒、塑料袋、罐装、瓶装、袋装等。在选择销售包装时，需要根据商品的性质、消费者的需求和市场竞争等因素进行综合考虑，以确保包装能够达到促进销售的目的。是在商品包装上标有商标及其商品形象画面，是一种促销性质的装饰包装。销售包装中的预制包装和装饰包装，在市场竞争中常采取"包装延续广告"的策略。包装上出现的图案、照片与广告相一致，看到广告后到购货现场便可"验明正身"。企业生产的各种商品，在包装外型上采用相同的图案、近似的色彩、共同的特征，使顾客容易联想到是同一家出品。在包装设计上，为了产生使消费者注意的心理作用，通常采用鲜艳夺目的色彩、投其所好的式样、表里如一的外观。厂名、商标必须出现在包装上，给消费者深刻的印象。如贵重物品，包装华丽、庄重。如廉价物品，包装材料不考究，色彩和画面要浓烈鲜明，重量和价格标志鲜明。

### 2.4.4　运输标志和产地标识

#### 1. 运输标志

运输标志是指在货物包装上标记的符号、文字和图案等信息，用于指示货物的性质、数量、重量、体积、运输方式和运输条件等信息。常见的运输标志包括"易碎物品""危险品""保持干燥"等标识，以及货运单号、托运人名称、运输公司名称等标识。运输标志的作用在于提高货物的识别度和可追溯性，减少货物在运输过程中的损坏和丢失，保障货物的安全和完整性。

按国际标准化组织（ISO 组织）的建议，以下四项内容构成了主唛（图 2-3）。

（1）收、发货人名称的英文缩写（代号）或简称。

（2）参考号（如订单号、发票号、运单号码、信用证号码）。

（3）目的地（港）。

（4）件号。

| | |
|---|---|
| ICEBURG CO., LTD. | 收、发货人名称 |
| S/C：ICB20230001 | 合同号码（也可以信用证号码） |
| HANBURG | 目的港 |
| No. 1/50 | 件号 |

图 2-3　运输标志（主唛）示意图

此外，有的运输标志还包括原产地、合同号、许可证号和体积与重量等内容。

**2. 运输标志的标识**

在包装箱的二个对称面上涂刷的运输标志，称为"正唛"（也称"主唛"，Main Mark），而在另外二个对称面则涂刷了包装的体积、毛重/净重（有时也列明产地）等内容，因为是在包装盒的侧边，因此称"侧唛"（Side Mark），如图 2-4 所示。

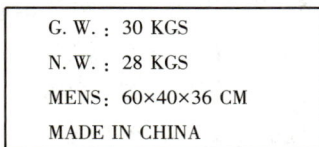

```
G. W.：30 KGS
N. W.：28 KGS
MENS：60×40×36 CM
MADE IN CHINA
```

**图 2-4 侧唛示意图**

**3. 确定运输标志的内容**

运输标志的内容可以由买卖双方根据商品特点和具体要求商定。在跨境贸易实务操作中，主唛和侧唛设计者可以是出口商，也可以是境外客户。一般而言，合同或信用证中没有写明具体的运输标志，由出口商（卖方）设计；如果由进口商设计运输标志，则往往是在生产大货时通知出口商；如果境外客商不要求书写运输标志时，则出口商应该书写为"NO MARK"，简写"N/M"。确定运输标志的内容需要根据货物的性质、数量、重量、体积、运输方式和运输条件等因素进行综合考虑。一般来说，以下是确定运输标志的常见内容。

（1）货物名称：标明货物的名称，以便于识别和分类。

（2）货物数量：标明货物的数量，以便于统计和计算费用。

（3）重量和体积：标明货物的重量和体积，以便于计算运费和选择运输方式。

（4）运输方式：标明货物的运输方式，如海运、空运、铁路运输等。

（5）运输条件：标明货物的运输条件，如温度、湿度、通风等要求。

（6）危险品标志：如果货物属于危险品，需要标明相应的危险品标志。

（7）保险标志：如果货物需要购买运输保险，需要标明相应的保险标志。

（8）托运人和收货人信息：标明托运人和收货人的名称、地址、联系方式等信息。

除了以上内容，还可以根据具体情况添加其他标志和标识。需要注意的是，确定运输标志的内容需要符合国家相关法律法规和标准，以确保货物的安全和顺利运输。

**4. 运输标志的作用**

运输标志是指在货物包装上标记的符号、文字和图案等信息，用于指示货物的性质、数量、重量、体积、运输方式和运输条件等信息。运输标志的作用主要有以下几个方面。

（1）提高货物的识别度和可追溯性：通过标记货物名称、数量、重量、体积等信息，可以方便地识别货物，减少货物在运输过程中的混淆和丢失，提高货物的可追溯性。

（2）减少货物的损坏和丢失：通过标记货物的运输条件、危险品标志等信息，可以提醒运输人员注意货物的安全和保护，减少货物在运输过程中的损坏和丢失。

（3）保障货物的安全和完整性：通过标记货物的运输条件、危险品标志等信息，可以提醒运输人员注意货物的安全和保护，保障货物的安全和完整性。

（4）降低运输成本和风险：通过标记货物的数量、重量、体积等信息，可以方便地计算运输成本，降低运输风险。

（5）提高运输效率和质量：通过标记货物的数量、重量、体积等信息，可以方便地统计和计算货物，提高运输效率和质量。

综上所述，运输标志对于货物的安全、保护和顺利运输具有重要的作用，是货物运输过程中必不可少的一环。运输标志在跨境贸易中还有其他特殊的作用。

**5. 商品的产地标志**

产地标志是指在商品上标记的符号、文字和图案等信息，用于指示商品的生产地或产地。常见的产地标识包括"中国制造""法国原产"等标识。产地标识的作用在于提高商品的知名度和信誉度，增加消费者对商品的信任和购买欲望，促进商品的销售和推广。

需要注意的是，运输标志和产地标识是不同的标志，它们的作用和目的也有所不同。在进行包装和标识时，需要根据货物的性质和目的地等因素进行综合考虑，选择合适的标志和标识方式，以确保货物和商品能够顺利运输和销售。

除了产地标志和运输标志外，条形码（图 2-5）是一种用于商品和物品识别的编码系统，它是由一组黑白条纹和数字组成的图形标识，可以通过扫描设备进行快速读取和识别。条形码可以用于管理库存、销售跟踪、物流配送等方面，是现代商业和物流管理中不可缺少的一种技术工具。

| 694 | 5207 | 20112 | 3 |
|---|---|---|---|
| 前缀码 | 厂商识别码 | 产品项目代 | 校验位 |

**图 2-5　条形码**

条形码的编码方式有多种，其中最常用的是 UPC（Universal Product Code，通用商品代码）和 EAN（European Article Number，欧洲商品编码）。UPC 主要用于北美地区，EAN 则主要用于欧洲和其他地区。条形码的编码长度和内容也有所不同，一般包括商品的生产厂商、商品类型、商品编号等信息。

条形码的优点是可以快速、准确地识别商品和物品，提高了物流管理和销售跟踪的效率和精度，减少了人工操作的错误和成本。同时，条形码也可以方便地进行数据统计和分析，为企业管理和决策提供了有力的支持。

**6. 合同中关于商品包装条款应注意的问题**

在合同中关于商品包装条款的约定，是为了确保货物在运输过程中的安全和完好无损，同时也是为了规范交易双方的责任和义务。以下是在合同中关于商品包装条款的注意事项。

（1）确定包装标准：合同中应明确规定货物的包装标准，如包装材料、包装方式、包装容量、包装数量等，以确保货物在运输过程中的安全和完好无损。

（2）确定包装要求：合同中应明确规定货物的包装要求，如包装标识、包装标志、包装标签等，以便于货物的识别和追踪。

（3）确定包装责任：合同中应明确规定包装责任，即包装由哪一方负责，如由卖方或买方负责包装。同时也应规定包装的费用由哪一方承担。

（4）确定包装检验：合同中应明确规定包装检验的标准和程序，如检验包装材料、检验包装容量、检验包装标识等，以确保货物在运输过程中的安全和完好无损。

（5）确定包装违约责任：合同中应明确规定包装违约责任，即如果包装不符合合同约定，由哪一方承担违约责任，如赔偿损失、承担违约金等。

总之，在合同中关于商品包装条款的约定，应明确、具体、可执行，以确保货物在运输过程中的安全和完好无损，同时也是为了规范交易双方的责任和义务。

## 拓展阅读

中国国际援助商品的外包装上的标志通常包括中国国旗、中国援助标志、项目类型标志和安全标志等。这些标志的意义如下：

1. 中国国旗：中国国旗是中国的国家象征，代表中国政府和人民的尊严和权威。在援助商品的外包装上使用中国国旗，表明这是中国政府和人民提供的援助物资。

2. 中国援助标志：中国援助标志是由"中国援助"四个汉字和红色中国结组成的红色图标，在原有"中国援助 CHINA AID"中英文字样下新增了"FOR SHARED FUTURE"。在援助商品的外包装上使用中国援助标志，代表这是中国政府和人民提供的援助物资，同时也传达了中国政府和人民的友好援助精神。

3. 项目类型标志：根据不同的援助项目类型，会有相应的项目类型标志。例如，防疫物资援助的项目类型标志通常是一个由"防疫"两个字组成的红色图标。在援助商品的外包装上使用项目类型标志，可以让受援方更清晰地了解援助物资的用途和功能。

4. 安全标志：安全标志通常包括危险品标志、易碎品标志、向上标志等。在援助商品的外包装上使用安全标志，可以提醒搬运人员注意安全，避免因不当搬运而导致物资损坏或人员伤害。

国家国际发展合作署 2019 年 11 月 25 日公布了新版对外援助标识和徽章。与旧版相比，最显著的变化是在新标识中加入"为了共同的未来"的外文表述，突出了构建人类命运共同体理念，体现合作共赢思想，传递建设持久和平、普遍安全、共同繁荣、开放包容、清洁美丽的未来世界的愿景。

总之，中国国际援助商品的外包装上的标志具有传递中国政府和人民的友好援助精神、提醒搬运人员注意安全等作用。同时，这些标志也可以让受援方更清晰地了解援助物资的用途和功能。

## 任务实施

| 任务编号 | 任务名称 | 任务讨论 | 任务执行 | 总结评价 |
|---|---|---|---|---|
| 任务 2.1 | 了解交易商品名称 | 讨论商品分类、命名规则，以及商品名称在贸易中的重要性 | 收集不同交易商品的名称，分析其分类和命名规则 | 评价商品名称在贸易中的重要性，总结命名规则和分类方法 |
| 任务 2.2 | 掌握交易商品品质的表述 | 讨论商品品质的表述方法，包括规格、型号、等级、标准等 | 分析实际贸易中的商品品质表述，记录不同表述方法及对应商品品质 | 对商品品质表述方法进行评价，总结不同表述方法的优缺点 |
| 任务 2.3 | 掌握商品数量的表述 | 讨论不同贸易计量单位及使用规则，如件数、箱数、托盘数等。 | 分析实际贸易中的商品数量表述，记录不同计量单位及对应数量。 | 对商品数量表述方法进行评价，总结不同计量单位的使用规则 |
| 任务 2.4 | 了解贸易商品的包装 | 讨论贸易商品包装的作用、种类和要求，以及防护包装的具体措施 | 分析实际贸易中的商品包装描述，记录不同包装类型及对应要求 | 对商品包装描述进行评价，总结不同包装类型的优缺点和防护包装的必要性 |

以上表格可根据具体任务需求进行调整和完善。在实际实施过程中，可以组织团队成员进行讨论、分工合作，共同完成任务。同时，及时记录和总结评价，以便更好地完成任务目标和提高工作效率。

## 知识与技能训练

### 同步测试

参考答案

**一、填空题**

1. 商品质量是指商品的_____和_____的综合。

2. 国际贸易中表示质量的方法主要有以_____表示和以_____表示两大类。

3. 一种样品若没有标明参考样品与标准样品，一律看成_____。

4. 采用文字说明来表示商品质量，具体包括_____、_____、_____、_____、_____和_____。

5. 灵活制定质量指标，通常使用的是_____条款和_____条款。

6. 根据《公约》规定，如卖方多交货物，则买方可以_____，也可以_____，但应_____；如卖方少交货物，可以_____，但_____。即使如此，买方也保留损害赔偿的权利。

7. 国际贸易中通常使用的度量衡制度有_____、_____、_____以及_____。

8. 在国际贸易中，对以重量计量的商品，大部分都按_____计价，这是最常见的计量方法。

9. 就表示重量的吨而言，实行公制的国家一般采用_____，实行英制的国家一般采用_____，实行美制的国家一般采用_____。

10. 合同中的数量条款主要包括成交商品的数量和_____。

11. 按《跟单信用证统一惯例》规定，对"约"量的解释是交货数量有不超过_____的增减幅度。

12. 商品包装按其在流通领域中所起的作用可分为_____包装和_____包装。

13. 包装标志主要有_____标志、_____标志和_____标志。

14. 为了防止在市价波动时，享有溢短装权利的一方故意多装或少装，以获取额外收益，买卖双方可以在合同中规定，溢装或短装部分货物价款按_____价格或到货日某指定市场价格计算。

15. 在国际货物买卖中，对某些质量变化较大的农副商品，有时采用"良好平均品质"这一术语来表示其品质标准，其英文缩写为_____，它一般是指_____，是相对于"精选货"而言的。

## 二、选择题

1. 卖方根据买方提供的样品，加工复制出一个类似样品供买方确认。该样品称为（　　）。

A. 买方样　　　　　　B. 复样　　　　　　C. 卖方样　　　　　　D. 封样

2. 由买方提供样品的有（　　）。

A. 凭买方样买卖　　　　　　　　B. 凭来样成交

C. 凭对等样买卖　　　　　　　　D. 凭卖方样买卖

3. 采用凭样品买卖必须满足的基本条件有（　　）。

A. 样品是作为所交货物品质的唯一依据

B. 卖方所交货物必须与样品一致

C. 买方应有合理机会对样品和货物进行比较

D. 卖方所交货物不得含有对样品进行合理检验是不易发现和不适合商销的缺陷。

4. 对生丝、棉花和羊毛等商品的计量方法可采用（　　）。

A. 公量　　　　　　B. 毛量　　　　　　C. 理论种类　　　　　　D. 法定重量

5. 商品重量的计算，如合同未明确规定，按惯例应（　　）。

A. 以毛重计　　　　B. 以净重计　　　　C. 以毛作净　　　　D. 毛净均可

6. 合同规定了数量机动幅度，可以行使溢短装选择权的是（　　）。

A. 卖方　　　　　　　　　　　　B. 买方

C. 船方　　　　　　　　　　　　D. 安排舱容及装载货物的一方

7. 溢短装部分的计价，（　　）。

A. 可以按合同价格计

B. 可以按市场价格计

C. 可以部分按合同价格计，部分按市场价格计

D. 只能按合同价格计

8. 运输包装的主要作用在于（　　）。

A. 保护商品　　　　　　　　　　B. 便于运输和储存

C. 促销　　　　　　　　　　　　D. 美化商品

E. 防止在装卸过程中发生货损货差

9. 某外商欲购我"华生"牌电扇，但要求改用"钻石"商标，并不得注明产地。外商这一要求的实质是（　　）。

A. 无牌中性包装　　B. 定牌中性包装　　C. 运输包装　　　　D. 销售包装

10. 国际标准化组织建议的标准运输标志包括（　　）。

A. 收货人或买方名称缩写或代号　　　B. 参考号

C. 目的地　　　　　　D. 件号　　　　　　E. 原产地标志

11. 运输标志是指（　　）。

A. 商品内包装上的标志　　　　　　　　B. 运输包装上的标志

C. 运输工具上的标志　　　　　　　　　D. 待运货场的标志

12. 以信用证支付方式进行散装货物的买卖，如信用证并未明确规定货物数量不得增减，则（　　）。

A. 货的数量及支取的金额均可有±5%的机动

B. 交货数量应与合同规定的数量完全一致

C. 交货的数量可有±10%的机动，支取金额不超过信用证金额。

D. 交货数量可有±5%的机动，但支取金额不能超过信用证总金额。

13. 下列包装标志中，要在货运单据上表示的是（　　）。

A. 运输标志　　　　B. 指示性标志　　　C. 警告性标志　　　D. 条形码标志

14. 下列品质规定方法，正确的是（　　）。

A. 东北大豆水分含量15%，含油量18%，含杂质1.5%，含不完善粒8.5%

B. 柳酸甲醇，按英国药典规定

C. 中国绿茶特珍一级

D. 木薯片，大路货，水分18%

15. 卖方根据买方来样复制样品，寄送买方并经其确认的样品，被称为（　　）。

A. 复样　　　　　　B. 回样　　　　　C. 原样

D. 确认样　　　　　E. 对等样品

16. 目前，我国采用以（　　）为基础的法定计量单位。

A. 公制　　　　　　B. 美制　　　　　C. 英制　　　　　D. 国际单位制

17. 凡货、样不能做到完全一致的商品，一般都不适宜凭（　　）买卖。

A. 规格　　　　　　B. 号码　　　　　C. 标准　　　　　D. 样品

18. 用班轮运输货物，在规定运费计收标准时，如果采用"A. V"的规定办法，则表示（　　）。

A. 按货物的毛重计收       B. 按货物的体积计收

C. 按货物的件数计收       D. 按货物的价值计收

19. 卖方按买方要求在其出售的商品或标上标明买方指定的商标或牌号,这种做法叫作( )。

A. 包装       B. 唛头       C. 包装标志       D. 定牌或定牌生产

20. 出口生丝计算重量的方法通常是按( )。

A. 毛重       B. 净重       C. 公量       D. 理论公量

## 综合实训

中国公司 ICEBURG CO. LTD. 欲从境外进口一批罐头食品,商品进口后要在我国境内销售,因此,要对商品的销售包装进行重新设计和取名,同时还要对运输包装也要重新进行设计正唛和侧唛。商品如下:

**specification**

| Product name | Pineapple in syrup |
|---|---|
| Type | Pineapple |
| Style | Canned |
| Preservation process | Syrup |
| Tin type | tin coated Varnishes |
| Lid | normal lid or easy-open lid |
| Ingredient | Pineapple, water, sugar, acid |
| Cut type | slices, pieces, tidbits, chunks |
| Size | as buyer's request |
| Color | Yellow |
| Thickness | 10 mm |
| Diamater of slice | 65-75 mm |
| Acid | 0. 20%-0.50% |
| Brix | 14-16o or Buyer's requirement |
| Shelf-life | 02 years |
| Packing | 15oz, 20oz, 30oz, a 10 cans |
| Place of Origin | Vietnam |

### 🖊 实训目的

通过实际操作，让学生了解罐头食品进口、销售包装设计和运输包装设计的相关流程和要求，提高学生的实践能力和对国际贸易的了解。

### 🖊 实训内容

1. 商品进口前的准备工作：了解商品的规格、成分、质量等信息，并进行必要的检测和认证。

2. 商品销售包装的设计：根据商品的特点和市场需求，重新设计商品的销售包装，包括正唛、侧唛、标签、说明等内容。

3. 运输包装的设计：根据商品的重量、尺寸和运输方式等因素，重新设计商品的运输包装，包括正唛、侧唛、托盘、填充物等。

4. 相关文件的准备：制作相关的出口合同、装箱单、发票、提单等文件，以确保商品能够顺利地进出口。

### 🖊 实训要求

1. 学生需要认真阅读商品的规格和要求，理解商品的特点和市场需求。
2. 学生需要根据商品的特性和市场需求，设计出符合要求的销售包装和运输包装。
3. 学生需要熟悉相关的出口合同、装箱单、发票、提单等文件的制作流程和要求。
4. 学生需要具备团队合作精神，积极参与讨论和交流，共同完成实训任务。

### 🖊 实训考核

1. 根据实训要求，完成销售包装和运输包装的设计，并制作相关的文件。
2. 能够准确地回答与商品进口、销售包装设计和运输包装设计相关的问题。
3. 能够积极参与团队讨论和交流，提出建设性的意见和建议。

# 第三单元
# 了解跨境贸易术语

课件

## 单元介绍

本课程将通过跨境贸易术语的知识学习，让学生了解跨境贸易术语的基本内容，包括贸易术语的定义、分类、使用范围、风险责任分配等。通过跨境贸易实训项目，让学生掌握贸易术语在跨境贸易中的应用和实践，并培养学生的沟通、协作和解决问题的能力。

## 学习目标

**知识目标：**

1. 了解跨境贸易术语的基本内容，包括贸易术语的定义、分类、使用范围、风险责任分配等；
2. 掌握不同贸易术语之间的区别和适用范围；
3. 了解跨境贸易中的常见风险和应对方法。

**技能目标：**

1. 具备跨境贸易中贸易术语的选择和运用能力；
2. 具备跨境贸易合同中贸易术语条款的拟定和管理能力；
3. 具备跨境贸易能对外报价的实际能力。

**素质目标：**

1. 培养学生的沟通、协作和解决问题的能力；
2. 增强学生的职业道德和行业规范意识；
3. 提高学生的社会责任感和可持续发展意识。

## 任务 3.1　了解贸易术语的国际惯例

国际贸易术语

## 任务描述

本任务将对《华沙—牛津规则》《1941 年美国对外贸易定义修订本》和《国际贸易术语解释通则》的历史演变进行梳理，并分析 INCOTERMS 2020 的主要变化。

### 任务分析

《华沙—牛津规则》主要基于《国际贸易术语解释通则》的规则，但对其进行了一些修改和补充，如增加了"成本加保险费加运费"（CIF）术语。

《1941 年美国对外贸易定义修订本》对贸易术语进行了分类和解释，如将贸易术语分为"离岸价格""到岸价格"等。

INCOTERMS 2020 相较于之前的版本有一些重要的变化。以下是其中一些主要变化。

（1）新增规则：INCOTERMS 2020 引入了一个新的规则，即 DPU（Delivered at Place Unloaded，卸货地交货）。DPU 规则取代了之前版本中的 DAT（Delivered at Terminal，码头交货）规则，以更好地适应现代贸易环境。

（2）FCA 规则变更：在 INCOTERMS 2020 中，FCA（Free Carrier，卖方交货）规则发生了一些变化。现在，买方可以要求卖方在装货前将货物交给承运人，以适应多式联运的需求。

（3）保险责任：INCOTERMS 2020 中明确规定了在 CIF（Cost, Insurance and Freight，成本、保险和运费）和 CIP（Carriage and Insurance Paid To，运费和保险付至）规则下的保险责任。卖方必须购买符合最低要求的保险，并在保险单上为买方或指定的受益人提供保险。

（4）FOB 规则变更：INCOTERMS 2020 对 FOB（Free on Board，船上交货）规则进行了一些修改。现在，卖方必须在货物交付给承运人之前完成出口报关手续。

### 知识储备

《华沙—牛津规则》《1941 年美国对外贸易定义修订本》和《国际贸易术语解释通则》的历史演变，包括各个规则的产生背景、主要内容和应用情况。

INCOTERMS 2020 的主要变化，如增加新术语、调整部分术语、强调电子单据和风险转移等。

不同贸易术语的特点和应用条件，如离岸价与到岸价的区别、成本加运费与成本加保险费加运费的区别等。

了解国际贸易惯例的发展趋势以及应对方法，例如 INCOTERMS 的更新对交易双方的影响及其应对策略。

通过掌握这些知识，我们可以更好地理解和应用贸易术语，从而有助于提高交易的效率和安全性。同时，我们还需要根据实际情况灵活运用不同的贸易术语，并不断关注国际贸易惯例的最新动态，以适应不断变化的国际贸易环境。

### 3.1.1　《华沙—牛津规则》

《华沙—牛津规则》全称为《1932 年华沙—牛津规则》，是国际法协会规定的对成本加保险费及运费（CIF）条件的详细解释，共计二十一条。1928 年华沙会议上制定了 CIF 买卖合同的统一规则《1928 年华沙规则》，共 22 条；后经 1930 年牛津纽约会议、1931 年巴黎会议和 1932 年牛津会议修订，为 21 条，定名为《1932 年华沙—牛津规则》，一直沿用至今。其中对卖方在船舶装运、保险、制备单据，提交证件及保证货物的品质等方面的责任，买方在偿付货款接受货物与检查货物等方面的权利与义务，以及货物风险及所有权的转移时间等，都有详细规定。这个规则对任何进出口交易都没有法律上的约束力，仅供买卖双方自愿采用，只有当双方在买卖合同中注明采用此项规则时才适用。《规则》中的任何一条都可以由买卖双方在合同中加以修改和补充，如合同条款与该规则有抵触时，以合同规定为准。但在目前外贸实践中，很少使用此规则。

### 3.1.2　《1941 年美国对外贸易定义》（修订本）

该修订本由美国几个商业团体在 1919 年制定，1941 年经美国商会、美国进口商协会和全国对外贸易协会所组成的联合委员会审定通过，由全国对外贸易协会予以公布。《1941 年美国对外贸易定义》（修订本）中所解释的贸易术语共有 6 种，分别是：

（1）Ex Point of Origin（产地交货）

（2）FOB（运输工具上交货，若是水运方式则需用 FOB vessel 表达）

（3）FAS（运输工具旁交货）

（4）C&F（成本+运费）

（5）CIF（成本+运费+保险费）

（6）Ex Dock（目的港码头交货）

《1941 年美国对外贸易定义》（修订本）主要为北美地区国家所采用，由于它的跨境贸易术语解释（尤其是 FOB 和 FAS 的解释）与国际商会制定的《2010 年通则》有明显差异，并将 6 种情况下 FOB 术语的交货情况作了严格区分，规定了各种情况所承担费用、交货地点和风险划分点。因此，与该地区的贸易要引起特别注意。

### 3.1.3　《国际贸易术语解释通则》

1936 年，国际商会为统一并规范贸易术语的解释，制订了《跨境贸易术语解释通则》（International Rules for the Interpretation of Trade Terms，缩写为 INCOTERMS），这是最早的解释版本，后分别于 1953 年、1967 年、1976 年、1980 年、1990 年、1996 年、2000 年和 2010 年数次修改，产生了不同时期的修改版本，最新的版本为 INCOTERMS 2010，简称《2010 年通则》。《2010 年通则》将跨境贸易中使用的贸易术语归纳为 11 种（表 3-1），并将 11 种术语分为水运方式和任何运输方式两个组，水运方式的是 FAS、FOB、CFR、CIF 和任何运输方式的 EXW、FCA、CPT、CIP、DAT、DAP、DDP。另外，适用范围也增大，不仅适用于跨境贸易，也适用于国内贸易。2020 年《跨境贸易术语解释通则》对 2010 年通则的主要修订，既有结构上的调整，也有内容上的变化，但总体上沿袭了 2010 年通则的传统（2 类、4 组、11 个术语），同时更加接近当前贸易实践。该通则已于 2020 年 1 月 1 日生效施行。

修订主要涉及：

（1）将 DAT 改为 DPU。

2010 年通则，DAT（delivered at terminal）由卖方在指定港口或目的地运输终端（如火车站、航站楼、码头）将货物卸下完成交货；2020 年通则，DPU（Delivered at Place Unloaded）由卖方将货物交付至买方所在地可以卸货的任何地方，而不必须是在运输终端，但要负责卸货，承担卸货费。

表 3-1　INCOTERMS2010/2020 11 种贸易术语

| 分类 | 术语 | 术语译名 | 后附地点 | 交货地 | 保险 | 报关 | |
|------|------|----------|----------|--------|------|------|------|
| | | | | | | 出口 | 进口 |
| 水运方式 | FAS | 装运港船边交货 | 装运港 | 装运港 | 买方 | 卖方 | 买方 |
| | FOB | 装运港船上交货 | 装运港 | 装运港 | 买方 | 卖方 | 买方 |
| | CFR | 成本加运费 | 目的港 | 装运港 | 买方 | 卖方 | 买方 |
| | CIF | 成本保险费运费 | 目的港 | 装运港 | 卖方 | 卖方 | 买方 |
| 任何运输方式 | EXW | 工厂交货 | 指定地点 | 卖方地 | 买方 | 买方 | 买方 |
| | FCA | 货交承运人 | 指定地点 | 出口地 | 买方 | 卖方 | 买方 |
| | CPT | 运费付至 | 目的地 | 出口地 | 买方 | 卖方 | 买方 |
| | CIP | 运费保险费付至 | 目的地 | 出口地 | 卖方 | 卖方 | 买方 |
| | DUP 2020 版 DAT 2010 版 | 由卖方将货物交付至买方所在地可以卸货的任何地方 目的地终端交货 | 指定交货地 目的地交通站 | 目的地 | 卖方 | 卖方 | 买方 |
| | DAP | 目的地交货 | 目的地指定地点 | 目的地 | 卖方 | 卖方 | 买方 |
| | DDP | 完税后交货 | 目的地 | 进口地 | 买方 | 卖方 | 卖方 |

（2）CIP 和 CIF 关于保险的规定。

2020 年通则对 CIF 和 CIP 中的保险条款分别进行了规定，CIF 术语下，卖方只需要承担运输最低险（平安险），但是买卖双方可以规定较高的保额；而 CIP 术语下，如果没有特别约定，卖方需要承担最高险（一切险减除外责任），相应的保费也会更高。也就是说，在 INCOTERMS 2020 中，使用 CIP 术语，卖方承担的保险义务变大，而买方的利益会得到更多保障。

（3）FCA 术语下附加已装船提单。

在 FCA 术语下，买卖双方可以约定，买方可指示其承运人在货物装运后向卖方签发已装船提单，然后卖方有义务向买方提交该提单。

（4）在 FCA、DAP、DPU 和 DDP 中，与用卖方或买方选择自己的运输工具运输的相关条款。

2010 年通则，我们都是假定在从卖方运往买方的过程中货物是由第三方承运人负责的；2020 年通则，卖方或买方既可以委托第三方承运，也可以自运。

（5）安保费用。

在运输义务和费用中列入与安全有关的要求即将安保费用纳入运输费用，谁承担运输费用，谁承担运输中的安保费用。

# 任务 3.2　了解贸易术语的双重性

✍ **任务描述**

使用贸易术语的原因

本任务将对国际贸易术语的概念、作用以及常用的贸易术语进行深入探讨。

## 任务分析

**1. 国际贸易术语的概念**

国际贸易术语也称为贸易条件或价格术语，是指在不同国家和地区间的贸易中，为了明确买卖双方在责任、风险、费用等方面的关系而采用的一些特定的商业用语。

**2. 国际贸易术语的作用**

国际贸易术语在交易中发挥着重要的作用，主要包括以下几个方面。

（1）简化交易程序；

（2）明确责任和风险；

（3）确定价格和费用；

（4）促进贸易发展。

## 知识储备

（1）了解不同贸易术语的含义和应用条件，如 FOB、CFR、CIF 等，以便根据实际情况选择合适的术语。

（2）掌握贸易术语的作用和优势，如简化交易程序、明确责任和风险等，以便在交易中有效地应用这些术语。

（3）注意不同国家和地区可能对同一贸易术语存在不同的解释和理解方式，因此在与海外客户进行交易时，需要提前进行沟通和协商，确保双方对术语的理解和运用达成一致。

（4）在使用电子单据进行交易时，需要了解电子单据的法律地位和作用，并确保电子单据的安全性和可靠性。

（5）了解国际贸易惯例的发展趋势及其对贸易术语的影响，如 INCOTERMS 等更新版本对贸易术语的解释和应用进行了调整，需要关注这些变化并做出相应的应对措施。

通过掌握这些知识，我们可以更好地理解和应用贸易术语，从而有助于提高交易的效率和安全性。

### 3.2.1　国际贸易术语概念

贸易术语是国际贸易中常用的一些专业术语，用于描述贸易合同中的各种条款和条件。贸易术语的定义、构成和意义如下。

贸易术语是指在国际贸易中用于描述双方权利和义务的一些专业术语，如价格、运输方式、付款条件、保险等。

贸易术语通常由三个字母组成，如 CIF、FOB、EXW 等。每个字母代表了一个特定的含义，如 CIF 中的 C 代表成本，I 代表保险费用，F 代表运费。

贸易术语在国际贸易中非常重要，它可以帮助双方明确各自的权利和义务，避免因语言和文化差异而导致的误解和纠纷。同时，贸易术语也可以帮助双方更好地协商和制定合同条款，以达成共同的利益。

总之，贸易术语是国际贸易中不可或缺的一部分，它可以帮助双方明确各自的权利和义务，避免误解和纠纷，以实现共同的商业目标。

贸易术语所表示的贸易条件，主要分两个方面，一个方面是说明商品的价格构成，是否包括成本以外的主要从属费用，即运费和保险；另一个方面是确定交货条件，即说明买卖双方在交接货物方面彼此所承担的责任、费用和风险的划分。

### 3.2.2　国际贸易术语的作用

贸易术语在国际贸易中具有以下作用：

（1）明确双方责任：贸易术语可以帮助买卖双方明确各自的责任和义务，包括货物的交付、付款、运输、保险等方面，避免因语言和文化差异而导致的误解和纠纷。

（2）规范国际贸易：贸易术语是国际贸易的一种规范，它可以帮助国际贸易的各方协商和制定合同条款，以达成共同的商业目标。

（3）降低交易成本：贸易术语可以帮助买卖双方更好地协商和制定合同条款，以达成共同的商业目标，从而降低交易成本。

（4）促进贸易发展：贸易术语可以促进国际贸易的发展，使得买卖双方更容易进行跨国贸易，从而促进贸易的发展和经济的繁荣。

总之，贸易术语在国际贸易中具有重要的作用，它可以帮助买卖双方明确各自的责任和义务，规范国际贸易，降低交易成本，促进贸易发展。

## 任务 3.3　熟知贸易术语解释

### ✍ 任务描述

不同的贸易术语适用于不同的运输方式和情境，为了更好地了解适合水上运输和适合任何运输方式的贸易术语，本任务将对相关术语进行深入探讨。

### ✍ 任务分析

适合水上运输的贸易术语共有 4 个，即 FAS、FOB、CFR、CIF。这些术语主要用于海运和内河水运等水上运输方式，强调了买卖双方在货物交接过程中的责任和风险；随着现代交通工具的发展，越来越多的贸易术语开始适用于任何运输方式，包括陆运、空运和海运等。适合任何运输方式的贸易术语共 7 个，分别是：EXW、FCA、CPT、CIP、DPU、DDP、DAP。这些术语适用于任何运输方式，强调了买卖双方在货物交接过程中的责任和风险。无论采用何种运输方式，都需要明确规定买卖双方的责任、风险和费用，以确保交易的顺利进行。

### ✍ 知识储备

为了更好地了解适合水上运输和适合任何运输方式的贸易术语，我们需要掌握以下知识点。

（1）了解不同贸易术语的含义和应用条件。

（2）注意不同运输方式下贸易术语的应用。

（3）了解贸易术语的作用和优势，如简化交易程序、明确责任和风险等，以便在交易中有效地应用这些术语。

（4）掌握国际贸易惯例的发展趋势及其对贸易术语的影响。

国际商会（ICC）根据国际货物贸易的发展情况，对不同时期的贸易术语进行了解释和修订。ICC 发布的贸易术语解释是国际贸易中最广泛使用的贸易术语解释，被广泛应用于国际贸易合同中。

ICC 发布的贸易术语解释包括 INCOTERMS 1936、INCOTERMS 1953、INCOTERMS 1967、INCOTERMS 1976、INCOTERMS 1980、INCOTERMS 1990、INCOTERMS 2000、INCOTERMS 2010 和 INCOTERMS 2020 等版本，每个版本都对贸易术语进行了详细的解释和说明。

ICC 的贸易术语解释主要涉及货物的交付、运输、保险和付款等方面，旨在帮助买卖双方明确各自的权利和义务，规范国际贸易，降低交易成本，促进贸易发展。

INCOTERMS 2020 相比于 INCOTERMS 2010，主要有以下变化和改进。

（1）增加安全方面的规定：INCOTERMS 2020 在规则条款中增加了安全方面的规定，包括对运输安全档案和作业安全的要求。

（2）拓展 FCA 规则的适用范围：FCA（离岸交货）规则适用范围扩展到一系列不同的物流方式，如多式联运和散装货物。

（3）修改 CIF 和 CIP 规则的保险认可：INCOTERMS 2020 更改了 CIF（费与保险运费）和 CIP（保险费和运费）规则中对保险认可的描述，将保险要求更加明确化。

（4）修改 FOB 规则的适用范围：INCOTERMS 2020 修改了 FOB（船上交货）规则的适用范围，将其限制为海上运输方式。

（5）添加 DAT 和 DAP 的新规则：INCOTERMS 2020 增加了 DAT（交货到指定地点）和 DAP（交货到指定地点，未进口国境）规则，并将它们替换了旧的规则 DDP（交货到指定地点）。

总之，INCOTERMS 2020 相比于 INCOTERMS 2010，对贸易术语进行了一些细微的修订和变化，主要是为了解决国际贸易中出现的新问题和挑战，使得 INCOTERMS 更加符合现代贸易的需求。

### 3.3.1　适合水上运输的贸易术语

**1. FAS（Free Alongside Ship）（…named port of shipment）**

FAS（船边交货）：卖方将货物交到指定的装货港口，卖方负责装载货物，买方负责所有的运输和保险费用。

按这一术语成交，卖方要在约定的时间内将合同的货物交到装运港买方指派的船只的船边，完成交货义务。如果买方所派的船只因故不能靠岸，卖方则要负责用驳船将货物运至船边，仍在船边交货，但装船的责任和费用由买方来负担。

**2. FOB（Free On Board）（…named port of shipment）**

FOB（船上交货）：卖方将货物交到指定的装货港口，卖方负责装载货物，买方负责所有的运输和保险费用。该术语仅适用于海运或内河运输。如果买卖双方无意越过船舷交货，则应使用 FCA 术语。

FOB 术语达成的交易，买卖双方各自承担的基本义务，如表 3-2 所示。

表 3-2    FOB 术语成交的买卖双方各自承担的基本义务

| 卖方 | 买方 |
|---|---|
| 按合同规定和港口惯常方式交货，移交单据 | 支付货款、接受单据、受领货物 |
| 取得出口许可证和其他官方文件，办理出口报关手续、支付相关费用 | 办理进口清关手续、支付进口税费 |
| 按合同规定履行交单义务或相等的电子信息 | 安排运输、租船订舱、支付运费 |
|  | 办理保险、支付保险费 |
| 承担货物越过装运港船舷前的一切风险和费用 | 承担货物越过装运港船舷之后的一切风险和费用 |

### 3. CFR（Cost and Freight）（...named port of destination）

CFR（费与运费）：卖方将货物交到指定的目的港口，并支付所有的运费，但不包括保险费用即完成交货。卖方必须支付将货物运至指定目的港所必需的运费和其他费用，但交货后货物灭失或损坏的风险，以及由于各种事件引起的任何额外费用，由买方承担。如果买卖双方无意越过船舷交货，则应使用 CPT 术语。

CFR 术语达成的交易，买卖双方各自承担的基本义务，如表 3-3 所示。

表 3-3    CFR 术语成交的买卖双方各自承担的基本义务

| 卖方 | 买方 |
|---|---|
| 按合同规定和港口惯常方式交货，移交单据，取得出口许可证和其他官方文件，办理出口报关手续、支付相关费用 | 支付货款、接受单据、受领货物，办理进口清关手续、支付进口税费 |
| 安排运输、租船订舱、支付运费 | 办理保险、支付保险费 |
| 承担货物越过装运港船舷前的一切风险和费用 | 承担货物越过装运港船舷之后的一切风险和费用 |

### 4. CIF（Cost，Insurance and Freight）（...named port of destination）

CIF（费与保险运费）：卖方将货物交到指定的目的港口，并支付所有的运费和保险费用。卖方负责按通常条件租船订舱、支付到目的港的运费，并在规定的装运港和规定的期限内将货物装上船，装船后及时通知买方。卖方还要负责办理从装运港到目的港的货运保险，支付保险费。如果买卖双方无意越过船舷交货，则应使用 CIP 术语。

2020 年通则对 CIF 中的保险条款进行了规定，CIF 术语下，卖方只需要承担运输最低险（平安险），但买卖双方也可以按交易情况规定较高的保额。

CIF 术语达成的交易，买卖双方各自承担的基本义务，如表 3-4 所示。

表 3-4    CIF 术语成交的买卖双方各自承担的基本义务

| 卖方 | 买方 |
|---|---|
| 按合同规定和港口惯常方式交货，移交单据 | 支付货款、接受单据、受领货物 |
| 取得出口许可证和其他官方文件，办理出口报关手续、支付相关费用 | 办理进口清关手续、支付进口税费 |
| 安排运输、租船订舱、支付运费 |  |
| 办理保险、支付保险费 |  |
| 承担货物越过装运港船舷前的一切风险和费用 | 承担货物越过装运港船舷之后的一切风险和费用 |

### 3.3.2　适合任何运输方式的贸易术语

#### 1. FCA（Free Carrier）（…named place）

FCA（离岸交货）：卖方将货物交给指定的运输方，卖方负责装载货物，买方负责所有的运输和保险费用。只要将货物在合同规定的期限内，在指定地点交给由买方指定的承运人，并办理了出口报关手续，即完成了交货。这里的"承运人"指任何运输合同中，承诺通过铁路、公路、空运、海运、内河运输或联合运输方式履行运输的人。

特别注意，2020 贸易术语通则中规定，买卖双方可以约定，买方可指示其承运人在货物装运后向卖方签发已装船提单，然后卖方有义务向买方提交该提单。

FCA 术语达成的交易，买卖双方各自承担的基本义务，如表 3-5 所示。

表 3-5　FCA 术语成交的买卖双方各自承担的基本义务

| 卖方 | 买方 |
| --- | --- |
| 按合同规定和港口惯常方式交货，移交单据 | 支付货款、接受单据、受领货物 |
| 取得出口许可证和其他官方文件，办理出口报关手续、支付相关费用 | 办理进口清关手续、支付进口税费 |
|  | 安排运输、租船订舱、支付运费 |
|  | 办理保险、支付保险费 |
| 承担货交承运人控制之前的一切风险和费用 | 承担货交承运人控制之后的一切风险和费用 |

#### 2. CPT（Carriage Paid To）（…named place of destination）

CPT（运费付至）：卖方将货物交到指定的目的地点，卖方负责支付所有的运费，但不包括保险费用。卖方向其指定的承运人交货，且卖方还须支付货物运至指定目的地的运费。在货物交由承运人监管时，货物灭失或损坏的风险以及其他额外费用从卖方转移至买方。CPT 术语达成的交易，买卖双方各自承担的基本义务，如表 3-6 所示。

表 3-6　CPT 术语成交的买卖双方各自承担的基本义务

| 卖方 | 买方 |
| --- | --- |
| 按合同规定和港口惯常方式交货，移交单据 | 支付货款、接受单据、受领货物 |
| 取得出口许可证和其他官方文件，办理出口报关手续、支付相关费用 | 办理进口清关手续、支付进口税费 |
| 安排运输、租船订舱、支付运费 |  |
|  | 办理保险、支付保险费 |
| 承担货交承运人之前的一切风险和费用 | 承担货交承运人之后的一切风险和费用 |

#### 3. CIP（Carriage and Insurance Paid to）（… named place of destination）

CIP（保险费和运费）：卖方将货物交到指定的目的地点，并支付所有的运费和保险费用。卖方除了须承担在 CPT 术语下同样的义务外，还须对货物在运输途中灭失或损坏的买方风险取得货物保险，订立保险合同并支付保险费。

买方应注意到，按照惯例，CIP 术语只要求卖方投保最低责任的保险险别。如买方需要更高的保险险别，则需要与卖方明确的达成协议或自行做出额外的保险安排。

值得注意的是 2020 年通则对 CIP 中的保险条款进行了规定，CIP 术语下，如果没有特别约定，卖方需要承担最高险（一切险减除外责任），相应的保费也会更高。也就是说，在 INCOTERMS 2020 中，使用 CIP 术语，卖方承担的保险义务变大，而买方的利益会得到更多保障。

CIP 术语达成的交易，买卖双方各自承担的基本义务，如表 3-7 所示。

表 3-7　CIP 术语成交的买卖双方各自承担的基本义务

| 卖方 | 买方 |
| --- | --- |
| 按合同规定和港口惯常方式交货，移交单据 | 支付货款、接受单据、受领货物 |
| 取得出口许可证和其他官方文件，办理出口报关手续、支付相关费用 | 办理进口清关手续、支付进口税费 |
| 安排运输、租船订舱、支付运费 | |
| 办理保险、支付保险费 | 办理保险、支付保险费 |
| 承担货交承运人之前的一切风险和费用 | 承担货交承运人之后的一切风险和费用 |

### 4. EXW（Ex Works）（…named place）

EXW（工厂交货）：卖方将货物交给买方指定的地点，卖方不负责装载货物，买方负责所有的运输和保险费用。

按 EXW 术语达成的交易，在性质上类同于国内贸易。因为卖方是在本国的内地完成交货，他所承担的风险、责任和费用，也都局限于出口国国内，他不必过问货物出境、入境及运输、保险等事项。所以，在买卖双方达成的契约中可不涉及运输和保险问题。而且，除非合同中有相反规定，卖方一般无义务提供出口包装。

由此可见，按 EXW 术语成交时，卖方承担的风险、责任以及费用都是最小的。在交单方面他只需提供商业发票或相等的电子数据，如合同有要求，才须提供证明所交货物与合同规定相符的证件。如买方不能直接或间接地办理出口手续，则不应使用本术语，而应使用 FCA 术语。

### 5. DDP（Delivered Duty Paid）（…named place of destination）

DDP（交货到指定地点）：卖方将货物交到指定的目的地点，卖方负责支付所有的运费、保险费用和进口国境的费用。按照 DDP 术语成交，卖方要负责将货物从起运地一直运到合同规定的进口国内的指定目的地，把货物实际交到买方手中，才算完成交货。DDP 术语适用于各种形式的运输。

### 6. DPU（Delivered at Place Unloaded）

2010 年通则中，DAT（Delivered at Terminal）由卖方在指定港口或目的地运输终端（如火车站、航站楼、码头）将货物卸下完成交货。但 2020 年通则的区别：DPU（Delivered at Place Unloaded）由卖方将货物交付至买方所在地可以卸货的任何地方，而不必须是在运输终端，但要负责卸货，承担卸货费。也就是说，卖方将货物交到指定的目的地点，卖方负责支付所有的运费和保险费用。

### 7. DAP（Delivered at Place）

DAP（交货到指定地点，未进口国境）：卖方将货物交到指定的目的地点，卖方负责支付所有的运费和保险费用，但不包括进口国境的费用。按照 DAP 术语交货，买方负责卸货和进口通关事宜及费用。该术语适用于任何运输方式、多式联运方式。

# 任务 3.4　掌握贸易商品的价格

## 任务描述

为了更好地了解价格的概念和表述方式，本任务将对常用的基本价格概念以及其他价格表述的概念进行深入探讨。

## 任务分析

常用的基本价格概念

（1）买价和卖价。

（2）单价和总价。

（3）含佣价和净价。

（4）折扣价。

其他价格表述的概念。

（1）底价和推算价。

（2）成交价格与参考价格。

（3）垄断价格和自由竞争价格。

（4）正常价格与倾销价格。

（5）现货价格和期货价格。

（6）开盘价和收盘价。

## 知识储备

（1）了解各种价格的内涵和定义，如买价、卖价、单价、总价、含佣价、净价、折扣等，以及它们之间的关系和应用条件。

（2）理解各种价格的制定方法和影响因素，如底价、推算价、成交价格、参考价格、垄断价格、自由竞争价格等，以及它们之间的关系和市场效应。

（3）掌握各种价格的表述方式和工具，如货币单位、百分比、比例等，以及它们在不同市场条件下的使用和转换方法。

（4）了解不同市场条件下的价格形成机制和市场效果，如正常价格、倾销价格、现货价格、期货价格等，以及它们对市场供求关系、竞争格局和参与者行为的影响。

### 3.4.1　常用的基本价格概念

在跨境贸易中，商品价格是买卖双方贸易磋商的焦点所在，也是交易双方最为关心的一个重要问题。因此，讨价还价（Bargain）往往是贸易磋商的必备过程。在合同中，商品价格一旦确定，通常情况下，是不能更改的。所以，在贸易洽谈时，考虑要周全，商品价格条款书写要规范，千万不要留有模棱两可的解释的余地。在实际业务中，正确掌握进出口商品价格，合理采用各种作价办法，选用有利的计价货币，适当运用与价格有关的佣金和折扣，并订好合同中的价格条款至关重要。

在跨境贸易实务中，基于不同商品、市场、交易方式、成交数量和支付方式，就会形成不同的价格。显然，在实务操作中，商品的价格体系极其复杂，主要有以下一些：买价与卖价、单价与总价、含佣价和净价、基价和推算价、成交价格与参考价格、垄断价格与自由竞争价格、正常价格与倾销价格等，其中各自的含义如下：

### 1. 买价和卖价

（1）买价（Buying Price）即买方价格，也称买进价格。

（2）卖价（Selling Price）即卖方价格，也称卖出价格。在一般情况下，卖价要大于买价。其差价是中间商的利润。

### 2. 单价和总价

（1）单价（Unit Price）指商品的每一计量单位的价格金额，即通常的买卖价格。

（2）总价（Lump Sum）又称总值（Total Value）即一批商品的总金额。总金额是商品的单价和数量的乘积。

### 3. 含佣价、净价、折扣价

（1）含佣价（Price Including Commission）是指商品价格中包含了中间商的佣金。

（2）净价（Net Price）则是指价格中不包含佣金或折扣。

在价格条款中，有时会有佣金或折扣的规定。当价格中含有佣金时，在业务中就称为"含佣价"，而不含佣金或折扣的价格，称为"净价（Net Price）"。

佣金（Commission），是代理人或经纪人为委托人进行交易而收取的报酬。在国际货物买卖中，往往表现为出口商付给销售代理人、进口商付给购买代理人的酬金。因此，它适用于与代理人或佣金商签订的合同。

折扣价（Discount），是卖方给予买方的价格减让。从性质上看，它是一种优惠。跨境贸易中所使用的折扣种类较多，除一般折扣外，还有为扩大销售而使用的数量折扣，以及为特殊目的而给予的特别折扣等。

在价格条款中，对于佣金或折扣可以有不同的规定办法。通常是在规定具体价格时，用文字明示佣金率或折扣率，如"每公吨 CIF 新加坡 850 美元，佣金 2%"（CIFC2% Singapore US＄850 Per M/T）；或"每公吨 FOB 上海 350 美元，折扣 2%"（FOBD2% Shanghai US＄350 Per M/T）。有时，双方在洽谈交易时，对佣金或折扣的给予虽已达成协议，却约定不在合同中表示出来。这种情况下的价格条款中，只订明单价，佣金或折扣由一方当事人按约定另付。这种不明示的佣金或折扣，俗称"暗佣"或"暗扣"。

## 3.4.2 其他价格表述的概念

### 1. 底价和推算价

（1）底价（Base Price）是指凭等级或标准品质买卖商品的基础价格。

（2）推算价（Computed Price）是按基价和比价推算出的价格。一旦该商品确定了基价，同时也知道同商品的其他各级品质的价格，可按一定时期内一定公认的比价推算出其价格。

### 2. 成交价格与参考价格

（1）成交价格（Striking Price Or Transacting Price）是指买卖双方达成交易的实际价格。

这种价格有的具有代表性，有的无代表性，只是个别成交价格。有代表性的价格能反映成交时的国际市场行情和商品的品质优劣。

（2）参考价格（Reference Price）有两种意义：一是指交易一方的报价，仅供对方参考，而不是真正的报价；二是指国际市场上由各种刊物或批发价格统计表中公布的价格，它有时与国际市场价格出入很大。

### 3. 垄断价格与自由竞争价格

（1）垄断价格（Monopoly Price）一般是指垄断组织凭借其垄断势力将某种商品的卖价抬高到国际价值或国际市场价格水平以上，获取垄断利益。

（2）自由竞争价格（Free Market Price）是指没有垄断情况下，由市场供求决定的价格，这种价格下，只有平均利润，而无垄断利润。

### 4. 正常价格与倾销价格

（1）正常价格（Normal Value Or Normal Price）是指 WTO 中用来判定是否存在倾销时使用的标准价格，它一般有以下三种。

（1）同种商品在国内市场上的销售价格。

（2）销往第三国的价格。

（3）商品的生产成本加上合理的管理费用和正常的利润。

（4）倾销（Dumping）价格是指垄断组织以低于正常价格向国外抛售商品，以挤占当地市场，当垄断了该市场后，垄断组织就往往又用垄断高价销售商品，从而攫取最大限度的利润。由于倾销价格是属不正常的竞争价格，所以 WTO 认定销售是不公平竞争，因此，对倾销商品可以征收反倾销税。

### 5. 现货价格和期货价格

（1）现货价格（Spot Price）是指现货交易中的成交价格。大多数跨境贸易都为现货交易，成交后买主就应立即付款（也可以延期付款）。

（2）期货价格（Forward Price Or Future Price）是指期货市场上通过公开竞价方式所形成的价格，也就是说成交后，双方约定在某一日进行交割的价格。通常在国际市场上，价格趋涨时，期货价格高于现货价格；价格趋跌时，期货价格低于现货价格。

### 6. 开盘价格与收盘价格

（1）开盘价格（Opening Price）是指商品交易所每天开业后首次成交的价格。

（2）收盘价格（Closing Price）是指商品交易所在每天营业结束前最后一次的成交价格。

另外还有进口价格、出口价格、封闭市场价格、内部价格、调拨价格、计划价格、指导价格等，不胜枚举。不同场景下，有不同的叫法，就作一般的了解即可。关于价格的结算，因涉及其他还没学的专业知识点，我们会在第七单元"掌握跨境贸易商品价格"中集中讨论。

📖 **拓展阅读**

### 产业结构升级与国际贸易价格

产业结构的优化升级对于国家经济的发展起着至关重要的作用。在全球化的背景下，国际贸易价格对产业结构的调整和升级也具有重要影响。本文将分析产业结构与国际贸易价格之间的关系，并探讨如何通过产业结构升级来提高国际贸易价格。

首先，产业结构的调整和升级可以影响国际贸易价格。随着技术的进步和全球市场的竞争加剧，一些传统产业可能面临着低价竞争的压力。这种情况下，国家可以通过调整产业结构，转向高附加值和技术密集型的产业，提高商品的品质和附加值。这样一来，国际贸易价格也会相应提高，从而提升国家的竞争力。

其次，国际贸易价格也会对产业结构的升级产生影响。高品质和高附加值商品往往能够以较高的价格销售，这就为国家提供了升级产业结构的动力。通过提高商品质量和技术水平，企业可以在国际市场上获得更高的利润，从而进一步推动产业结构的升级。因此，国际贸易价格的变化可以激励企业进行技术创新和商品升级，促进产业结构的优化。

另外，产业结构升级也可以通过提高国际贸易价格来实现经济发展的目标。随着国家经济的发展，人民生活水平的提高，消费者对于高品质商品的需求也在增加。通过升级产业结构，提供更多高品质的商品和服务，可以满足消费者的需求，并获得更高的市场定价。这样一来，国际贸易价格也会相应提高，为国家经济的发展提供更多动力。

综上所述，产业结构与国际贸易价格之间存在着密切的关系。通过产业结构的优化升级，国家可以提高商品的品质和附加值，从而提高国际贸易价格。同时，国际贸易价格的变化也可以激励企业进行技术创新和商品升级，推动产业结构的优化。通过这种相互作用，国家可以实现经济的高质量发展，并在全球市场中获得更大的竞争力。

### 任务实施

| 任务编号 | 任务名称 | 任务讨论 | 任务执行 | 总结评价 |
|---|---|---|---|---|
| 任务3.1 | 了解贸易术语的国际惯例 | 讨论国际贸易术语的定义、作用和分类，以及国际商会制定的《国际贸易术语解释通则》的重要性 | 研究《国际贸易术语解释通则》的主要内容，分析不同贸易术语的应用场景和规则 | 对贸易术语的国际惯例进行评价，总结不同贸易术语的优缺点和适用范围 |
| 任务3.2 | 了解贸易术语的双重性 | 讨论贸易术语的双重性，即贸易术语既表示交货条件，又表示买卖双方的责任、费用和风险 | 分析不同贸易术语的双重性，记录不同贸易术语下买卖双方的责任、费用和风险分配情况 | 对贸易术语的双重性进行评价，理解贸易术语在贸易中的作用和意义 |
| 任务3.3 | 熟知贸易术语解释 | 讨论不同贸易术语的含义、特点和使用方法，包括 EXW（工厂交货）、FAS（船边交货）、FOB（船上交货）、FCA（货交承运人）等 | 分析实际贸易中不同贸易术语的应用情况，记录不同贸易术语下的交货条件和责任分配 | 对贸易术语解释进行评价，理解不同贸易术语在实践中的应用和注意事项 |
| 任务3.4 | 掌握贸易商品的价格 | 讨论贸易商品价格构成及影响因素，包括成本、运费、保险、佣金等 | 分析实际贸易中的商品价格描述，记录不同价格构成和计算方法 | 对贸易商品价格描述方法进行评价，总结价格构成方法的优缺点和适用范围 |

以上表格可根据具体任务需求进行调整和完善。在实际实施过程中，可以组织团队成员进行讨论、分工合作，共同完成任务。同时，及时记录和总结评价，以便更好地完成任务目标和提高工作效率。

## 知识与技能训练

### 同步测试

参考答案

**一、判断题**

1. 有关贸易术语的惯例中,《国际贸易术语通则2020》是包括内容最多、使用范围最广和影响最大的一种。（　　　）

2. 买方采用FOB条件进口散装小麦,货物用程租船运输,买方不愿承担装船费用,可采用FOB Trimmed。（　　　）

3. 按CFR Ex Ship's Hold New York条件成交后,买方负担从装运港到纽约为止的一切费用和风险。（　　　）

4. FOB Liner Terms Shanghai是指在上海港将货物装上班轮。（　　　）

5. 按CIF术语成交,卖方一般情况下只投保最低险别及战争险。（　　　）

6.《1941年美国对外贸易定义修正本》中对FAS的解释是把货交到任何运输工具的旁边,要表示"船边交货",必须在FAS后面加Vessel字样。（　　　）

7. 按D组术语成交的合同都称作到货合同,它们都属于实际交货。（　　　）

8. CIF条件下由卖方负责办理货运保险,CFR条件下由买方投保,因此,运输途中货物灭失和损失的风险,前者由卖方负责,后者由买方负责。（　　　）

9. 采用"CIF Ex Ship's Hold纽约"贸易术语变形,卖方要负责将货物运送至纽约港,但不负责卸货。（　　　）

10.《1932年华沙—牛津规则》解释了Ex（Point of Origin）、FOB、FAS、C&F、CIF和Ex Dock六种贸易术语。（　　　）

11. 如果买方想采用铁路运输,愿意办理出口手续并承担其中的费用,买方可以采用FCA贸易术语。（　　　）

12. 根据《国际贸易术语通则解释》的解释,采用DAP,DPU,DDP术语成交,卖方没有办理货运保险的义务,所以卖方可不必提交保险单。（　　　）

13. 按CFR Landed Singapore成交,货物在新加坡港的卸货费及进口报关费应由卖方负担。（　　　）

14. 如果在国际买卖合同中做了与国际贸易惯例不同的规定,在处理合同争议时,应以国际贸易惯例为准。（　　　）

15. 按《国际贸易术语通则2020》,FOB合同属于"装运合同",CIF合同属于"到达合同"。（　　　）

**二、选择题**

1. 在装运港完成交货的贸易术语有（　　　）。

A. FOB　　　　　B. CIF　　　　　C. FAS　　　　　D. CFR　　　　　E. CPT

2. 向承运人交货的贸易术语有（　　　）。

A. FCA　　　　　B. CIF　　　　　C. CPT　　　　　D. CIP　　　　　E. EXW

3. 在FOB条件下,若采用程租船运输,如买方不愿承担装货费和理舱费,则应在合同中规定（　　　）。

A. FOB Liner Terms　　　　　　　B. FOB Under Tackle

C. FOB Stowed　　　　　　　　　　D. FOB Trimmed

4. 我方与外商达成一笔 CIF 出口合同，当我方按规定缮制全套合格单据向买方要求付款时，获悉货物在海运途中全部灭失。这种情况下（　　　）。

A. 外商因货未到岸，可以拒绝付款

B. 因单据合格，外商仍应付款

C. 应由我方向保险公司要求赔偿

D. 因货物实际损失了，我方未完成交货，因此不能要求外商付款，只能重新发货

5. CIF Landed（卸至岸上）的风险转移界限是（　　　）。

A. 货物交到船上，或取得以如此交付的货物

B. 目的港岸上

C. 货交买方处置之后

D. 目的港船上

6. 就卖方承担的风险而言，（　　　）。

A. CIF 比 CFR 大　　　　　　　　B. CIF 与 CFR 相同

C. CFR 比 CIF 小　　　　　　　　D. 有时 CIF 大，有时 CFR 大

7. 下列属于 CIF 术语特点的有（　　　）。

A. 装运合同　　　B. 象征性交货　　　C. 适用于任何运输方式

D. 到岸价　　　　E. 风险划分界限为装运港船上，或取得以如此交付的货物

8. 向承运人交货的三种术语与装运港交货的三种常用术语的区别有（　　　）。

A. 交货地点　　　　　　　　　　　B. 适用的运输方式

C. 风险划分界限　　　　　　　　　D. 出口结关手续

E. 进口结关手续

9. CIF 与 CIP 贸易术语的主要区别是（　　　）。

A. 买卖双方风险划分点不同　　　　B. 装卸费用负担不同

C. 适用的运输方式不同　　　　　　D. 需要提交的运输单据不同

E. 卖方交货点不同

10. CIP 和 CPT 贸易术语中，租船订舱责任承担方分别为（　　　）。

A. 卖方/卖方　　　B. 卖方/买方　　　C. 买方/买方　　　D. 买方/卖方

11. FOB 与 FCA 相比较，其主要区别有（　　）。

A. 适用的运输方式不同　　　　　　B. 风险划分界限不同

C. 交货地点不同　　　　　　　　　D. 出口清关手续及其费用的承担方不同

E. 提交的单据种类不同

12. 按《国际贸易术语通则 2020》，以 CIF 贸易术语成交的合同一般应由（　　　）办理投保手续。

A. 卖方　　　　　B. 买方　　　　　C. 承运人　　　　D. 保险人

13. 按照《国际贸易术语通则 2020》的解释，若以 FOB 条件成交，买卖双方风险划分是以（　　　）为界。

A. 货交承运人保管　　　　　　　B. 装运港船上，或取得以如此交付的货物

C. 货交买方处置　　　　　　　　D. 目的港船上

14. 有关贸易术语的国际贸易惯例主要有（　　　）

A.《1932 年华沙—牛津规则》

B.《1941 年美国对外贸易定义（修正本）》

C.《2020 年国际贸易术语解释通则》

D.《海牙规则》

E.《汉堡规则》

15. CIF 与 DAP 的区别，除了交货地点和交货方式外，（　　　）。

A. 只有风险划分的界限不同　　　B. 只有费用的负担不同

C. 风险划分与费用负担都不同　　D. 适用运输方式

16. 按 CIF 价格术语成交的合同一般应由（　　　）。

A. 卖方办理保险　　　　　　　　B. 买方办理保险

C. 承运人办理保险　　　　　　　D. 保险人办理保险

## 三、案例分析题

1. 我某公司按 FCA 条件进口一批化工原料，合同中规定由卖方代办运输事项。结果在装运期满时，国外卖方来函通知，无法租到船，不能按期交货。因此我公司向国内生产厂家支付了 10 万元违约金，问：对我公司的这 10 万元损失，可否向国外的卖方索赔？

2. 某公司以 CIF 价向外商出口一批季节性较强的货物。双方在合同中规定：卖方须保证运货船只不得迟于 12 月 1 日抵达目的港。如迟于 12 月 1 日抵达，买方有权撤销合同。如货款已收，卖方必须将货款退还买方。问这一合同的性质还属于 CIF 合同吗？为什么？

3. 从义务向欧洲出口货物，运输路线如果从上海装船可选择哪些贸易术语？如果通过中欧班列前往欧洲，在义务火车站装运，可选择哪些贸易术语？

4. 浙江某出口公司与马来西亚公司签订了一批冻鸡出口合同，交易条件是 FOB 宁波。合同签订后，出现禽流感传染病，对方公司故意毁约，不派船装运货物，致使我方货物在港口存放很长一段时间，造成很大损失。这案例给我们带来怎样的启示？

## ✍ 综合实训

案例背景：根据下面商品资料，按照目前市场的实际变化，可采用不同的价格术语，完成一份对不同市场的报价方案。

| PRODUCT NAME | Extra Fine Greentea Gunpowder 3,505 tea |
|---|---|
| APPEARANCE | Long and thin |
| AROMA | Strong tea perfume |
| TASTE | Fich，refreshing |
| PACKAGING | 25 g，100 g，125 g，200 g，250 g，500 g，1,000 g，5,000 g for paper box or tin |
| | 1 kg，5 kg，20 kg，40 kg for wooden case |
| | 30 kg，40 kg，50 kg for plastic bag or gunny bag |
| | any other packaging as customer's requirements are OK |

续表

| MARKET | Afirca，Euope，Middle East，Middle Asia |
|---|---|
| CERTIFICATE | Quality certificate，Phytosanitary certificate and others as requirements |
| FOB Ningbo | 10 000~21 999 kilograms　＄3.28<br>≥22 000 kilograms　＄3.18 |

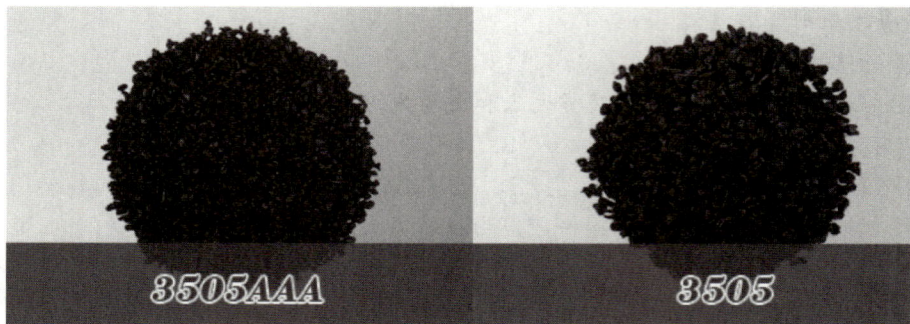

3505AAA　　3505

### 实训目的

本实训旨在帮助学生了解和掌握国际贸易术语，以及如何根据不同的市场需求和贸易条款来制定对外报价方案。通过本次实训，学生应能够熟悉国际贸易术语的应用场景，掌握不同贸易术语的含义和区别，并根据实际情况选择合适的贸易术语进行报价。

### 实训内容

本次实训要求学生根据给定的绿茶商品信息，针对非洲、欧洲、中东和中亚市场，分别制定对外报价方案。报价方案应包括商品名称、数量、价格、包装方式、认证证书和贸易条款等信息。

### 实训要求

1. 学生应查阅相关资料，了解不同市场对绿茶商品的需求和偏好，并根据市场需求选择合适的包装方式。

2. 学生应熟悉不同国际贸易术语的含义和区别，并根据实际情况选择合适的贸易术语进行报价。

3. 学生应了解认证证书的作用和要求，并根据市场需求提供相应的认证证书。

4. 学生应制定详细的报价方案，包括商品名称、数量、价格、包装方式、认证证书和贸易条款等信息。

### 实训考核

1. 提交书面报价方案，包括商品名称、数量、价格、包装方式、认证证书和贸易条款等信息。

2. 针对不同市场的需求，选择合适的包装方式和贸易术语，并进行合理报价。

3. 提交过程中需要注意文档格式规范、排版美观、内容切实可行。

# 第四单元
# 了解跨境贸易结算

课件

### 单元介绍

本课程将通过跨境贸易结算内容，结合课堂讲解，让学生了解跨境贸易结算的基本知识和技能，包括贸易结算的工具和方式、流程、风险等，并掌握常用的跨境贸易结算方式，如汇付、托收、信用证。通过跨境贸易结算的实训案例，让学生深入了解结算过程中的细节和注意事项，并培养学生的沟通、协作和解决问题的能力。

### 学习目标

**知识目标：**

1. 了解跨境贸易结算的基本知识和技能；
2. 掌握常用的跨境贸易结算工具和方式；
3. 了解跨境贸易结算的风险及应对方法。

**技能目标：**

1. 具备跨境贸易结算的操作能力；
2. 具备识别和应对跨境贸易结算风险的能力；
3. 具备利用不同的支付方式融资的能力。

**素质目标：**

1. 增强学生的全局统筹意识；
2. 提高学生规范的职业意识和可持续发展意识。

## 任务 4.1 掌握国际结算工具

### 任务描述

本任务将对票据的类型、作用、特点以及不同类型票据之间的比较进行深入探讨。

### 任务分析

票据在国际贸易中具有以下作用：

（1）支付工具。

（2）信用工具。

（3）融资工具。

票据的特点：

（1）流通性。

（2）安全性。

（3）便捷性。

支票、汇票与本票的比较

（1）支票的特点是金额较小、使用范围有限、无需承兑。

（2）汇票通常用于国际贸易中的结算和支付。汇票的特点是使用范围广泛、可流通、可以承兑、可以转让。

（3）本票适用于远期付款和跨国结算。本票的特点是使用范围有限、不可转让、无需承兑。

在国际贸易中，不同的票据类型适用于不同的场景和需求。支票主要用于同城结算和小额支付；汇票适用于国际贸易中的结算和支付，具有较高的流通性和承兑价值；本票适用于远期付款和跨国结算，具有较高的安全性和便捷性。

## 知识储备

为了更好地了解票据的作用和特点，我们需要掌握以下知识点。

（1）了解不同类型票据的作用和特点，如支票、汇票、本票等，以便根据实际情况选择合适的票据类型。

（2）掌握票据的流通性、安全性、便捷性等特点，以及它们在贸易中的作用和优势。

（3）了解不同类型票据之间的差异和适用场景，如支票适用于同城结算和小额支付，汇票适用于国际贸易中的结算和支付，本票适用于远期付款和跨国结算等。

（4）掌握票据的签发、转让、承兑和贴现等手续的操作流程和注意事项，以确保交易的安全性和有效性。

### 4.1.1 票据的作用和特点

#### 1. 票据的作用

票据是以金钱为目的的证券，由出票人在票据上签名，约定由自己或另一人无条件地支付确定金额的可流通转让的证券。

国际结算工具的功能与特点

跨境贸易结算，是指为了结因跨境贸易产生的债权债务而发生的货币收付。跨境贸易结算是以物品交易、钱货两清为基础的有形贸易结算。其结算方式，主要有汇付、托收、信用证支付等。在这些结算方式中，都要使用票据作为结算的工具。常见的结算工具有汇票、本票和支票，其中，最常使用的是汇票。

票据主要具有两种功能：一是信用作用。票据是建立在信用基础上的书面支付凭证，信用是票据最本质的作用。在跨境贸易中，很难同时实现一方交货另一方付款，必然要有一方先履行义务，这一方即为债权人，而另一方则成为债务人。这种债权债务关系的解除可以通

过票据的使用得以实现。例如：买方在卖方发货后 2 个月付款，则卖方发货后可出具一张远期汇票，经买方承兑后，买方就成为汇票的债务人，承担汇票到期时，向汇票持有人付款的责任。由个人或商业企业提供信用的票据，这种票据的信用则为商业信用；由银行提供信用的票据其性质就属银行信用。票据的这种信用作用，可以促进资金融通业务的发展；除了票据的信用作用外，票据具有结算功能。现在的跨境贸易中就是大量使用票据代替现金收付，用于跨境贸易和非贸易的债权债务清算。

**2. 票据的特点**

票据除了有以上两大作用外，票据还具有以下四个特点。

（1）流通性。票据的转让可以凭交付或背书后完成，无须通知债务人，债务人也不能以未接到转让通知为由拒绝向票据权利人清偿债务。

（2）无因性。指票据流通过程中的持票人行使票据权利时，不必向票据债务人陈述或证明该票据产生或转让的原因。

（3）文义性。票据债务人只能根据票据的文字记载来履行付款义务。

（4）要式性。票据的形式和内容必须符合规定，必要的项目必须齐全，对票据的处理，包括出票、提示、承兑、背书、追索等行为都必须符合一定要求。

## 4.1.2 汇票

### 1. 汇票的定义与内容

汇票

根据《英国票据法》规定，汇票（Bills of Exchange or Draft）（图 4-1）是一人向另一人签发的，要求即期或定期或在可以确定的将来的时间，对某人或其指定人或持票人支付一定数额金钱的无条件的书面支付委托。

```
                          BILL OF EXCHANGE
Dated
No.
Exchange for _____
        At _____ Sight of this FIRST of Exchange
(Second of exchange being unpaid)
Pay to the Order of _____
the sum of _____
Drawn under L/C No. _____
Dated _____
Issued by _____
To
                                          (Authorized Signature)
```

**图 4-1　汇票**

我国《票据法》对汇票的定义是出票人签发的并委托付款人在见票时或者在指定时期无条件支付确定金额给收款人或持票人的票据。

根据我国《票据法》规定，汇票必须记载下列事项。

（1）表明"汇票"的字样。

（2）无条件支付的委托。应理解成汇票上不能记载支付条件。

（3）确定的金额。

（4）付款人名称。在跨境贸易中，通常是进口方或其指定银行。

（5）收款人名称。在跨境贸易中，通常是出口方或其指定银行。

（6）出票日期。

（7）出票人签章。汇票上未记载规定事项之一的，汇票无效。实际业务中汇票尚需列明付款日期、付款地点和出票地点。尚未列明，可根据《票据法》予以确定。

汇票的主要当事人有出票人（Drawer），即签发汇票的人；受票人（Drawee），即汇票的付款人；受款人（Payee），即受领汇票金额的人。如果汇票经过转让，则还有背书人（Endorser）、被背书人或称受让（Endorsee）及持票人（Bearer）。

### 2. 汇票的种类

汇票的分法归纳如表4-1所示。

（1）银行汇票（Bankers Draft）：是银行对银行签发的汇票，一般多为光票。

（2）商业汇票（Commercial Draft）是企业或个人向企业、个人或银行签发的汇票。

（3）商业承兑汇票（Commercial Acceptance Draft）：是企业或个人承兑的远期汇票，托收方式中使用的远期汇票即属于此种汇票。

表 4-1　汇票的种类

| 汇票的分法 | 汇票的种类 |
|---|---|
| 按出票人分 | 银行汇票、商业汇票 |
| 按承兑人分 | 商业承兑汇票、银行承兑汇票 |
| 按付款时间分 | 即期汇票、远期汇票 |
| 按是否附带单据分 | 光票、跟单汇票 |

（4）银行承兑汇票（Banker's Acceptance Draft）：是银行承兑的远期汇票，信用证中使用的远期汇票即属于此种汇票。

（5）即期汇票（Sight Draft，Demand Draft）：即期汇票是持票人提示时付款人立即付款的汇票。

（6）远期汇票（Time Draft，Usance Draft）：远期汇票是在未来的特定日期或一定期限付款的汇票。远期汇票的付款时间主要有四种规定方法：

①见票后若干天付款（at...days after sight），业务中最常见；

②出票后若干天付款（at...days after date）；

③提单签发日后若干天付款（at...days after date of Bill of Lading）；

④指定日期付款（Fixed Date）。

（7）光票（Clean Draft）：光票是不随附货运单据的汇票，由出口商开具。

（8）跟单汇票（Documentary Draft）：随附货运单据和其他商业单价的汇票。

### 3. 汇票的使用

汇票行为是围绕汇票所发生的，以确立一定权利义务关系为目的的行为。汇票行为包括：

（1）出票（To Draw）。出票是指出票人签发汇票并将其交给收款人的行为。通过"出票"设立债权，出票人成了票据的主债务人，它担保汇票被付款人承兑或付款，倘若付款人拒付，持票人可向出票人追索票据，出票人就得自行清偿债务。

（2）提示（Presentation）。提示是持票人向付款人出示汇票要求承兑或付款的行为。付款人见到汇票，即作出承兑或付款行为。提示分为两种：①承兑提示：持远期汇票要求付款人承诺到期付款的提示。②付款提示：持即期汇票或到期的远期汇票要求付款人付款的提示。不论是承兑提示还是付款提示，均应在规定的时间内进行，否则丧失追索权。

（3）承兑（Acceptance）。承兑是远期汇票付款人在持票人作承兑提示时，明确表示同意按出票人的指示付款的行为。承兑包括两个动作：一是付款人在汇票上写"承兑"（Accepted）字样、并注上日期和签名；二是把承兑的汇票交还持票人或另制承兑通知书交给持票人。付款人收到汇票后 3 日内承兑或拒绝承兑。远期汇票一经承兑，付款人成为承兑人，是汇票的主债务人，而出票人则退居为从债务人。持票人可将汇票背书在市场上流通转让。

（4）付款（Payment）。付款是即期汇票的付款人和远期汇票的承兑人接到付款提示时，履行付款义务的行为。持票人获得付款时，应在汇票上签收，并将汇票交给付款人存查。汇票一经付款，汇票上的债权债务即告结束。

（5）背书（Endorsement）。在国际市场上，汇票又是一种流通工具，可以流通转让。背书是转让票据权利的一种法定手续，即持票人在汇票背面签上自己的名字或再加上受让人的名字，并把汇票交给受让人的行为。背书后，原持票人成为背书人，担保受让人所持汇票得到承兑和付款，否则，受让人有权向背书人追索清偿债务。与此同时，受让人成为被背书人，取得了汇票的所有权，可以再背书再转让，直到付款人付款把汇票收回。对于受让人来说，在他前面的所有背书人和出票人都是他的"前手"；对于出让人来说，在他后面的所有受让人都是他的"后手"。后手有向前手追索的权利。汇票转让次数越多，为汇票权利作担保的人也越多。背书的方式主要有三种：①限制性背书：即不可转让背书。②空白背书：也称不记名背书，票据背面只有背书人名称而无受让人签名。此类背书只凭交付即可转让。③记名背书：指汇票背面既有背书人签名，又有被背书人签名。这种背书受让人可继续背书将汇票转让。

（6）拒付（Dishonour）与追索（Right of Recourse）。拒付是持票人提示汇票要求承兑或付款时遭到拒绝承兑或付款的行为，又称退票。破产、死亡、避而不见等情况也属此范围。遭到拒付后，持票人有权通知其前手，直至通知到出票人，这种行为被称为拒付通知。并由公证人作出证明拒付事实的文件，这个文件被称为拒绝证书。不能提供拒绝证书的，则丧失对其前手的追索权。

追索是汇票遭到拒付时，持票人对背书人、出票人及其他票据债务人行使请求偿还汇票金额、利息及费用的权利。

### 4. 汇票的贴现（Discount of Draft）

贴现是远期汇票承兑后，持票人在汇票到期前到银行兑换现款，银行从票面金额中扣贴现利息后付给持票人余款的行为。汇票的贴现实际上是汇票的买卖。商业汇票一般都有贸易背景，货物作为担保，所以，贴现时不再收取其他抵押品，对商人来说，是一条便捷的融资渠道。

银行一般根据汇票身价的高低（主要看承兑人的信用），来决定是否予以贴现。在跨境贸易结算中，信用证项下远期汇票由出口地的付款行承兑后自行贴现的作法较为流行。另外，议付行应受益人的要求，对资信好的开证行、付款行承兑的汇票，也可以办理贴现。贴现程序如下：①出票人将汇票交给持票人；②持票人将汇票交给付款人承兑；③持票人将承兑后的汇票交贴现银贴现；④汇票到期时贴现银行向付款人收取票款。

### 4.1.3　本票

本票（Promissory Note）是出票人签发的，承诺自己在见票时无条件支付确定金额给收款人或者持票人的票据。这是我国《票据法》对本票的定义，指的是银行本票。国外票据法，允许企业和个人签发本票，称为一般本票。但在跨境贸易中使用的本票，均为银行本票。银行本票都是即期的。一般本票可以是即期的或远期的。我国进出口业务中，用本票作为支付工具的不多，即使使用也仅是银行本票。我国只允许开立自出票日起，付款时限不超过2个月的银行本票。我国不承认银行以外的企事业、其他组织和个人签发的本票。

**1. 本票的特点**

（1）本票的基本当事人有两个：出票人和收款人；

（2）本票是出票人无条件付款的书面承诺；

（3）本票的主债务人是出票人；

（4）在我国，法律规定，本票自出票日起，最长的付款期限不得超过2个月。

**2. 签发本票的条件**

（1）出票人必须具有可靠资金来源；

（2）出票人必须保证支付本票票款。

**3. 本票应记载事项**

（1）"本票"字样；

（2）无条件支付的承诺；

（3）确定的金额；

（4）收款人名称；

（5）出票日期；

（6）出票人签章。

本票也有出票、背书、保证、付款和追索等票据行为，其做法和规定与汇票基本相似。但在追索权的行使方面应注意：因为本票的出票人必须保证付款，所以有关汇票拒绝承兑的一切情形不适用本票；本票在到期前不能进行追索。

### 4.1.4　支票

支票（Cheque，Check）是出票人签发的，委托银行在见票时无条件支付确定金额给收款人或持票人的票据。支票是以银行为付款人的即期汇票。出票人撤销其开出的支票就是止付。付款行对不符合要求的支票拒绝付款并退票就是拒付。

**1. 支票的开立**

支票的出票人必须在付款银行设有往来存款账户的存款户，付款人必须是银行。支票存款账户的开立要求：

（1）申请人向办理支票存款业务的银行，申请开立支票存款账户必须使用其本名；

（2）申请人应当存入一定的资金；

（3）申请人应当预留其本名的签名式样和印鉴。

**2. 支票的项目**

支票必须载明以下项目：

（1）标明"支票"字样；

（2）无条件支付命令；

（3）付款行名称；

（4）出票人签字；

（5）出票日期与地点；

（6）付款地点；

（7）金额；

（8）受款人或其指示人。

**3. 支票种类**

根据特征的不同，将支票归类如下（表4-2）。

**表 4-2　支票种类及说明**

| 支票的分类方法 | 支票种类 | 说　　明 |
| --- | --- | --- |
| 根据支票收款人的抬头不同 | 记名支票<br>（Cheque To Order） | 在支票的收款人一栏中写明具体的收款人名称，取款时必须由收款人签名后才能支取，记名支票可以背书转让 |
| | 不记名支票<br>（Cheque To Bearer） | 也称"空白支票或来人支票"，指在支票上不写明收款人的姓名，任何人只要持有这种支票，都可以向银行要求付款，取款时也无须在支票背面签名盖章。 |
| 根据支票对付款有无特殊限制 | 普通支票<br>（Open Cheque Or Uncrossed Cheque） | 也称"公开支票或未划线支票"，是对付款无特殊限制的一般支票。普通支票的持票人可以持票向付款银行提取现款，也可以通过其往来银行转账收取款项 |
| | 划线支票<br>（Crossed Cheque） | 是指由出票人或持票人在普通支票上划上两条平行线的支票。划线支票的持票人只能委托银行转账收款，不能直接提取现金 |
| 根据支票的信用保证 | 保付支票<br>（Certified Pay Cheque） | 是指由付款银行加注"保付"字样的支票，这种支票在向银行进行提示时，银行会无条件地保证付款 |
| | 空头支票<br>（Dud Cheque） | 是指支票持有人请求付款时，出票人在付款人处实有的存款不足以支付票据金额的支票。 |

## 4.1.5　汇票、本票与支票的比较

前面已经讲到在跨境贸易结算中，常使用到汇票、本票、支票，下面从不同的方面对其进行比较（表4-3）。

各种国际结算
工具的比较

**表4-3　汇票、本票、支票不同点的比较**

| 不同点比较 | 说　明 |
|---|---|
| 基本性质不同 | 汇票与支票都是无条件的支付命令，是由出票人命令另一个人支付款项，是委付证券，所不同的是汇票的付款人可以是银行、企业或个人，而支票的付款人一定是银行；本票是一种无条件的支付承诺，出票人承诺由其本人支付款项，出票人即为付款人 |
| 基本当事人不同 | 汇票和支票的当事人都是三个，即出票人、付款人和收款人；而本票的当事人只有两个，即出票人和收款人，因为出票人本身承担着付款责任，与付款人是同一人 |
| 出票人承担的责任不同 | 即期汇票与本票、支票的出票人，自始至终都承担主债务人的责任；而远期汇票在承兑后就由承兑人承担主债务人的责任，出票人退居为从债务人 |
| 付款期限不同 | 支票是即期付款的票据，见票即付，没有远期支票。汇票和本票都有即期付款和远期付款之分，有到期日的记载；但是汇票有承兑、保证等票据行为而本票没有，因为本票的出票人与付款人是同一人，无须进行承兑 |
| 当事人的资金关系不同 | 汇票的出票人和付款人之间，不必事先有资金关系；本票是无条件的支付承诺，出票人就是付款人，无所谓双方间的资金关系；而支票的出票人与付款人之间则必须先有资金关系，才能进行签发 |
| 出票份数不同 | 汇票有一式两张或数张，在实务中可以成套签发。这种做法主要是为了防止因一次性寄单发生延误、遗失或损毁的意外事件，避免影响交货和收款的顺利进行；而本票和支票都只有一张正本 |

# 任务4.2　了解传统贸易结算方式

## 📝 任务描述

本任务的目标是深入理解并掌握各种跨境电子商务结算方式，包括信用卡支付、支付宝、西联汇款和Paypal等，同时，我们也需要理解这些方式在跨境电子商务中的应用及其优缺点。

任务要求如下：

（1）对比并分析各种结算方式的特性，包括但不限于安全性、便利性、费用和效率等方面。

（2）调研并整理各种结算方式在跨境电子商务环境下的应用情况，包括使用场景、地域分布、用户群体等。

（3）结合实际情况，分析各种结算方式在跨境电子商务中的优缺点，并提出可能的改进或优化方案。

## 📝 任务分析

（1）收集并整理关于信用卡支付、支付宝、西联汇款和Paypal等结算方式的基础信息。

（2）进行对比分析，从安全性、便利性、费用和效率等方面评估各种结算方式的特性。

（3）通过调研，整理各种结算方式在跨境电子商务环境下的应用情况。

（4）针对各种结算方式的优缺点，结合实际情况进行分析，并提出可能的改进或优化方案。

✍️ 知识储备

（1）基本的电子商务概念和理论知识，包括但不限于电子商务的运作方式、支付系统等。

（2）对于跨境电子商务的理解，包括跨境电子商务的概念、运作模式、主要参与者等。

（3）对于各种跨境电子商务结算方式的了解，包括信用卡支付、支付宝、西联汇款和Paypal 等。

（4）对于数据收集和分析的基本能力，包括如何从各种渠道收集信息、整理和分析数据等。

随着全球经济、人员交往、物流的互联互通，各国间贸易迅速发展，国际市场发生了重大变化，跨境贸易竞争日益激烈，竞争手段不断增加，作为清偿国与国之间债权债务关系的跨境货币收付活动的跨境贸易结算，其方式也经历着一次重大变革，电子化结算正扮演着越来越重要的角色，跨境贸易结算方式呈多元化发展趋势。但传统的汇付和托收，信用证结算方式依旧扮演着不可替代的作用。

### 4.2.1 汇付

#### 1. 定义

汇付（Remittance）又称汇款，是付款人委托所在国银行，将款项以某种方式付给收款人的结算方式。在汇款方式下，结算工具（委托通知或汇票）的传送方向与资金的流动方向相同，因此称为顺汇。

#### 2. 当事人

（1）汇款人——即付款人。合同中的买方或其他经贸往来中的债务人。

（2）汇出行——即汇出款项的银行。买方所在地银行。

（3）汇入行——即解付汇款的银行。汇出行的代理行，卖方所在地银行。

（4）收款人——合同中的卖方或其他经贸往来中的债权人。

#### 3. 汇款方式

汇款按其资金流向和结算支付工具的流向是否相同可以分为两类：顺汇法和逆汇法。

（1）顺汇法（Remittance）。

也称汇付法，它是汇款人（通常为债务人）主动将款项交给银行，委托银行通过结算工具，转托国外银行将汇款付给国外收款人（通常为债权人）的一种汇款方法。其特点是资金流向和结算工具的流向是一致的。

（2）逆汇法（Reverse Remittance）。

逆汇法又称出票法。它是由收款人出具汇票，交给银行，委托银行通过国外代理行向付款人收取汇票金额的一种汇款方式。其特点是资金流向和结算支付工具的流向不相同。银行托收与信用证支付均为逆汇。

#### 4. 汇款种类

汇款结算传统方式主要有三种：信汇、票汇和电汇，如表 4-4 所示。

表 4-4　汇款种类及说明

| 汇款种类 | 说　　明 |
| --- | --- |
| 电汇<br>（Telegraphic Transfer，T/T） | 电汇是汇出行以电报、电传或 SWIFT（全球银行金融电讯协会）等电讯手段向汇入行发出付款委托的一种汇款方式。使用电汇时，汇出行根据汇款人的申请，拍发加押电报、电传或 SWIFT 给另一国的代理行（汇入行）。汇入行核对密押后，通知收款人取款，收款人收取款项后出具收据作为收款凭证。汇入行解付汇款后，将付讫借记通知书寄给汇出行转账，一笔汇款业务得以完成。电汇费用高，但交款迅速，业务中广泛使用 |
| 信汇<br>（Mail Transfer，M/T） | 信汇是以航空信函向汇入行发出付款委托的一种汇款方式。使用信汇时，汇款人向汇出行提出申请，并交款付费给汇出行，取得信汇回执。汇出行把信汇委托书邮寄汇入行，委托汇入行解付汇款，汇入行凭以通知收款人取款。收款人取款时在"收款人收据"上签字后，交给汇入行，汇入行凭以解付汇款；同时，将付讫借记通知书寄给汇出行，从而使双方的债权债务得到清算。信汇费用低廉，但收款时间长，业务中较少使用 |
| 票汇<br>（Remittance by Banker's Demand Draft，D/D） | 票汇是以银行即期汇票作为支付工具的汇款方式。使用票汇时，汇款人填写申请，并交款付费给汇出行。汇出行开立银行汇票交给汇款人，由汇款人自行邮寄给收款人。同时汇出行将汇票通知书或称票根（Advice or Drawing）邮寄给汇入行。收款人持汇票向汇入行取款时，汇入行验对汇票与票根无误后，解付票款并把付讫借记通知书寄给汇出行，以结清双方的债权债务 |

票汇与信汇、电汇不同的地方：票汇的汇入行无须通知收款人取款，而由收款人向汇入行取款；汇票背书后可以转让，而信汇委托书则不能转让流通。

### 5. 汇款的使用

汇款手续简便、费用低廉。用汇款方式结算货款，银行只提供服务，不提供信用，因此属于商业信用。根据汇款是在发货前还是在发货后，可分为预付货款和货到付款。

（1）预付货款（Payment in Advance）。预付货款是指进口商在订货时或出口商交货前支付货款的方法。预付货款中，进口商为了减少预付风险，可以采用凭单付汇（Remittance Against Documents）的方法，即进口商先将货款汇给出口地银行，指示其凭出口人提供的指定单据和装运凭证付款。

（2）货到付款（Payment after Arrival of the Goods）。货到付款是指出口方收到货款以前，先交出单据或货物，然后由进口商再将货款支付给出口商的方法。常用于寄售业务，即出口商先将货物运至国外，委托当地商人按事先规定的条件代为出售，货物售出后再付款给出口商。另外，为适应空运到货迅速的特点，进口方可采取凭卖方发货通知汇付货款的做法。货到付款主要用于新商品销售，拓展新市场，大公司内部交易等。

汇款的缺点是风险大，资金负担不平衡。因为既然结算货款有发货前付款（先款后货）和发货后付款（先货后款），那么，不论采用哪一种方式，风险和资金负担都集中在某一方。在跨境贸易实务操作中，如果采用电汇方式支付款项，则将发货前付款称为"前 T/T"，而将发货后付款称为"后 T/T"。对于进口方而言，前 T/T 实质上是一种"预付货款"的行为，也是买方（进口方）向卖方（出口方）提供信用并融通资金，隐含了较大的风险；对于出口方而言，后 T/T 实质上是一种"先发货后收款"的行为，也是卖方向买方提供信用并融通资金，隐含了较大的风险。

另外，汇款也广泛被用于支付订金、货款尾数、佣金或跨国公司内部等的结算之中。

此外，汇款还可与其他结算方式结合，被广泛用于跨境贸易中，有关这部分内容见本项目任务三。

### 4.2.2 托收

#### 1. 简介

托收（Collection）是出口人委托银行向进口人收款的一种支付方式。卖方发货后，将装运单证和汇票通过卖方的代理行送交进口商，进口商履行付款条件，银行才交出单证。托收项下汇票的传递方向与资金流向相反，属于逆汇。托收方式的当事人有委托人、托收行、代收行和付款人。

#### 2. 当事人

（1）委托人（Principal），即开出汇票委托银行向国外付款人代收货款的人，也称为出票人（Drawer），通常为出口人；

（2）托收行（Remitting Bank），即接受出口人的委托代为收款的出口地银行；

（3）代收行（Collecting Bank），即接受托收行的委托代付款人收取货款的进口地银行；

（4）付款人（Payer 或 Drawee），汇票上的付款人即托收的付款人，通常为进口人。

上述当事人中，委托人与托收行之间、托收行与代收行之间都是委托代理关系，付款人与代收行之间则不存在任何法律关系，付款人是根据买卖合同付款的。所以，委托人能否收到货款，完全视进口人的信誉好坏，代收行与托收行均不承担责任。银行在托收业务中只提供服务，不提供信用，货款能否收回取决于进口商的信誉，属于商业信用。

托收项下出口人向进口人提供信用和资金融通，可以吸引客户、调动其经营积极性、扩大出口。对进口人的好处是不用垫付资金。托收业务中，由于结算工具（托收指示书和汇票）的传递方向与资金的流动方向相反，故属逆汇。

在办理托收业务时，委托人要向托收行递交一份托收委托书，在该委托书中委托人出各种指示，托收行以至代收行均按照委托的指示向付款人代收货款。

#### 3. 托收国际惯例——《托收统一规则》

在托收业务中，往往由于当事人各方对权利义务理解不同，各个银行的具体业务做法存在差异，从而产生争议与纠纷。为了减少当事人各方的矛盾，便于商业和金融活动的开展，巴黎国际商会曾于1958年草拟了《商业单据托收统一规则》（Uniform Rules for Collection）。1967年，该规则正式公布。它不仅使有关托收业务的术语、定义、程序和原则在解释上更趋统一，而且也使有关各方在办理托收业务时有所依据与参考。为了适应跨境贸易发展的需要，1978年，国际商会针对该规则十多年实施中存在的问题，对其进行了修订，并改名为《托收统一规则》（国际商会第322号出版物），于1979年实施。1995年，国际商会对《托收统一规则》再次进行了修订，新的《托收统一规则》为国际商会第522号出版物。该统一规则只有经当事人事先约定才受其约束，属任意性惯例。《托收统一规则》自公布实施以来，已为许多国家的银行采纳与使用。我国银行在进出口业务中使用托收方式时，也参照这个规则办理。

《托收统一规则》共26条，分总则和定义，托收的形式和构成，提示的形式，责任和义务，付款、利息、手续费和费用，其他条款六个部分。其要点如下：

（1）除非另有约定，或除非与一国、一洲或当地不得违反的法律、法规相抵触，《托收统一规则》对各有关当事人均有约束力。各有关当事人有：①委托人；②托收银行；③代收银行；④提示银行。

（2）银行没有义务必须受理托收，或任何托收指示或以后的有关指示。

（3）委办托收业务的一方有责任将交单条件清楚列明，否则，银行对由此产生的后果概不负责。

（4）未经银行事先同意，货物不能直接发运给银行，也不应以银行或银行指定人为收货人，否则，该银行无义务提取货物，仍由委托人自行承担货物的风险和责任。

（5）银行应以善意与合理的谨慎行事。

（6）银行对于单据的形式、完整性、准确性、真伪或法律效力概不负责；银行对于货物的发货人、承运人、运输人、收货人或承保人，或其他任何人的诚信、行为或不行为、疏忽、执行能力或信誉，也概不负责。

（7）如被拒付或拒绝承兑，提示银行应尽力查找原因，并尽快如实通知发出托收指示的银行。收到通知后，托收行应在合理时间内做出进一步处理单据的指示。如在发出拒绝通知书或拒绝承兑通知后 60 天内，提示银行未接到指示，可将单据退回发出托收指示的银行。

### 4. 托收的种类与方式

按汇票托收时有无附有商业单据，托收可分为光票托收和跟单托收，如表 4-5 所示。

表 4-5　托收的种类与方式

| 托收的种类与方式 | 说　明 |
|---|---|
| 光票托收<br>（Clean Bill for Collection） | 常用于样品、货款尾数的收付 |
| 跟单托收<br>（Documentary Bills for Collection） | 付款交单（Documents against Payment，D/P） |
| | 承兑交单（Documents against Acceptance，D/A） |

（1）光票托收（Clean Bill for Collection）。

光票托收是指出口商仅开具汇票而不附商业单据（主要指货运单据）的托收。光票托收并不一定不附带任何单据，有时也附有一些非货运单据，如发票、垫款清单等，这种情况仍被视为光票托收。用于样品、货款尾数的收付。

光票托收的汇票，在期限上也应有即期和远期两种。但在实际业务中，由于一般金额都不太大，即期付款的汇票较多。

光票托收的程序，同跟单托收并没有太大的区别。首先由委托人填写托收申请，开具托收汇票一并交与托收行，然后托收行依据托收申请制作托收指示，一并航寄代收行。对即期汇票，代收行收到汇票后应立即向付款人提示付款，付款人如无拒付理由，应立即付款。付款人付款后代收行将汇票交与付款人入账。对于远期汇票，代收行接到汇票后，应立即向付款人提示承兑，付款人如无拒绝承兑的理由，应立即承兑。承兑后，代收行持有承兑汇票，到期再作付款提示，此时付款人应付款。如遇付款人拒付，除非托收指示另有规定，代收行应在法定期限内做出拒绝证书，并及时将拒付情况通知托收行。

（2）跟单托收（Documentary Bills for Collection）。

跟单托收是出口商将汇票连同货运单据一起交给银行委托代收货款的方式。根据交单条件的不同，可分为付款交单和承兑交单。

①付款交单（Documents Against Payment，D/P）。

付款交单是出口人的交单以进口人的付款为条件。按照支付时间不同又可分为即期付款交单和远期付款交单两种。第一，即期付款交单（D/P At Sight）：进口人见票时立即付款，领取货运单据。第二，远期付款交单（D/P After Sight）：进口人见票时承兑，待汇票到期时，买方付款领取货运单据。

远期付款交单条件下，如果付款期限较长，在货物到达港口后，进口商可凭信托收据先借出单据去处理货物，待汇票到期时再付款。这被称为凭信托收据借单（Document Against Trust Receipt，D/P·T/R）。特别注意的是，假如托收指示中允许凭信托收据借单，则由此产生的风险由委托人自负；假如托收指示中未提到允许凭信托收据借单，由代收行自行决定借出单据，则由此而产生的一切风险由代收行承担。

②承兑交单（Documents Against Acceptance，D/A）。

承兑交单是出口人的交单以进口人的承兑为条件。即进口人承兑汇票后即可领取货运单据，待汇票到期时再付款。

### 5. 跟单托收程序（图4-2）

（1）买卖双方签订进出口贸易合同，卖方按时出运货物。

（2）出口人发货后填写托收委托书（告知托收行如何处理该笔交易及发生问题时应采取的措施），连同货运单据一并交给托收行，委托其代收货款。

（3）托收行收到托收指示和单证后，检验单证与托收指令是否相符，确保单证没有遗失后，将托收委托书连同汇票、单据寄代收行，委托其代为收款。

（4）代收行收到汇票和单据后，及时向进口人提示。

（5）如果是即期汇票，进口人立即付款，取得单据；如果是远期汇票，进口人立即承兑。

（6）代收行收到货款后，拨付托收行。

（7）托收行收到货款转交出口人，完成结汇。

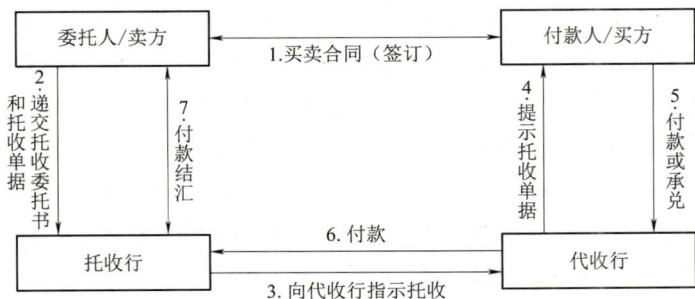

**图4-2　跟单托收流程图**

如何规避托
收中的风险

### 6. 托收中的风险与规避

托收中的风险主要来自以下几方面：市场风险；进口国环境变化的风险；进口商经营能

力的风险。

为化解托收业务中的风险，必须注意以下几点。

（1）调查进口人的资信情况，经营规模、经营能力和经营作风。根据情况确定授信额度、成交金额与交货进度，避免买方借故资金紧张延期付款。国外代收行的选择要经过托收行的同意，才能利用。尽量不使用承兑交单。

（2）争取使用 CIF 或 CIP 价格成交。采用 CIF 或 CIP 术语，提货前货物如果受损，买方拒付，我方可凭保险单向保险公司索赔；如果必须由买方保险，则出口商除应在货物装运后及时通知对方投保外，还可以投保"卖方利益险"，以防货物遇险，买方未投保又不付款赎单时，可由我方向保险公司索赔。

（3）明确付款到期日。北欧和拉美许多国家习惯把"单到"付款或承兑，视为"货到"付款或承兑，这样会拖延付款时间，对我方不利，因此要明确规定。

（4）了解进口国有关规定。欧洲有些国家不做远期 D/P，拉美国家则把远期 D/P 当成 D/A 处理。另外，有时货到单据未到，需要存仓、保险。有些国家海关规定货进仓 60 天内无人提货即公开拍卖。因此，我们应了解是否做远期 D/P 业务及货物存仓管理办法等。

（5）明确责任。了解国际商会《托收统一规则》（URC522）的主要内容，以便掌握托收当事人的权利、义务和责任。

（6）拒付前后的措施。事前应注意：①提交的单证要符合销售合同和进出口国的要求。常见的单证错误有：保单和提单没有正确地签名和背书；汇票出票人未签字；发票金额和汇票金额不符；CFR 和 CIF 价格条件，提单没有注明"运费预付"字样；CIF 价格条件，单证中没有保险单或者保险金额小于发票金额。②注意进口国的外汇管制是否严格。如是否允许资金汇出；买方是否需将其本国货币兑换成外币支付；买方是否要等待外汇的分配。事后应注意：及时了解拒付原因及货物状况，尽快联系客户或新的买家；在 D/P 条件下，货被提走，应追究代收行责任；如果货物到港买方拒不赎单，出口人应及时对货物进行处理，以减少损失。

### 4.2.3　信用证

#### 1. 信用证的概念、作用、性质

信用证（Letter of Credit，L/C）是开证行根据申请人的请求，向受益人开立的有一定金额的在一定期限内凭规定单据在指定的地点支付的书面保证。信用证实质上是银行代表其买方向卖方有条件地承担付款责任的凭证。

信用证是一种国际结算方式

信用证项下银行的服务有了质的飞跃，既提供服务又提供信用和资金融通，属于银行信用。信用证具有银行的保证作用，使买卖双方免去了互不信任的顾虑。对卖方来说，装运后凭规定的单据即可向银行取款；对买方来说，付款即可得到货运单据，通过信用证条款控制卖方。同时，信用证还具有融通资金作用，以缓解资金紧张的矛盾。但是，信用证的使用也有不完善之处，如：买方不按时、按要求开证，故意设陷阱，使卖方无法履行合同，甚至遭受降价、拒付、收不回货款的损失；卖方造假单据使之与证相符，欺骗买方货款；信用证费用高，业务手续繁琐，审证、审单技术性较强，稍有失误，就会造成损失。

## 2. 信用证的特点

信用证结算方式，有如下几个特点。

（1）开证行承担第一性付款责任。

信用证是银行开立的有条件的承诺付款的书面文件。只要出口商在信用证规定的期限内提交符合规定的单据，开证银行就必须保证付款，而不论进口商拒付还是倒闭。因此，开证行付款承诺是一项独立的责任。

（2）信用证是一项独立的文件。

信用证是根据买卖合同开立的，信用证一经开出，就成为独立于合同以外的文件。信用证则是开证行与出口商之间的契约，开证行及其他信用证当事人只能根据信用证办事，不受合同约束。

（3）信用证是纯单据业务。

信用证业务处理的是单据，而不是货物或服务。结汇单据要严格符合"单证相符"和"单单一致"原则。

## 3. 信用证的当事人

在信用证业务流程中，基本当事人应当是开证银行和信用证受益人。但是除了这两个基本当事人以外，为了信用证业务得以顺利展开，在信用证开立的前前后后还牵涉其他当事人。下面，就信用证业务流程环节依次对这些当事人的权责作具体的介绍（表4-6）。

表4-6　信用证的当事人

| 信用证的当事人 | 说明 |
| --- | --- |
| 开证申请人 | 开证申请人（Applicant），一般是买方 |
| 开证行 | 开立信用证的银行，一般是进口地银行 |
| 受益人 | 跨境贸易中，信用证的受益人是出口商（Exporter）或卖方（Seller） |
| 通知行 | 受开证行委托，将信用证转递给受益人的银行，一般是出口地银行。它通常是开证行的代理行（Correspondent Bank）。卖方通常指定自己的开户行作为通知行 |
| 议付行 | 根据开证行的授权买入或贴现受益人提交的符合信用证规定的票据的银行。如遭拒付，它有权向受益人追索垫款 |
| 偿付行 | 偿付行是开证行指定的对议付行或付款行、承兑行进行偿付的代理人 |
| 保兑行 | 应开证行请求在信用证上加具保兑的银行，它具有与开证行相同的责任和地位 |
| 转让行 | 一般为通知行、议付行、付款行或保兑行 |
| 付款行 | 付款行是开证行的付款代理人 |
| 承兑行 | 对远期汇票做出承兑付款的银行 |

（1）开证申请人（Applicant）。根据《跟单信用证统一惯例》（Uniform Customs and Practice for Documentary Credits）第600号出版物（简称《UCP600》）第二条中的定义：开证申请人是要求开证行开具信用证的一方（The party on whose request the credit is issued）。申请人在开证银行递交开证申请书的同时，需在规定的时间内向开证行缴纳开证押金，并承诺承担对符合要求的单据项下的款项及时最终付款的义务。

（2）开证行（Opening Bank；Issuing Bank）。根据《UCP600》第2条中的定义：开证行是按照开证申请人或自己的要求开具信用证的银行（The bank that issues a credit at the request of an applicant or on its own behalf）。开证行按开证申请人的要求正确及时开证，向申请人收取开证手续费。开证行负有第一性付款的责任，开证行是以自己的名义对信用证下的义务负责。

（3）受益人（Beneficiary）。受益人同时还是信用证汇票的出票人（Drawer）、货物运输单据的托运人（Shipper）。

受益人与开证申请人之间存在一份贸易合同，而与开证行之间存在一份信用证。受益人有权依照信用证条款和条件提交汇票及/或单据要求取得信用证的款项。受益人交单后，如遇开证行倒闭，信用证无法兑现，则受益人有权向进口商提出付款要求，进口商仍应负责付款。这时，受益人应将符合原信用证要求的单据通过银行寄交进口商进行托收索款。如果开证行并未倒闭，却无理拒收，受益人或议付行可以诉讼，也有权向进口商提出付款要求。它有按时交货、提交符合要求的单据、索取货款的权利义务，又有对持票人保证汇票被承兑和付款的责任。

（4）通知行（Advising Bank；Notifying Bank）。负责鉴别来证的表面真实性，及时通知或转递信用证，证明信用证的真实性并及时澄清疑点。如通知行不能确定信用证的表面真实性，即无法核对信用证的签署或密押，则应毫不延误地告知从其收到指示的银行，说明其不能确定信用证的真实性。如通知行仍决定通知该信用证，则必须告知受益人它不能核对信用证的真实性。通知行对信用证内容不承担责任。

如果无法鉴别，则应告知受益人。通知行是开证行在出口国的代理人。

（5）议付行（Negotiating Bank）。议付是信用证的一种使用方法。它是指由一家信用证允许的银行买入该信用证项下的汇票和单据，向受益人提供资金融通。议付又被称作"买单"或"押汇"。买入单据的银行就是议付银行。具体做法是，议付行审单相符后买入单据垫付货款，即按票面金额扣除从议付日到汇票到期之日的利息，将净款付给出口商。

在信用证业务中，议付行是接受开证行在信用证中的邀请并且担任信用证中的先期付款角色，凭出口商提交的包括有代表货权的提单在内的"合格"全套出口单证的抵押，而买下单据。议付行议付后，向开证行寄单索偿。如果开证行发现单据表面有不符合信用证要求的情况存在，可拒绝偿付，并有向受益人或其他"前手"进行追索的权利。在跨境贸易实务操作中，议付行为了降低垫付货款的风险，往往是收到出口商提交的审核无误的全套出口单证，寄交开证行（或保兑行），在收到开证行（或保兑行）支付的货款后，再解付至出口商（受益人）的账户。

（6）付款行（Paying Bank；Drawee Bank）。付款行是信用证上指定的付款银行。一般是开证行自己，也可能是开证行指定的另一家银行。如果开证行指定另一家银行为付款行，则它们的法律关系为代理人和委托人的关系，即付款行代开证行履行付款责任。付款行付款后，除非误付，否则不能向受益人进行追索。付款行有权根据代理合同或代付约定向开证行取得偿付的款项。并收取因为付款而发生的一切费用。如果信用证条款不清，付款行有权予以公平、合理的解释，其解释对开证行有约束力。另外，付款行付款的前提条件是受益人通过议付行递交的单据真正做到"单证相符，单单一致"，即单据的种类和名称是符合信用证要求，各单据间的内容表述不矛盾。

（7）偿付行（Reimbursement Bank）。偿付行是开证行为了议付行索汇方便而指定的偿付机构。偿付行是受开证行的授权或指示，对有关代付行或议付行的索偿予以付款的银行，偿付行偿付后再向开证行索偿。偿付行没有审核单据的义务或责任，在偿付行付款后，开证行发现单证不符，只能向索偿行（或议付行）追索而不能向偿付行追索，另外，如果偿付行没有对索偿行履行付款义务，开证行仍有责任付款。偿付行的费用以及利息损失一般由开证行承担。

（8）保兑行（Confirming Bank）。保兑行是指接受开证行的委托要求，对开证行开出的信用证的付款责任以本银行的名义实行保付的银行。保兑行在信用证上加具保兑后，即对信用证独立负责，承担必须付款或议付的责任。如遇开证行无法履行付款时，保兑行履行验单付款的责任。保兑行付款后只能向开证行索偿，即使开证行倒闭或无理拒付，保兑行也无权向出口商追索票款。因为它是为开证行加保兑的。同样，保兑行付款后无权向受益人或其他前手追索票款。

（9）转让行（Transferring Bank）。应受益人的委托，将信用证转让给信用证的受让人即第二受益人的银行。转让行可以是通知行，也可以是议付行、付款行或保兑行。

（10）承兑行（Accepting Bank）。远期信用证如要求受益人出具远期汇票的，会指定一家银行作为受票行，由它对远期汇票做出承兑，这就是承兑行。如果承兑行不是开证行，承兑后又最后不能履行付款，开证行应负最后付款的责任。若单证相符，而承兑行不承兑汇票，开证行可指示受益人另开具以开证行为受票人的远期汇票，由开证行承兑并到期付款。承兑行付款后向开证行要求偿付。在远期信用证项下，承兑行可以是开证行本身，也要以是开证行指定的另外一家银行。

### 4. 信用证的主要内容

信用证是国际贸易中常用的支付方式之一，其主要内容包括以下几个方面。

（1）开证行信息：信用证的第一部分是开证行的信息，包括开证行的名称、地址、电话、传真等联系方式。

（2）受益人信息：受益人是指出口商或者其代理人，信用证中应该明确受益人的名称、地址、电话、传真等联系方式。

（3）付款条款：信用证中应该明确付款的条件，包括付款金额、货币种类、付款期限、付款方式等。

（4）货物描述：信用证中应该明确货物的描述，包括名称、数量、规格、质量标准、产地等信息。

（5）装运和交货条件：信用证中应该明确货物的装运和交货条件，包括装运港口、目的港口、运输方式、交货期限等。

（6）单据要求：信用证中应该明确要求出口商提供哪些单据，包括发票、装箱单、提单、保险单等。

（7）保证条款：信用证中应该明确开证行的保证条款，包括开证行的付款保证、单证保证等。

（8）附加条款：根据具体的交易情况，信用证中还可以加入一些附加条款，如质量检验、验货等。

以上是信用证的主要内容，每个信用证的具体内容可能会因为交易的不同而有所不同。在使用信用证时，买卖双方应该仔细阅读信用证的内容，确保其符合双方的要求，并按照信用证要求履行自己的义务。

### 5. 跟单信用证的开证格式

信用证有信开和电开两种不同形式，以下分别加以说明。

（1）信开信用证。信开信用证（Mail Credit）就是开证行用书信格式缮制并通过邮寄方式送达通知行的信用证。信开信用证是传统的信用证开立形式。信开信用证一般一式两份或两份以上，开证行用函寄方式与其在出口地的代理银行联系，要求该行通知信用证给受益人（出口商）。

（2）电开信用证。电开信用证（Teletransmission Credit）就是用电讯方式开立和通知的信用证。电开信用证的具体方式还可以进一步的分为电报方式、电传方式和 SWIFT 方式。

①电报和电传方式下，开证行将信用证内容以加注密押的电报或电传形式通知出口商所在地的通知行。并且有简电本和全电本两种情况。

简电本（Brief Cable）即将信用证金额、有效期等主要内容用电文预先通知出口商，目的是使出口商早日备货。但由于内容不完整，简电本不是有效的信用证，在简电本后一般都注有"随寄证实书"字样。证实书则是随后寄来的信开信用证。全电本（Full Cable）是以电文形式开出的完整的信用证。开证行一般会在电文中注明"This is an operative instrument no airmail confirmation to follow."后面不注有"随寄证实书"字样。这样的信用证是有效的，可以凭以交单议付。

②SWIFT 方式是根据"环球同业银行金融电讯协会"（Society For Worldwide Interbank Financial Telecommunication S.C.，缩写 S.W.I.F.T.）提供的标准电文格式——MT700/701来开立跟单信用证。

MT700、701 代表信用证业务。通过 SWIFT 交换信息，方便且安全可靠，不容易出错。

SWIFT 系统具有以下特点。

第一，便利性。SWIFT 系统可以十分便利地直接与用户及其他会员进行（可以是本国的，也可以是外国的）联系。SWIFT 协会有连接全球 2 000 多家银行的途径与方法。

第二，全天候性。SWIFT 协会的服务项目全天 24 小时都可利用，在正常的工作时间内可以进行各种业务交易，而不受地理位置的限制。

第三，经济性。SWIFT 协会的通讯服务费用要比利用其他的通讯方式（如电报、电话等）做相同业务所消耗的通信费用少。

第四，安全性。在 SWIFT 系统中，银行间的交易指令可以立即在各会员行之间传递。由于 SWIFT 系统的控制程序具备了快速核实的功能，因此交易可即刻开始进行而不需要其他核实手续。

第五，规范性。由于 SWIFT 协会内的各会员行的通信格式都采用统一的 ISO 标准格式，因此会员行之间的业务交易（如收入或付出），能够自动处理，这样就可以降低业务处理的时间消耗，从而省去银行业务人员的一些部分日常工作。

第六，保密性。SWIFT 系统提供了 ISO 标准化格式进行通信，从而避免了各会员行之间由于语言及翻译问题所产生的障碍。另外，由于系统软件、硬件的容错性，及多重保密控制，从而保障了系统网络运行的安全性。

SWIFT 信用证样本（Sample of L/C）

27：Sequence of Total    1/1

40A：Form of Documentary Credit    IRREVOCABLE

20：Documentary Credit Number LC2023001

31C：Date of Issue　230801

31D：Date and Place of Expiry　231001，New York

50：Applicant

ABC Corporation

123 Main Street

New York，NY 10001

USA

59：Beneficiary

XYZ Company

456 Park Avenue

Shanghai，China

32B：Currency Code，Amount

USD 100,000

41A：Available With...By...DEF Bank

789 Broadway

New York，NY 10002

USA

43P：Partial Shipments

ALLOWED

44E：Transshipment

ALLOWED

45A：Description of Goods and/or Services

5,000 boxes of apples，Grade A quality

46A：Documents Required

1. Commercial invoice in triplicate，indicating the letter of credit number，the description of the goods，the unit price，and the total amount.

2. Clean bill of lading in negotiable form，indicating the letter of credit number，the name of the vessel，the port of loading and discharge，the number of the containers，the gross weight，and the freight charges.

3. Insurance policy in duplicate，covering all risks and issued by a reputable insurance company，indicating the letter of credit number，the name of the insured，the name of the beneficiary，the description of the goods，and the amount insured.

4. Packing list in triplicate，indicating the letter of credit number，the number of the packages，the gross weight，the net weight，and the dimensions of the goods.

5. Certificate of origin in duplicate，indicating the letter of credit number，the name of the exporter，the name of the importer，the description of the goods，and the country of origin.

6. Inspection certificate in duplicate，issued by an independent inspection company approved by the issuing bank，indicating the letter of credit number，the name of the exporter，the name of the

importer, the description of the goods, the quality and the quantity of the goods.

47A：Additional Conditions

1. All documents must be presented on or before the expiry date to the advising bank.

2. All documents must be presented in English.

3. All documents must bear the letter of credit number.

4. This letter of credit is not transferable.

5. Partial shipment is allowed.

6. The goods must be shipped within 30 days of the date of issuance of the letter of credit.

7. The insurance policy must cover all risks and be issued by a reputable insurance company.

8. The certificate of origin must be issued by the Chamber of Commerce and legalized by the Chinese Embassy in the country of origin.

9. The inspection certificate must be issued by an independent inspection company approved by the issuing bank.

71B：Charges

All bank charges outside the United States are for the account of the beneficiary.

72：Sender to Receiver Information

Please advise beneficiary of this credit and confirm to us by SWIFT.

## 6. 信用证的结算程序 （图4-3）

（1）开证、通知。

①买卖双方订立合同。双方对信用证的种类和开证时间做出明确规定。

②进口商申请开立信用证。填写开证申请书并提供押金（Margin）或担保，要求银行向出口商开出信用证。

③开证行开立信用证。开证行按照开证申请书规定开证，并将信用证邮寄，或用电讯方式通知出口地银行。有时客户以简电形式开证，卖方不能以简电为依据出运货物，应以开证行发出生效通知书为准。

④通知行通知信用证。通知行收到信用证核对签字与密押后，将信用证通知或转递给出口商。

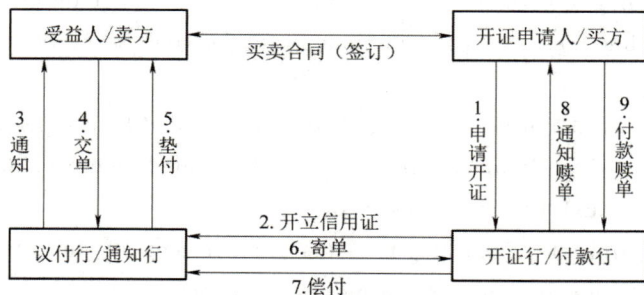

图4-3　信用证结算流程图

（2）交单、付款。

①出口商审证、发货、交单。出口商收到信用证后，认真审核，如有差错，通知买方改

证，买方同意的话，就向开证行提交申请，开证行据以做出修改，改证通知书函寄或电告通知行，并由其转交受益人。收到开证行改证后，审核无误即可发货，遂备齐规定的各种单据，提交银行议付。

②议付行议付、索偿。议付行在收到出口商递交的单据后，如单据内容与信用证核对相符的，即按汇票金额扣除从议付之日起到预计收款日为止的利息和手续费后，付给出口商，这一过程称为议付。议付后，议付行向开证行索偿，即将单据连同汇票和索偿证明分次（或一次）航邮寄给开证行或指定银行。如信用证指定偿付行，开证行应向其发出偿付授权书，议付行一面将单据寄往开证行，一面向偿付行发出索偿书，说明该信用证项下的单据已作议付，请按指定方法偿付。偿付行收到索偿书后，只要索偿金额不超过授权金额，即向议付行付款。凡信用证规定有电汇索偿条款的，议付行就可以用电报或电传向开证行或指定银行索偿。

③偿付。偿付（Reimbursement）是指开证行或被指定银行向议付行付款的行为。开证行或其指定银行收到单据后，核验认定与证相符，即将票款偿付议付行。如有不符可以拒付，但应在收到单据次日起 5 个营业日内通知议付行。

④付款、赎单、提货。开证行偿付后，通知买方付款赎单。买方如果发现单证不符也可拒绝赎单。如果审核无误，需立即付款（或扣减开证押金后），在取得全套货运单据后，通过办理商检、报关等手续，向承运人或其代理人提取货物。

### 7. 信用证的种类

信用证的种类可表示如表 4-7 所示。

**表 4-7　信用证的种类**

| | 中文名称 | 英文名称 |
|---|---|---|
| 信用证 | 跟单信用证 | Documentary Credit |
| | 光票信用证 | Clean Credit |
| | 保兑信用证 | Confirmed L/C |
| | 不保兑信用证 | Unconfirmed L/C |
| | 即期信用证 | Sight L/C |
| | 远期信用证 | Usance L/C；Time L/C |
| | 可转让信用证 | Transferable L/C |
| | 不可转让信用证 | Non-transferable L/C |
| | 循环信用证 | Revolving L/C |
| | 对开信用证 | Reciprocal L/C |
| | 对背信用证 | Back To Back L/C |
| | 预支信用证 | Anticipatory L/C |
| | 付款信用证 | Payment L/C |
| | 议付信用证 | Negotiation L/C |

（1）跟单信用证与光票信用证。

①跟单信用证：是开证行凭跟单汇票或仅凭单据付款的信用证。

②光票信用证：是开证行仅凭不附单据的汇票付款的信用证。

（2）不可撤销信用证。根据《UCP600》的规定，信用证一经开立，即为不可撤销。它是指信用证开立后，在有效期内未经受益人及有关当事人同意，不得单方面修改和撤销。

（3）保兑信用证和不保兑信用证。

①保兑信用证：指开证银行开出的信用证经另一家银行加以保兑，保证兑付受益人所开具的汇票，称保兑信用证。保兑银行为另一家银行开具的信用证加保，通常需要收取保证金和银行费用。

②不保兑信用证：是指未经另一家银行加以保兑的信用证。

（4）即期信用证和远期信用证。

①即期信用证：指开证行或付款行收到符合规定的跟单汇票后，立即付款的信用证。在即期信用证中，有时加列电汇索偿条款（T/T Reimbursement Clause）。即开证行授权议付行议付后，电告开证行或指定银行：提交的单据与信用证要求一致。开证行或指定银行接到通知后，即用电汇方式将货款拨交议付行。

②远期信用证：指开证行或付款行收到符合规定的单据后，不是立即付款，而是待信用证到期日时再付款的信用证。为此，双方都要承担汇率风险。另外，出口商要承担利息损失。远期信用证可分为承兑信用证、假远期信用证、延期付款信用证等几种。

承兑信用证是以开证行作为远期汇票付款人的信用证。出口商开立远期汇票连同单据交议付行，银行审单无误，将汇票、单据寄给其在进口地的代理行，由其向开证行提示请求承兑或直接寄开证行要求承兑，开证行承兑后，将单据留下，把"承兑书"寄给议付行或将汇票退给议付行在进口地的代理行保存，待到期时再要求开证行付款。如果出口商要求贴现汇票，议付行在进口地的代理可将承兑的汇票交贴现公司贴现，把扣除贴息后的净款交给议付行，转交出口商。汇票到期时，由贴现公司向开证行索汇。

假远期信用证是指要求出口商开立远期汇票，并规定付款行可以即期付款或同意贴现，所有贴现和承兑费用均由进口人负担。这种信用证表面上看是远期信用证，但对出口人而言，却可即期收款，因此被称为"假远期信用证"（Usance L/C Payable At Sight）。这种信用证对进口人来说，可以等到汇票到期时才向付款行支付货款，所以，人们又把这种信用证称为"买方远期信用证"（Buyer's Usance L/C）。使用这种信用证的原因：一是可以利用贴现市场或银行的资金；二是可以摆脱进口国家外汇管理的限制。

延期付款信用证（Deferred Payment Credit）是指受益人不用开具汇票，开证行保证货物装船后或收单后若干天付款的信用证。此种信用证出口商不能利用贴现市场资金，只能自行垫款或向银行借款。

（5）可转让信用证和不可转让信用证。

①可转让信用证：是信用证规定受益人（第一受益人）可以将使用信用证的权利转让给其他人（第二受益人）的信用证。信用证只能转让一次，但允许第二受益人将信用证重新转让给第一受益人。如果信用证允许分批装运（支款），则将信用证金额按若干部分分别转让给几个第二受益人（总和不超过信用证金额），该项转让的总和被视为一次转让，手续由转让银行办理。

可转让信用证主要用于受益人不是实际供货方，他要从供货方那里先买进货物，然后才向买主交货。然而他又没有足够的资金向供货方付款，又不愿让供货方与实际买主拉直关系，为了赚取利润，他要求买方开立可转让信用证，这样，中间商能够把转售货物得来货款的大部分转让给实际供货人，余下的就是他的利润。第二受益人如果不能按时交货或者单据有问题，原出口商仍要承担合同义务。

信用证只能按原证条款转让，但信用证金额、单价、到期日、交单日及最迟装运日期可减少或缩短，投保加成比例可以增加，信用证申请人可以变动。

②不可转让信用证：受益人不能将使用信用证的权利转让给他人，并未注明"可转让"者，即为不可转让信用证。

（6）循环信用证。信用证被全部或部分使用后，其金额又恢复到原金额，可再次使用，直至规定的次数或规定的总金额用完为止的信用证。可免去多次开证麻烦，节省开证费用，同时也简化了手续，利于合同的履行。这种信用证通常在分批均匀交货的情况下采用。

循环信用证可分为按时间循环信用证和按金额循环信用证两种。

另外，还有一种半自动循环信用证。受益人每次装货议付后，在若干天内开证行未提出中止循环的通知，信用证即自动恢复至原金额再次使用。如"每次议付后 7 天内，议付行未接到停止循环的通知时，本证未用余额，可增至原金额。"

（7）对开信用证。是两张信用证的开证申请人互以对方为受益人而开立的信用证。第一个证的受益人就是第二个证（回头证）的开证申请人。两证金额大致相等，一般用于来料加工、补偿贸易和易货交易。信用证生效办法一是两张同时生效，即第一张证的生效以第二张证的开出为条件；二是两张信用证分别生效，即第一张证开出后立即生效，第二张证以后再开；或者第一张证的受益人交单议付时，附一份担保，保证在一定期限内开出回头证。对开信用证注意事项：一是在来料来件加工装配业务中，加工方要用延期付款信用证代替一般远期信用证，这样可以避免开证人凭银行承兑的汇票进行贴现而不开立回头购买成品的信用证。二是加工方付款期限要结合加工时间来确定，避免加工方在远期信用证到期时必须付款而对方尚未开来购买成品的即期信用证的情况发生。

（8）对背信用证。又称转开信用证，是指受益人要求原证的通知行或其他银行以原证为基础，另开一张内容相似的新信用证。这种信用证通常是中间商转售他人货物从中图利，或两国不能直接办理进出口，通过第三者来沟通贸易而开立的。对背信用证的内容除开证人、受益人、金额、单价、装运期限、有效期限等可有变动外，其他与原证相同，如需修改，应得到原证开证人的同意。

（9）预支信用证。是指开证行授权通知行，允许受益人在装运交单前预支货款的信用证。是进口商通过银行开立给出口商的一种以出口贸易融资为目的的信用证。预支信用证有全部预支和部分预支两种。在预支信用证项下，受益人预支的方式：一是向开证行预支，装运前出口商开立以开证行为付款人的汇票，由议付行买下向开证行索偿；二是向议付行预支，由议付行垫付货款，待装运后议付时，借记开证行账户，扣除垫款本息，将余额支付给出口商。如货未装运，由开证行偿还议付行的垫款和利息，然后开证行再向开证申请人追索此款。为引人注目，预支货款的条款常用红字打出，所以也称"红条款信用证"（Red Clause L/C）。

使用原因：一是货物供不应求，买方急于得手而想提前付款；二是卖方是买方在出口国的采购代理，或跨国公司内部交易；三是买方向卖方预先提供装船资金，帮助其克服资金不足的困难，以此迫使出口商降低价格。

（10）付款信用证。是指定某一银行付款的信用证。一般不需要出具汇票，凭受益人提交的单据付款。

（11）议付信用证。是指开证行在其开立的信用证中有"允许受益人向某一银行或任何银行交单议付"条款的信用证。议付信用证包括公开议付信用证和限制议付信用证两种。如果在信用证中载有受益人"只能在某一银行交单议付"条款，则被称为限制付议信用证，相反，如果在信用证中未规定受益人"只能在某一银行交单议付"条款，则受益人可以选择任何一家银行交单议付，该信用证被称为公开付议信用证，也可以被称为非限制议付信用证。

### 4.2.4　跨境电子商务结算方式

跨境电商支付与结算是指在跨境电商交易中，买卖双方进行货款支付和结算的过程。由于涉及不同国家或地区的货币和支付方式，跨境电商支付与结算存在一些特殊性和复杂性。

一般来说，跨境电商支付与结算有以下几种方式。

（1）信用卡支付：买家可以使用信用卡进行支付，卖家通过银行的信用卡支付系统接收货款。

（2）支付宝、微信支付等第三方支付：买家可以使用支付宝、微信支付等第三方支付平台进行支付，卖家通过第三方支付平台接收货款。

（3）西联汇款：西联汇款是国际汇款公司（Western Union）的简称，它拥有全球最大最先进的电子汇兑金融网络，代理网点遍布全球。其具有汇款简单、便捷可靠、瞬间可取、收款方便的优点。

（4）银行转账：买家可以通过银行转账的方式进行支付，卖家通过银行账户接收货款。

（5）汇款：买家可以通过银行汇款的方式进行支付，卖家通过银行账户接收货款。

（6）Paypal：因特网第三方支付服务商，针对具有国际收付款需求用户设计账户类型，允许在使用电子邮件来标示身份的用户之间转移资金。Paypal也和一些电子商务网站合作，成为它们的货款支付方式，是目前全球使用最为广泛的网上交易工具之一，但这种支付方式转账需缴纳手续费。

在跨境电商支付与结算中，需要注意以下几点。

（1）货币兑换：由于涉及不同国家或地区的货币，需要进行货币兑换。货币兑换的汇率会影响到交易的成本和利润。

（2）支付方式：不同国家或地区的支付方式不同，需要根据实际情况选择合适的支付方式。

（3）支付安全：跨境电商支付涉及跨国资金流动，需要注意支付安全，防止欺诈和风险。

（4）税务问题：跨境电商交易可能涉及税务问题，需要了解相关国家或地区的税收政策和规定。

总之，跨境电商支付与结算需要考虑多个因素，需要根据实际情况选择合适的支付方式和解决方案。

跨境电商支付与结算的国际规范仍在不断发展和完善中，目前还没有一套完整的国际规范。不过，一些国际组织和金融机构已经制定了有关跨境电商支付与结算的指南和原则，如国际商会（ICC）、巴塞尔银行监管委员会（BCBS）、国际支付清算协会（IPS）等。这些指南和原则主要集中在风险管理和合规方面，旨在促进跨境电商支付与结算的健康发展。此外，一些国家和地区也制定了有关跨境电商支付与结算的法规和政策，如欧盟的《支付系统指令》（PSD2）、美国的《加强跨境金融交易法案》（CTTSA）等。

总之，跨境电商支付与结算的国际规范仍在不断完善中，相关指南、原则、法规和政策的制定和实施也在不断推进。

## 任务 4.3　了解贸易结算的国际惯例

### 任务描述

我们将要深入了解国际商会制定的三大结算规则，包括《跟单信用证统一惯例》（UCP600）、《托收统一规则》（URC522）以及《见索即付保函统一规则》（URDG458）。这些规则在国际贸易和结算中起着重要的作用，对于保障交易的顺利进行、明确各方的权利和义务以及降低风险具有重要意义。了解和掌握其核心内容、适用范围以及与跨境电子商务结算的关系。

### 任务分析

（1）《跟单信用证统一惯例》（UCP600）：UCP600 是国际商会制定的关于跟单信用证业务的国际惯例，旨在规范信用证业务操作、避免争议、保障交易的顺利进行。

（2）《托收统一规则》（URC522）：URC522 是国际商会制定的关于托收业务的国际惯例，旨在规范托收业务操作、降低风险、保障交易的顺利进行。

（3）《见索即付保函统一规则》（URDG458）：URDG458 是国际商会制定的关于见索即付保函业务的国际惯例，旨在规范见索即付保函业务操作、降低风险、保障交易的顺利进行。

### 知识储备

（1）掌握三大规则的核心内容，包括基本原则、责任和义务、风险分担以及银行免责等；

（2）了解三大规则的适用范围，包括适用的场景、涉及的当事人以及适用的法律和惯例等；

（3）掌握三大规则与跨境电子商务结算的关系，包括在跨境电子商务中的应用情况、对跨境电子商务的影响以及可能面临的风险和问题等；

（4）了解国际贸易规则和惯例的发展趋势，以便更好地应对国际贸易和结算中的变化和挑战。

### 4.3.1　国际商会《跟单信用证统一惯例》

国际结算惯例是指用货币清偿国际间债权债务的行为。产生国际间债权债务的原因主要有，有形贸易和无形贸易类。有形贸易引起的国际结算为跨境贸易结算。无形贸易引起的国际结算为非贸易结算。

国际商会于 1930 年制定了《商业跟单信用证统一规则》（Uniform Customs and Practice for Documentary Credits），供各银行自愿采用。1983 年该规则改名为《跟单信用证统一惯例》。使用的是 1993 年修订的 1994 年 1 月 1 日起实施的本文，简称为 UCP500。2006 年 10 月 25 日，在巴黎举行的 ICC 银行技术与惯例委员会经 71 个国家和地区通过最终投票通过。这是 UCP 问世后的第六次修订版。2007 年 7 月 1 日开始使用。

UCP600 共有 39 个条款、比 UCP500 减少 10 条，但却比 UCP500 更准确、清晰，更易读、易掌握、易操作。

内容涉及有关主体结算中关于惯例的适用、定义、解释、信用证与合同、单据与货物、服务或履约行为、适用性、到期日和交单地点、开证行的责任、信用证与修改的通知、修改、电讯传递和预先通知的信用证及修改、银行间的偿付安排、单据的审核标准、相符交单、不符点放弃及拒付通知、正副本单据、发票、多式运输单据、海运提单、不可转让海洋运单、租船提单航空运单、公路、铁路或内陆水运单据、快递收据、邮政收据或邮寄证明、清洁运输单据、保险单据、到期日或最迟交单日的延展等。

UCP 600 的主要内容可以概括为以下几点。

（1）定义：明确了信用证的定义、性质和分类。

（2）受益人：规定了受益人的权利和义务，包括开证行的责任。

（3）申请人：规定了申请人的权利和义务，包括开证行的责任。

（4）通知行：明确了通知行的职责和义务。

（5）审单：规定了审单的标准和流程。

（6）不符单据：规定了不符单据的处理方式。

（7）付款：规定了付款的条件和方式。

（8）承兑：规定了承兑的条件和方式。

（9）交单：规定了交单的时间、地点和方式。

（10）拒付：规定了拒付的条件和程序。

（11）修改：规定了修改的条件和方式。

（12）争端解决：规定了争端解决的程序和机构。

UCP600 的核心原则是"银行不承担不符单据的风险"，这也是国际贸易中的基本原则。在信用证交易中，银行只负责审核单据，确保单据符合信用证的要求，并按照信用证的规定向受益人支付款项。如果单据不符合信用证的要求，银行有权拒绝付款。受益人需要在规定的时间内提交符合信用证要求的单据，以便银行进行审核。如果受益人无法按时提交单据，可能会导致信用证被拒绝，从而导致损失。

### 4.3.2　国际商会《托收统一规则》

为便利世界各国间贸易的宗旨，国际商会要对跨境贸易的各个领域的惯例进行不断的评审，国际商会以 1993 年 3 月的《托收统一规则》为基础，于 1995 年，颁布了《托收统一规则》（Uniform Rules for Collection URC522），1996 年 1 月 1 日开始实行，它是世界各国商业银行以及贸易商办理托收业务的行动规则。

《托收统一规则》共分为 7 个部分，共 26 条，包括总则及定义，托收的形式和结构，提示方式，义务与责任，付款，利息、手续费及其他费用，其他规定。《托收统一规则》的主要内容包括：

（1）托收的定义：托收是指出口商通过银行向进口商发出的一种收款要求，出口商将货物交给银行，银行根据出口商的指示将货物寄交进口商，进口商收到货物后向银行支付货款。

（2）托收的种类：托收可以分为跟单托收和光票托收两种。跟单托收是指出口商将货物交给银行，银行将货物交给进口商，进口商支付货款时需要提供商业发票、运输单据等单据。光票托收是指出口商将货物交给银行，银行将货物交给进口商，进口商支付货款时不需要提供任何单据。

（3）托收的程序：托收的程序包括开立托收通知书、提供商业发票和运输单据、寄交货物、办理出口报关、托收通知等步骤。

（4）托收的风险：托收存在一定的风险，包括出口商无法收回货款、进口商无法收到货物等风险。因此，出口商和进口商需要在托收前签订合同，明确双方的权利和义务，并在托收过程中加强沟通和协调。

（5）托收的法律保护：托收受到国际商会和其他国际组织的法律保护，出口商和进口商可以向国际商会寻求法律帮助，维护自己的权益。

《托收统一规则》的颁布和实施，对于规范托收业务的操作，保护托收各方的合法权益，促进国际贸易的发展具有重要意义。

### 4.3.3　国际商会《见索即付保函统一规则》

随着银行保函在国际上使用的范围不断扩大，其内容也逐渐复杂化，为了便于研究和使用，国际商会于 1978 年制定了《合同保函统一规则》（URCG325），1982 年又制定了《开立合约保证书模范格式》，供实际业务参考和使用。以后随着国际经济贸易的发展和变化，1991 年国际商会又对《合担保统一规则》进行了修订，并于 1992 年 4 月出版发行《见索即付保函统一规则》。这是一项由国际商会（ICC）起草的商业文件，用于规定国际贸易中的见索即付保函的格式、内容、责任等相关条款。本规则旨在简化国际贸易中的保函开具程序，提高交易安全性，同时也方便了各方对保函相关事项的管理。《见索即付保函统一规则》（URDG458）由导言与规则的适用范围、定义及总则、义务与责任、要求、效期的规定、适用法律及司法管辖权六个部分，共 28 条组成。

《见索即付保函统一规则》（URDG458）的主要内容包括：

（1）保函的定义：保函是一份书面文件，担保人承诺在保函受益人向担保人提出书面索赔时，担保人将无条件支付一定金额的款项。

（2）保函的基本要素：保函应包括担保人、受益人、索赔金额、索赔原因、索赔期限、索赔通知和保函有效期等基本要素。

（3）保函的格式：保函应采用 ICC 规定的统一格式，以便各方识别和理解。

（4）索赔的处理：保函受益人在索赔通知中应明确索赔原因，担保人应在接到索赔通知后的合理时间内回复受益人，并在规定的时间内支付索赔金额。

（5）担保人的责任：担保人在保函有效期内应承担无条件支付索赔金额的义务，即使索赔原因与保函中的承诺不符。

（6）保函的失效：保函失效的原因包括保函有效期届满、担保人已支付索赔金额、保函中的索赔原因已得到解决等。

（7）争议解决：如果各方对保函产生争议，应通过国际商会调解或仲裁等途径解决。

《见索即付保函统一规则》的颁布和实施为国际贸易中的保函提供了一套通用的规范，有助于简化保函的开具、管理和纠纷解决过程，提高了国际贸易的效率和安全性。

以上讲述的国际结算惯例，是在国际实践中反复使用形成的，具有固定内容，虽未经立法程序制定，但具有以下几个特点：一具有通用性，已为大多数国家和地区通用；二具有稳定性，不受政策调整和经济波动的影响；三具有重复性，可反复运用；四具有准强制性，都受到各国法律的保护，具有一定的法律约束力；五具有效益性，已被国际交往活动成功验证。

# 任务 4.4　掌握结算方式的选择

## 任务描述

根据不同的交易商品、货物销路情况以及交易对象的资信状况等因素，选择合适的结算方式。

## 任务分析

（1）交易商品或货物销路情况：对于市场需求稳定、销售渠道广泛的商品或货物，可以采用较为常见的结算方式，如信用证、托收等。对于新兴市场、需求不稳定的商品或货物，可以选择更为灵活的结算方式，如汇付、混合支付等。

（2）交易对象及交易对象的资信状况：对于信誉良好、实力雄厚的交易对象，可以选择较为安全的结算方式，如信用证、托收等。对于新合作伙伴或信誉不佳的交易对象，可以选择较为灵活的结算方式，如汇付、混合支付等。

（3）运输方式：对于采用海运或陆运等较长运输时间的货物，可以选择信用证、托收等较为安全的结算方式，以降低风险。对于采用空运等较短运输时间的货物，可以选择更为灵活的结算方式，如汇付、混合支付等。

（4）组合策略：常见的组合策略包括信用证+托收、信用证+汇付、托收+汇付、信用证+托收+汇付以及混合支付方式等。通过合理的组合，可以满足不同交易需求，并降低风险。

📝 知识储备

（1）了解不同交易商品或货物销路情况对结算方式选择的影响，根据市场需求和销售情况选择合适的结算方式；

（2）掌握根据交易对象及交易对象的资信状况选择合适结算方式的技巧，确保交易的安全进行；

（3）了解不同运输方式对结算方式的要求，根据货物运输时间和风险因素选择合适的结算方式；

（4）掌握常见的组合策略，如信用证+托收、信用证+汇付、托收+汇付、信用证+托收+汇付以及混合支付方式等，并根据实际交易需求进行灵活运用；

（5）了解各种组合策略的优缺点以及适用场景，以便根据具体情况进行组合和优化；

## 4.4.1　结算方式选择原则

在跨境贸易中，买卖双方往往处于不对等地位。出口商为扩大成交，无奈接受境外客商的结算方式，凸显收汇风险便成为"家常便饭"了。鉴于各种结算方式都有利弊，为了防范收汇风险，一种结算方式既不利于拓展市场，也不利于防范风险。因此，在跨境贸易业务中，也可根据需要，例如针对不同的交易商品或货物销路情况、不同的交易对象及交易对象的资信状况、不同运输方式设计不同结算方式，甚至参与组合结算方式。如当选择海运时，利用海运提单具有物权这一特点，出口商除了采用信用证外，还可以采用托收方式结算；选择航空运输、陆运或邮寄时，航空运单、陆路运单或邮寄运单不是物权凭证，进口商提取货物不需要运单，因此不宜用托收结算。

当然，不同的结算方式有着各自的优点和缺点，以海运提单为例，其在物权凭证的保障下，出口商能够确保收汇的顺利进行，同时，托收也是一种选择，出口商可以通过托收的方式，和进口商建立合作关系，增加出口商的市场份额。但是，在选择托收的时候，进口商可能会遇到一些风险，比如，如果进口商的资金不足，或者进口商的信誉不佳，就可能导致进口商无法及时付款，进而影响到出口商的资金流动。

针对不同的交易商品或货物销路情况，我们可以选择不同的结算方式，比如，当出口商品需要运输到某个地区时，我们可以采用空运的方式，利用航空运单和陆路运单或邮寄运单进行结算。而在选择不同的交易对象及交易对象的资信状况时，我们可以选择信用证作为结算方式，这种结算方式可以让出口商和进口商之间建立信任关系，提高交易的成功率。

当然，除了采用以上的结算方式外，我们还可以根据实际情况，进行组合结算方式，比如，采用信用证和托收的组合，信用证和海运提单的组合等，这样可以更好地满足跨境贸易业务的需要，并且降低收汇风险。

## 4.4.2　结算方式的组合策略

在跨境贸易中，将两种以上的结算方式结合使用，不仅有利于促成交易，也有利于安全、及时收汇。为了加速资金周转，避免贸易风险，结算方式的结合使用，已成为一种新的发展趋势。常见的不同结算使用的形式有：信用证与汇付结合、信用证与托收结合、汇付与银行保函或信用证结合。表4-8对汇付、托收、信用证三种方式进行了归纳比较。

表4-8 汇付、托收、信用证的比较

| 比较项目<br>结算方式 | | 手续 | 费用 | 出口商<br>风险大小 | 进口商<br>风险大小 | 资金负担 |
|---|---|---|---|---|---|---|
| 汇付 | 预付货款 | 简单 | 最小 | 无风险 | 最大 | 不平衡 |
| | 货到付款 | | | 最大 | 无风险 | |
| 托收 | | 稍多 | 稍大 | 大 | 小 | 不平衡 |
| 信用证 | | 最多 | 最大 | 小 | 大 | 较平衡 |

在跨境贸易中，结算方式的组合策略可以根据具体情况灵活运用，以下是采用信用证、托收、汇付方式在跨境贸易中的组合使用。

（1）信用证+托收：该组合方式适用于双方信誉度较高的情况下，信用证作为主要的支付方式，托收作为辅助方式，可以提高资金的使用效率，同时也可以增加支付的安全性。

（2）信用证+汇付：该组合方式适用于交易金额较大，双方信誉度较高的情况下，信用证作为主要支付方式，汇付作为辅助方式，可以缩短资金的到账时间，提高交易的效率。

（3）托收+汇付：该组合方式适用于交易金额较小，双方信誉度较高的情况下，托收作为主要支付方式，汇付作为辅助方式，可以提高支付的灵活性，降低支付成本。

（4）信用证+托收+汇付：该组合方式适用于交易金额较大，双方信誉度较低的情况下，信用证作为主要支付方式，托收和汇付作为辅助方式，可以提高支付的安全性和效率，降低交易风险。

（5）混合支付方式：该组合方式适用于交易金额较小，双方信誉度较低的情况下，可以采用多种支付方式，如电汇、信汇、现金等，可以提高支付的灵活性和效率，降低支付成本。

不同的组合方式可以根据具体情况选择，目的和意义也不同，主要包括提高支付的安全性、缩短资金的到账时间、降低交易风险、提高支付的灵活性和效率、降低支付成本等。

随着科技的快速发展，金融行业正经历着一场革命性的变革。结算领域也不例外，越来越多的金融机构开始采用结算智能化技术来提高效率、降低成本并提升客户体验。结算智能化主要涉及以下几个方面。

（1）自动化结算处理：通过采用自动化系统和人工智能技术，实现结算过程的自动化，包括发票识别、数据提取、核对与匹配等环节。这有助于减少人工操作错误，提高结算速度和准确性。

（2）实时结算监控：实时监控结算流程，确保资金的安全性和合规性。通过实时数据分析，可以发现潜在的风险和问题，从而及时采取措施进行调整。

（3）大数据分析：通过对大量数据的挖掘和分析，可以发现市场趋势、客户需求以及潜在的风险因素。这些信息可以帮助金融机构制定更有效的结算策略，提高客户满意度。

（4）区块链技术：区块链技术可以提高结算过程的透明度和安全性。通过分布式账本技术，可以实现交易记录的不可篡改和实时更新，从而增强对结算过程的控制力。

（5）移动支付与电子钱包：随着移动支付和电子钱包的普及，越来越多的人选择使用这些便捷的支付方式进行结算。金融机构需要适应这一趋势，提供支持多种支付方式的结算服务，以满足客户的需求。

（6）人工智能与机器学习：人工智能和机器学习技术可以帮助金融机构自动处理大量的数据，进行风险评估、欺诈检测等任务。此外，它们还可以为客户提供智能客服和个性化推荐服务。

总之，结算智能化将改变金融行业的面貌，为金融机构带来更高的效率、更低的成本以及更好的客户体验。在这个过程中，金融机构需要不断创新和适应新技术的发展，以满足市场的需求并保持竞争优势。

## 任务4.5　了解国际结算的融资功能

### 📝 任务描述

本任务将介绍国际结算的融资功能，包括打包贷款、出口押汇、出口托收融资、出口票据贴现、进口押汇和提货担保等。

### 📝 任务分析

（1）打包贷款：出口商在获得进口商的订单后，可以向银行申请打包贷款，用于采购、生产、包装和运输等环节的费用支出。打包贷款可以帮助出口商扩大业务规模，提高资金流动性。

（2）出口押汇：出口商在交货后，凭借出口单据向银行申请融通资金的结算方式。银行在审核单据后，向出口商提供短期贷款，用于弥补出口商在生产、采购和运输等环节的资金缺口。出口押汇可以帮助出口商及时收回货款，提高资金流动性。

（3）出口托收融资：出口商在交货后，将出口单据交给银行，银行在审核单据后向出口商提供短期贷款。出口托收融资可以帮助出口商加速资金回笼，提高资金利用率。

（4）出口票据贴现：出口商在交货后，将出口单据和汇票交给银行，银行在审核单据和汇票后向出口商提供短期贷款。出口票据贴现可以帮助出口商扩大业务规模，提高资金流动性。

（5）进口押汇：进口商在付款日前，凭借进口单据向银行申请融通资金的结算方式。银行在审核单据后，向进口商提供短期贷款，用于支付进口货款。进口押汇可以帮助进口商缓解资金压力，提高采购效率。

（6）提货担保：进口商在货物到达目的港口后，可以向银行申请提货担保，用于提取货物并支付相关费用。提货担保可以帮助进口商及时提货、降低物流成本，提高市场竞争力。

### 📝 知识储备

（1）了解各种融资功能的定义、操作流程和适用场景；
（2）掌握各种融资功能的特点和优缺点，如贷款金额、利率、贷款期限等；

（3）了解各种融资功能与跨境电子商务的关联性，如对交易成本的影响、对资金流动性的提升等；

（4）掌握在选择融资功能时的决策依据和方法，如根据交易需求、财务状况、风险承受能力等因素进行选择；

（5）关注国际贸易规则和惯例的变化和趋势，及时调整和更新融资功能的策略和使用方法。

### 4.5.1　出口贸易融资

传统的结算方式中，银行为跨境贸易提供债权和债务清算外，还往往为贸易双方提供融资功能。在支付结算方式中，汇款、托收及信用证都能为买卖双方提供一定的融资功能。

#### 1. 信用证打包贷款

信用证打包贷款简称打包放款或打包贷款，也称为出口信用证抵押贷款，是指采用信用证结算方式的出口商凭收到的正本信用证作为抵押向银行申请的一种装船前的融资。当出口商收到海外银行开来的信用证，由于资金匮乏，可以将该正本的信用证向国内的通知银行进行抵押，而获取采购，加工包装及运输等出口备货资金，从而得到了资金的融通。打包贷款的发放时间是出口商接受信用证之后发货和交单之前。打包贷款为出口商提供了采购备货发货的资金周转。通常打包贷款的金额不是信用者的全部金额。打包贷款的期限一般为从信用证抵押之日到收到开证行支付货款之日。

#### 2. 出口押汇

（1）出口信用证项下押汇。

出口信用证项下押汇是指在出口信用证项下信用证，受益人以出口单据作为抵押要求出口地银行在收到国外开证行支付的货款之前，向其融通资金的业务。信用证项下，出口押汇，其实是一种银行为加速出口商的资金周转在出口商提供信用证项下，出口货运单据后提供的融资便利。

出口信用证押汇涉及银行与出口商之间的交易，以信用证作为担保。在此过程中，出口商提供货运单据以换取银行的融资。银行根据信用证条款处理出口商的要求，并在收到国外开证行支付的货款后，为出口商提供相应的资金。

出口信用证押汇为出口商带来了许多优势。首先，它可以帮助出口商提前获取资金，以便更有效地安排生产和采购。其次，出口信用证押汇还有助于降低企业的财务成本，因为它不需要出口商承担大量的利息支出。此外，出口信用证押汇还可以提高出口商的资金周转速度，从而使其在国际市场上具有更强的竞争力。

然而，出口信用证押汇也存在一定的风险。例如，如果国外开证行未能按时支付货款，出口商可能会面临资金风险。因此，在使用出口信用证押汇时，出口商需要对国际市场、客户信用和银行信誉进行充分的评估。同时，出口商还应与银行建立良好的合作关系，以便在出现问题时能够及时沟通和解决。

综上所述，出口信用证押汇作为一种融资方式，为出口商提供了便利，但同时也需要企业谨慎对待。通过合理评估和管理风险，出口商可以充分利用出口信用证押汇，实现资金周转和国际市场竞争力的提升。

（2）出口托收押汇。

出口托收押汇是指在托收结算方式下，出口商装出货物以后，再向出口地托收行提交单据，委托其代为向进口商收取货款的同时，要求托收行先行预支部分或全部货款，待托收款项收妥后，归还银行垫款的一种跨境贸易融资方式。出口托收保付是指在托收结算方式下，出口商交付货物后，同时委托出口地托收行向进口商寄送单据，并请求托收行向进口商收取货款。

为了保障出口商的权益，进口商在收到托收行寄送的单据后，需要向托收行支付全部或部分货款。在此期间，托收行会为出口商提供一定额度的保付，以便在托收款项未到账时垫付给出口商。待托收款项收妥后，出口商需要归还银行的垫付款。这种方式可以有效地缓解出口商的资金压力，提高其在国际市场的竞争力。表 4-9 对托收和信用证出口押汇两种方式进行了比较。

**表 4-9　托收与信用证出口押汇比较**

| 两种不同押汇融资方式的比较 | | |
|---|---|---|
| **不同点** | 出口信用证押汇 | 出口托收押汇 |
| | 依托银行信用 | 依托商业信用 |
| | 融资额度最高可达 100% | 融资额度一般不超过 80% |
| | 银行融资风险较小 | 银行融资风险较大 |
| **相同点** | 无融资款的本币升值风险 | |
| | 银行对出口押汇均有追索权 | |
| | 融资时间均在出口商在银行交单时 | |
| | 计息方法相同、使用币种相同 | |
| | 无融资用途的限制 | |

### 1. 卖方远期信用证融资

卖方远期信用证是指卖方以远期付款方式，出口货物远期汇票所发生的利息由卖方承担，或是将利息加在货物价格之中的信用证。

### 2. 银行承兑

银行承兑是指银行在远期汇票上签署"承兑"字样，使持票人能够凭此在公开市场转让及贴现其票据的行为。

### 3. 票据贴现

票据贴现是指票据持有人在票据到期前为获取现款，而向银行贴付一定利息所作的票据转让。

### 4. 出口发票融资

出口发票融资是指出口贸易中采用 T/T 货到付款或赊销方式下，出口商完成交货义务后，向银行提交发票及其他货运单据，由银行提供应收货款融资并以出口收款作为主要还款来源的融资方式。

### 5. 国际保理

国际保理又叫承购应收账款业务，是指在使用托收、赊销等非信用证方式计算时，保理商向出口商提供的一项集买方资信调查、应收账款管理和追账、贸易融资及信用管理于一体的综合性现代金融服务。

出口商以商业信用形式出卖商品，货物装船后即将应收账款转卖给保理商，能立即转换成现金。保理商可以提供无追索权的贸易融资，手续方便，所以可以大大促进出口贸易。

**6. 福费廷**

福费廷又称包买票据，是指包买商一般为商业银行或其他金融机构从出口商那里无追索权的买入已经承兑的、并通常由进口地银行担保的远期汇票或本票。福费廷适用范围限于资本货物交易及大型项目交易，出口商放弃对所出售债权凭证的一切权益期限，银行放弃对出口商的追索权属于中长期融资业务。

## 4.5.2 进口贸易融资

**1. 开证授信额度**

开证授信额度又称进口开证额度，是指开证行对于在本行开户前资信良好的进口商，在申请开立信用证时提供的免收保证金，或不要求其办理反担保或抵押的最高资金限额。

**2. 信托收据**

信托收据（Trust Receipt）：进口人在付款之前向进口地银行借取商业单据时开立的、以进口地银行为信托人（Truster）、以自己为受托人（Trustee）的一种保证书。信托收据表明进口商以银行受托人身份代为提货、报关、存仓、保险、出售，货物所有权及所得货款归属银行所有，并保证到期付款。

**3. 进口押汇**

（1）进口信用证押汇。

进口信用证押汇是指开证行收到议付行或交单行寄送的单据后先行付款，待进口商得到单据凭证提货并销售后收回货款的融资行为。

结算的融资功能是指在跨境贸易中，通过结算方式为贸易提供融资支持。下面是一个案例，表明结算的融资功能有利于促进双方贸易的达成。

假设某跨境贸易公司需要从中国进口一批货物，货款总额为100万美元。由于该公司的资金流动性较差，无法在货物到达前支付全部货款，因此需要获得融资支持。在此情况下，结算的融资功能可以发挥作用。

中国出口商可以提供信用证方式的结算，即由中国银行向跨境贸易公司开立信用证，保障交易的安全性。跨境贸易公司可以通过向本国银行申请信用证融资，获得资金支持。本国银行可以通过向中国银行申请信用证代付，获得货款，并在规定的期限内向跨境贸易公司收取利息和手续费。

通过结算的融资功能，跨境贸易公司获得了融资支持，可以顺利完成进口业务，同时中国出口商也获得了货款，促进了双方贸易的达成。

（2）进口托收押汇。

进口托收押汇是指托收项下代收行凭包括物权单据在内的进口代收单据为抵押，向进口商提供的一种融资性贷款。

**4. 买方远期信用证融资**

假远期信用证是指进口商与出口商达成即期付款的交易后，要求开证行开立承兑信用证并在正中规定远期汇票可即期付款，所有贴现和承兑费用由买方承担的信用证，是一种灵活的贸易融资方式。

### 5. 提货担保

提货担保又称担保提货，是指信用证规定提交全套海运提单，而货物先于全套正本提单到达目的港，进口商为及时提货，再向开证行提交提货担保申请书、船公司到货通知、提单副本及银行要求的其他资料的条件下，请求开证行签发提货担保书，凭以向船公司换发小提单先行提货，待进口商取得正本货运单据后，再以其换回提货担保书的一种进口融资方式，多用于近洋运输中。

## 职业指导

### CIPS 结算系统详细介绍

CIPS（Cross-Border Interbank Payment System）是中国人民银行推出的一种跨境支付和结算系统。它是中国境内银行与境外银行之间进行跨境支付和结算的重要渠道。

CIPS 结算系统的主要功能包括：

1. 跨境支付：CIPS 可以处理跨境支付交易，包括个人和企业之间的跨境汇款、跨境贸易支付等。它提供了一种安全、高效的支付通道，能够实现快速结算和清算。

2. 跨境结算：CIPS 可以处理跨境结算交易，包括外汇结算、证券交易结算等。它提供了一种安全、可靠的结算机制，能够确保资金的及时到账和清算的准确性。

3. 资金清算：CIPS 提供了资金清算服务，可以实现跨境支付和结算的资金清算。它能够确保资金的安全性和稳定性，降低支付和结算风险。

4. 服务可靠性：CIPS 采用了先进的技术和安全措施，确保系统的可靠性和稳定性。它具有高度的容错能力和灵活性，能够应对复杂的跨境支付和结算需求。

CIPS 结算系统的优势包括：

1. 全球范围：CIPS 是一个全球性的跨境支付和结算系统，与全球多个国家和地区的银行建立了合作关系。这使得在全球范围内进行跨境支付和结算更加便捷和高效。

2. 高效便捷：CIPS 提供了一种高效、便捷的支付和结算通道，能够实现快速的资金清算和结算。它能够大大缩短跨境支付和结算的时间，提高资金使用效率。

3. 安全可靠：CIPS 采用了先进的安全技术和措施，确保支付和结算的安全性和可靠性。它具有严格的风险控制和监管机制，能够有效防范支付和结算风险。

总之，CIPS 结算系统是中国人民银行推出的一种跨境支付和结算系统，具有全球范围、高效便捷和安全可靠的特点，为跨境支付和结算提供了一种安全、高效的解决方案。

## 任务实施

| 任务编号 | 任务名称 | 任务讨论 | 任务执行 | 总结评价 |
|---|---|---|---|---|
| 任务 4.1 | 了解掌握国际结算工具 | 讨论国际结算的概念、工具和特点，以及国际结算的重要性 | 研究国际结算工具的种类、特点和使用方法，包括支票、本票和汇票 | 对国际结算工具进行评价，理解不同结算工具的优缺点和适用范围 |

续表

| 任务编号 | 任务名称 | 任务讨论 | 任务执行 | 总结评价 |
|---|---|---|---|---|
| 任务4.2 | 了解传统贸易结算方式 | 讨论传统贸易结算方式的种类、特点和使用方法，包括汇款、托收和信用证等 | 分析实际贸易中传统贸易结算方式的应用情况，记录不同结算方式的优缺点和适用范围 | 对传统贸易结算方式进行评价，理解不同结算方式在实践中的应用和注意事项 |
| 任务4.3 | 了解贸易结算的国际惯例 | 讨论贸易结算国际惯例的概念、作用和重要性，以及国际商会制定的《跟单信用证统一惯例》（UCP）和《国际标准银行实务》（ISBP）等文件的重要性 | 研究《跟单信用证统一惯例》（UCP）和《国际标准银行实务》（ISBP）等文件的主要内容，分析不同惯例在贸易结算中的作用和意义 | 对贸易结算的国际惯例进行评价，理解不同惯例在实践中的作用和意义 |
| 任务4.4 | 掌握结算方式的选择 | 讨论影响选择贸易结算方式的因素，包括贸易方式、贸易条件、贸易双方关系、货物性质等 | 分析实际贸易中选择不同结算方式的考虑因素，记录不同结算方式的适用情况和原因 | 对选择贸易结算方式的影响因素进行评价，总结选择不同结算方式的决策方法和原则 |
| 任务4.5 | 了解国际结算的融资功能 | 讨论国际结算的融资功能，包括汇款、托收和信用证等融资方式的特点和使用方法 | 分析实际贸易中不同融资方式的应用情况，记录不同融资方式的优缺点和适用范围 | 对国际结算的融资功能进行评价，理解不同融资方式在实践中的作用和意义 |

以上表格可根据具体任务需求进行调整和完善。在实际实施过程中，可以组织团队成员进行讨论、分工合作，共同完成任务。同时，及时记录和总结评价，以便更好地完成任务目标。

## 📖 知识与技能训练

### 同步测试

**一、判断题**

1. 汇票、本票和支票可分为即期和远期两种。（    ）

2. 汇票方式下，买方购买银行汇票径寄卖方，因采用的是银行汇票，故这种方式属于银行信用。（    ）

3. 一般情况下汇票一经汇款，出票人对汇票的责任即告解除。（    ）

4. 信用证方式下，进口商应承担第一付款人的责任。（    ）

5. 《跟单信用证统一惯例》（UCP600）既适用于跟单信用证，也适用于备用信用证。（    ）

6. 除非信用证另有规定，可转让信用证的第一受益人可要求将信用证转让给本国或另一国家的一个或几个第二受益人。（    ）

7. 保兑信用证下，就付款责任而言，开证行和保兑行同样负第一性付款责任。（    ）

参考答案

8. 信用证业务中，银行处理的是单据，不是货物。（　　　）

9. 托收是通过银行进行的，所以托收属银行信用。（　　　）

10. 所有信用证均须规定一个付款、承兑和议付的交单地点，但自由议付信用证除外。
（　　　）

## 二、选择题

1. 信用证体现了（　　　）。

A. 开证申请人与开证行之间的契约关系

B. 开证行与受益人之间是契约关系

C. 开证申请人与受益人之间的契约关系

D. 开证申请人、开证行和受益人三者之间的契约关系

2. 备用信用证是（　　　）。

A. 跟单信用证的一种

B. 一种特殊形式的光票信用证

C. 既可是跟单信用证，又可是光票信用证

D. 银行保函的一种

3. 保兑行的责任是（　　　）。

A. 在开证申请人不履行付款义务时付款

B. 承担第一性的付款责任

C. 在开证行不履行付款义务时付款

D. 在开证行及开证申请人都不履行付款义务时付款

4. 所谓信用证"严格相符原则"，是指受益人必须做到（　　　）。

A. 单据与合同严格相符　　　　　　　B. 单据与信用证严格相符

C. 信用证与合同严格相符　　　　　　D. 各种单据之间要相符

E. 信用证与开证申请书严格相符

5. 信用证上如未明确付款人，则制作汇票时，受票人应为（　　　）。

A. 开证申请人　　B. 开证银行　　　C. 议付银行　　　D. 受益人

6. 国际货物买卖使用托收方式，委托并通过银行收取货款，使用的汇票是（　　　）。

A. 商业汇票，属于商业信用　　　　B. 银行汇票，属于银行信用

C. 商业汇票，属于银行信用　　　　D. 银行汇票，属于商业信用

7. 汇款付款期限的规定方法有（　　　）。

A. 见票即付　　　　　　B. 见票后××天付　　　　C. 出票后××天付

D. 提单日后××天付　　　E. 指定日期付

8. 汇票遭到拒付是指（　　　）。

A. 持票人提示汇票要求承兑时，遭到拒绝承兑

B. 持票人提示汇票要求付款时，遭到拒绝付款

C. 付款人逃避不见汇票

D. 付款人死亡或破产

E. 汇票出票人在出票是加注"不受追索"字样

9. 买卖双方以 D/P·T/R 条件成交签约，货到目的港后，买方凭 T/R 向代收行借单提

货，事后收不回货款（　　　）。

A. 代收行应负责向卖方偿付

B. 由卖方自行负担货款损失

C. 由卖方与代收行协商共同负担损失

D. 由托收行责成代收行付款

10. 以下属于银行信用的有（　　　）。

A. 汇付　　　　　B. 银行托收　　C. 信用证　　　D. 备用信用证　　　E. 银行保证书

11. 付款方式如采用信用证与托收 D/P 即期相结合，为收回安全，一般规定（　　　）。

A. 开两张汇票，各随附一套等价的货运单据

B. 开两张汇票，信用证项下的为光票，全套货运单据附在托收的汇票项下

C. 开两张汇票，托收项下的为光票，全套货运单据附在信用证的汇票项下

D. 开两张汇票，托收与信用证项下都用光票，货运单据由出口人径寄买方

12. 延期付款，（　　　）。

A. 是买方利用外资的一种形式

B. 货物所有权一般在贸易时转移

C. 大部分货款是在交货后一个相当长的时间内分期摊付

D. 买方没有利用卖方的资金

E. 买方需向卖方支付利息

### 三、案例分析题

1. 我国出口公司接到荷兰进口公司开来的信用证，来证规定的装运期为 8 月，信用证将在 9 月 15 日到期。我出口公司在 8 月 21 日完成了装运，并在 9 月 13 日准备好相关单据前往银行议付。然而，银行拒绝了支付。我方对此表示不解，认为信用证仍然有效，银行无权拒绝支付。请按照有关知识给予解释。

2. ICEBURG INTERNATIONAL CO., LTD 与国外巴基斯坦 A 公司达成一份合同，支付条件为托收付款交单见票后 45 天付款。当跟单汇票通过托收行寄抵进口地代收行后，A 公司及时承兑了汇票。货抵目的港后，A 公司用货心切，出具信托收据向代收行借单提货并转售。汇票到期时，A 公司因经营不善，不能偿付货款。代收行以汇票付款人拒付为由通知托收行，并建议我方直接向 A 公司索取货款。对此，我方公司应作何处理？理由何在？

3. 杭州方达出口贸易公司与马达加斯加进口商 KAMEDA 公司签订一份出口合同，货物为一次性广告打火机，机身印制了客户提供的广告图样和宣传电话。付款方式为 70% 由即期信用证支付，剩余 30% 的货款不得晚于货物装船前 15 天以 T/T 方式支付。KAMEDA 按合同开立了信用证，杭州方达出口贸易公司经审核后，确认可接受，于是就开始了生产、印制和包装的备货工作。在货物即将生产完毕之前，我方预定了船期并随后通知了 KAMEDA 公司，但进口公司始终并未办理汇付。杭州方达出口贸易公司虽有一份 70% 货款的信用证，但无法如期装运，但此批广告机身的定制款打火机是根据客户的特殊要求生产的，一时无法转售，给杭州方达出口贸易公司带来巨大的经济损失。试分析出口公司在此次贸易中的问题，有哪些教训可以汲取？

# 综合实训

The Highest Quality Of Virgin Olive Oil

100% Turkish Olive Oil

Zhejiang Skyline Co. LTD 欲从土耳其

Latamarko 公司进口一批橄榄油，商品如下：

Product Description

Latamarko Turkish Olive Oil

High Quality Virgin Olive Oil

100% Natural Turkish Olive

| Product Name | Virgin Olive Oil | Certificate | Halal，ISO |
|---|---|---|---|
| Brand | LATAMARKO | Colour | Gold Yellow Bright |
| Code | LM058 | Origin | Turkey |
| Purity | 100% | Acidity | Under 1.8% |
| Size | 250 ml | Storage | Cool & Dry Place |
| PORT | MER | | |

# 实训目的

通过实际操作信用证开立的过程，让学生了解信用证的基本概念、操作流程和注意事项，提高学生的实践能力和操作技能，培养学生的团队协作精神和解决问题的能力。

# 实训内容

1. 学习信用证的基本概念、种类和用途；
2. 掌握信用证开立的步骤和注意事项；
3. 熟悉信用证的各项条款和要求，有关日期和缺失信息可以自行填制；
4. 填制一份信用证开证申请书，包括填写各项信息、审核无误后提交等环节；
5. 分析并解决在开立信用证过程中可能出现的问题。

# 实训要求

1. 学生需认真阅读相关资料，了解信用证的基本知识和操作流程；
2. 在指导老师的帮助下，完成信用证开立的各项操作；
3. 在实训过程中，积极与同学交流讨论，共同解决问题；
4. 实训结束后，撰写一份总结报告，对整个过程进行分析和评价。

# 实训考核

1. 平时表现：包括出勤情况、课堂表现等；
2. 实训成绩：根据学生在实训过程中的表现和完成的任务情况进行评分；
3. 总结报告：对整个实训过程进行总结和评价，评估学生的学习成果和能力水平。

# IRREVOCABLE DOCUMENTARY CREDIT APPLICATION

**To**：                                                                                                    **Date**：

| Beneficiary (**full name and address**) | L/C No.<br>Ex−Card No.<br>Contract No. |
|---|---|
| | Date and place of expiry of the credit |
| Partial shipment<br>☐allowed ☐not allowed    Transshipment<br>☐allowed ☐not allowed | ☐Issued by airmail<br>☐With brief advice by teletransmission<br>☐Issued by express delivery<br>☐Issued by teletransmission (which shall be the operative instrument) |
| Loading on board/dispatch/taking in charge at/from<br><br>Not late than<br>For transportation to | Amount (both in figures and words) |
| Description of goods:<br><br><br><br><br>Packing: | Credit available with<br>☐By sight payment<br>☐By acceptance<br>☐By negotiation<br>☐By deferred payment at against the documents detailed herein<br>☐and beneficiary's drafts for ____% of the invoice value<br>at<br>on |
| | ☐FOB    ☐CFR    ☐CIF    ☐or other terms |

Documents required: (marked with ×)

1. ( ) Signed Commercial invoice in ____ copies indication.
2. ( ) Full set of clean on board ocean Bill of Lading made out ____ and (×) blank endorsed, marked "freight" ( ) collect/ ( ) prepaid Notify.
3. ( ) Air Waybill showing "freight ( ) to collect/ ( ) prepaid ( ) indicating freight amount" and consigned to
4. ( ) We normal issued by      consigned to
5. ( ) Insurance Policy/Certificate in ____ copies for 110% of the invoice value showing claims payable in China in currency of the draft, blank endorsed, covering (×) Ocean Marine Transportation/ ( ) Air Transportation/ ( ) Over Land transportation ( ) All risks, war risk.
6. ( ) Packing List in ____ copies indication gross and net weights for each package and packing conditions as called for by the L/C.
7. ( ) Certificate of Quantity/Weight in ____ copies issued by an independent surveyor at the loading port, indicating the actualsurveyed quantity/weight of shipped goods as well as the packing condition.
8. ( ) Certificate of Quality in ____ copies issued by ( ) manufacturer/ ( ) public recognized surveyor/ ( )
9. ( ) Beneficiary's Certified copy of cable/telex dispatched to the accountees within ____ hours after shipment advising ( ) nameof vessel/ ( ) flight No./ ( ) wagon No., date, quantity, weight and value of shipment.
10. ( ) Beneficiary's Certificate certifying that extra copies of the documents have been dispatched according to the contract terms.
11. ( ) Shipping Co's certificate attesting that the carrying vessel is chartered or booked by accountee or their shipping agents.
12. ( ) Other documents, if any.

Additional Instructions:

1. ( ) All banking charges outside opening bank are for beneficiary's account.
2. ( ) Documents must be presented within ____ days after the date of issuance of the transport documents but within the validity of this credit.
3. ( ) Third party as shipper is not acceptable. Short form/Blank back B/L is not acceptable.
4. ( ) Both quantity and amount ____% more or less are allowed.
5. ( ) Prepaid freight drawn in excess of L/C amount is acceptable against presentation of original charges voucher issued by ( ) Shipping Co/Air Line/or it's agent.
6. ( ) All documents to be forwarded in one cover, unless otherwise stated above
7. ( ) Other terms, if any.

Account No.                                                        with_____ (name of bank)
Transacted by:                                                     (Applicant: name signature of authorized person)
Telephone No:                                                                                           (with seal)

**实训考核表**

| 项目 | 评价标准 | 评价得分 |
|---|---|---|
| 出勤情况 | 1. 全程出勤，没有旷缺<br>2. 旷缺不超过 2 次 | 10 分 |
| 平时表现 | 1. 积极参与课堂讨论，回答问题准确清晰<br>2. 能够与同学交流讨论，有较好的合作精神 | 20 分 |
| 实训成绩 | 1. 熟练完成信用证开立的各项操作，无差错<br>2. 能够按时完成实训任务，具备一定的时效性 | 40 分 |
| 总结报告 | 1. 按照要求撰写总结报告，内容准确、全面、有条理<br>2. 能够对自己的实训成果进行客观评价，对不足之处提出改进意见和建议 | 30 分 |
| 总分 | | |

90 分以上为优秀；80~89 分为良好；70~79 分为中；60 分为合格；60 分以下为不及格

说明：

1. 本表格中的评价标准仅供参考，具体评价标准可根据实际情况进行调整和修改。

2. 本表格中的得分仅供参考，具体得分可根据实际情况和评价标准进行调整和计算。

3. 在进行评价时，应该注重学生的实际操作能力和综合素质，而非单纯的结果。

# 第五单元
# 跨境货物贸易运输

课件

## 单元介绍

本课程将通过完成跨境贸易运输内容学习，让学生了解跨境贸易运输的基本知识和技能，包括贸易运输的方式、流程、风险等，并掌握常用的跨境贸易运输方式，如海运、空运、陆运等。通过模拟跨境贸易运输流程，让学生深入了解运输过程中的细节和注意事项，并培养学生的沟通、协作和解决问题的能力。

## 学习目标

**知识目标：**

1. 了解跨境贸易运输的基本知识和技能；
2. 掌握常用的跨境贸易运输方式，如海运、空运、陆运等；
3. 了解跨境贸易运输的风险及应对方法。

**技能目标：**

1. 具备跨境贸易运输的操作能力；
2. 具备识别和应对跨境贸易运输风险的能力；
3. 具备团队协作和沟通能力。

**素质目标：**

1. 增强学生的职业道德和行业规范意识；
2. 提高学生的社会责任感和可持续发展意识。

## 任务 5.1　了解运输方式分类

常用的运输方式有哪些

## 任务描述

本任务将介绍运输方式的分类，包括海洋运输、铁路运输、航空运输、邮政运输、公路运输、管道运输以及国际多式联运等。

## 任务分析

（1）海洋运输：海洋运输适用于大批量、低价值或体积庞大的货物，如原材料、设备和集装箱等。海洋运输的优势在于运输成本相对较低，但运输周期较长。

（2）铁路运输：铁路运输适用于中长距离的大批量货物运输，如煤炭、金属和化学品等。铁路运输的优势在于速度快、可靠性高，但受限于铁路网络的覆盖范围和装卸设备。

（3）航空运输：航空运输适用于高价值、高时效性的货物，如电子商品、文件和生鲜食品等。航空运输的优势在于速度快、时效性高，但运输成本相对较高。

（4）邮政运输：邮政运输适用于小件包裹和文件等轻便货物的邮寄。邮政运输的优势在于覆盖范围广泛，但速度较慢且不适用于大批量货物。

（5）公路运输：公路运输适用于短距离、小批量货物的运输，如城市间的快递和搬家服务等。公路运输的优势在于灵活性强，但受限于道路状况和交通状况。

（6）管道运输：管道运输适用于特定类型的货物，如石油、天然气等流体货物。管道运输的优势在于连续性强、运费低廉，但受限于货物的类型和管道网络的布局。

（7）国际多式联运：它可以结合海洋运输、铁路运输和公路运输等多种方式，以实现更高效、更灵活的跨境物流解决方案。国际多式联运的优势在于可以提高运输效率、降低物流成本，但需要协调多种运输方式的衔接和管理。

### 📝 知识储备

（1）熟悉各种运输方式的优缺点、适用场景和限制因素，根据交易需求和实际情况进行选择；

（2）了解各种运输方式的运费计算方法和价格差异，以便进行经济比较和成本分析；

（3）关注不同国家之间的交通基础设施和网络状况，了解跨境物流的限制和挑战；

（4）了解国际多式联运的概念、操作流程和优势，探索其在跨境电子商务中的应用和发展前景；

（5）关注新兴的物流技术和模式，如智能物流、绿色物流等，以提高物流效率和降低成本。

### 5.1.1　海洋运输

在跨境货物运输中，涉及使用的运输方式很多，有海洋运输、铁路运输、航空运输、邮政运输、公路运输、管道运输及由各种运输方式组合的国际多式联运等多种。具体使用哪一种运输方式，由买卖双方在磋商交易时约定。

在跨境货物运输中，有两大基本当事人：承运人（Carrier）和托运人（Shipper）。托运人一般是指卖方、出口方、信用证中的受益人，也可能是买方，还有可能是第三人。承运人是指接受托运人委托，从事货物运输或者部分运输的人，包括接受委托从事此项运输的其他人。具体的承运人一般是指拥有自己的运输工具，如船公司或航空公司、汽车运输公司等，而那些自己不拥有运输工具，却可以帮助船公司或航空公司、汽车运输公司承揽运输业务的公司，称为货运代理公司/货代公司，也称无船承运人（Non-Vessel Operating Common Carrier，NVOCC）。承运人与托运人是运输合同关系。总之，涉及国际货物运输的当事人有：承运人（船公司）、托运人、货运代理人、船务代理人、收货人等，所以国际货物运输是一个复杂的过程。

海洋运输（Ocean Transport）是指使用船舶运输货物和人员的一种运输方式。它是国际贸易中最主要的运输方式之一，跨境贸易总运量中的 2/3 以上，中国进出口货运总量的约 80%都是利用海上运输，海洋运输的特点如表 5-1 所示。

表 5-1　海洋运输的特点

| | |
|---|---|
| 运输能力大 | 船舶的运输能力远远超过其他运输方式，一艘大型货轮可以装载成千上万吨的货物 |
| 运输成本低 | 相对于其他运输方式，海洋运输的运输成本相对较低，尤其是对于长距离的运输来说更加明显 |
| 运输风险高 | 海洋运输面临着多种风险，如天气、海盗、海难等，需要采取相应的措施来降低风险 |
| 运输时间长 | 相对于其他运输方式，海洋运输的运输时间较长，尤其是对于远距离的运输来说更加明显 |

海洋运输的经营方式主要有班轮运输和租船运输两大类。班轮运输又称定期船运输，租船运输又称不定期船运输。

（1）班轮运输。

班轮是指按照一定的航线、时间表和货物规划，定期进行运输的船舶。班轮运输的特点是运力稳定，运输时间可预期，适用于小批量、频繁、紧急的货物运输，但是班轮的航线和时间表是固定的，不够灵活。

班轮运输是海上货物运输中使用最为广泛的一种方式。轮船公司或其代理人在接受交付托运的货物后签发提单，提单是班轮运输合同的形式和证据。

班轮运输具有"四固定一负责"的特点。

班轮运输的最基本特征体现在"四固定"的特点上，即是固定航线、固定港口、固定船期和相对固定的费率。

货物由承运人负责配载装卸，因为班轮运价内包括装卸费用，承托双方不计滞期费和速遣费，也不规定装卸时间。承运人对货物负责的时段是从货物装上船起，到货物卸下船止，即"船舷至船舷"（Rail to Rail）或"钩至钩"（Tackle to Tackle）。而且，承运双方的权利、义务和责任豁免都规范明确，受统一的国际公约的制约，由签发的提单作为依据。

（2）租船运输。

租船是指承租人与船东签订租船合同，按照约定的时间、地点和租金租用船舶进行运输。租船运输的特点是灵活性强，适用于大批量、周期长、地点难以到达的货物运输，但是租船的费用相对较高，需要承担更多的运输风险。

船东将船舶以光船或定期或航次租赁出租给租船人，根据租船合同规定来安排货物运输的方式。

其特点是：

①租船运输是根据租船合同组织运输的，租船合同条款由船东和租方双方共同商定。

②一般由船东与租方通过各自或共同的租船经纪人洽谈成交租船业务。

③不定航线，不定船期。船东对于船舶的航线、航行时间和货载种类等按照租船人的要求来确定，提供相应的船舶，经租船人同意进行调度安排。

④租金率或运费率是根据租船市场行情来决定。

⑤船舶营运中有关费用的支出，取决于不同的租船方式由船东和租方分担，并在合同条

款中订明。例如，装卸费用条款 FIO 表示租船人负责装卸费，FI 表示租船人负责装费，FO 表示租船人负责卸费，若写明 Liner Term，则表示船东负责装卸费。

⑥租船运输适宜大宗货物运输。

⑦各种租船合同均有相应的标准合同格式。

在国际货物运输中，最广泛应用的是海洋运输。目前，国际货物运输总量中占 80% 以上是靠海洋运输完成的。海洋运输之所以被如此广泛采用，是因为它与其他国际货物运输方式相比，主要有下列明显的优点：

①通过能力大。海洋运输可以利用四通八达的天然航道，它不像火车、汽车等受轨道和道路的限制，故其通过能力很大。

②运能大。海洋运输船舶的运输能力，远远大于铁路运输。如一艘万吨船舶的载重量一般相当于 250~300 个车皮的载重量。尤其是在第六、七代的"超巴拿马型"集装箱运输船出现后，集装箱运输能力大大地提高了。据悉，这类集装箱运输船可以容纳至少 10 000 个标准集装箱（一个标准集装箱相当于一个 20 英尺集装箱，即一个 TEU，书写为 1×20'C）。

③低廉的运费。按照规模经济的观点，因为运量大，航程远，分摊到每货运吨上的运输成本就少，因此运价相对低廉。

海洋运输虽有上述优点，但也存在明显的不足之处。诸如，海洋运输受气候和自然条件的影响较大，航期不易准确，而且风险较大。此外，海洋运输的速度也相对较低。

### 5.1.2　航空运输

航空运输是一种现代化的运输方式，与海洋运输、铁路运输相比，具有运输速度快（常见的喷气式飞机的经济巡航速度大都在每小时 850~900 公里左右）、货运质量高、灵活性和安全性好、不受地面条件的限制（可深入内陆地区）等优点。因此，它最适宜运送急需物资、鲜活易腐、精密仪器、贵重物品和季节性强的商品。虽然它的高额运费也是制约其发展的因素之一，但是近年来，随着跨境贸易的迅速发展以及国际货物运输技术的不断现代化，管理者更重视运输的及时性、可靠性，相信航空货运将会有更大的发展前景。

我国航空货运正处于一个成长和发展阶段，而国际航空运输也是一个年轻的行业。目前国内航线四通八达。国际航线日益增多，这就为我国进出口货物利用航空运输创造了十分有利的条件。

航空的运输方式有班机运输、包机运输、集中托运、航空快递等几种。

#### 1. 班机运输

是指有固定的起飞时间、按固定的始发站和航线飞往固定目的港的飞机。这种飞机一般都使用客货混合型飞机（Combination Carrier）。一方面搭载旅客，一方面除了携带旅客的行李外，还可运送少量货物。

班机运输由于具有固定航线和定期开航的特点，国际间货物的流通多使用班机运输方式，能安全迅速地到达世界上各通航地点。当然，由于舱位有限，不可能使大批量的货物一次性出运，往往需要提前预定舱位分期分批运输。

#### 2. 包机运输

包机运输方式可分为包整机和部分包机两类。

包整机。即包租整架飞机，指航空公司按照与租机人事先约定的条件及费用，将整架飞机租给包机人，从一个或几个航空港装运货物至目的地。包机人一般要在货物装运前一个月与航空公司联系，以便航空公司安排运载和向起降机场及有关政府部门申请、办理过境或入境的有关手续。其费用大都采用一次一议，按次结清。

部分包机。由几家航空货运公司或发货人联合包租一架飞机或者由航空公司把一架飞机的舱位分割分别卖给几家航空货运公司（或航空货运代理公司）装载货物。其优点在于最大限度利用航空运输仓位，缓和班机仓位不足的矛盾，减少货损、货差或丢失的现象，弥补没有直达航班的不足，节省时间，提高运输的经济效益。但包机的活动范围比较狭窄，降落地点易受到各国政府的限制。

### 3. 集中托运

集中托运是航空货运代理公司将若干票单独发运的、发往同一方向的货物集中起来作为一票货，向航空公司办理集中托运手续，并填写一份总的托运单，并向各发货人签发航空分运单（House Airway Bill，HAWB）。航空公司向航空货运代理公司签发航空主运单（Master Airway Bill，MAWB）。在货物到达同一目的站后，由目的站航空货运代理公司集中向提货航空公司提货，然后分拨并交付给各收货人（Consignee）的一种运输方式。

集中托运只适合办理普通货物运输，对于等级运价的货物，如贵重物品、危险品、活动物以及文物均不能办理集中托运。

集中托运以其低廉的运费、便捷有效的手续而广泛应用于航空运输。

### 4. 航空快递

航空快递业务又称快件、快运或速递业务。速递服务水平的高低很大程度上体现在一个"快"字上，是由专门经营该项业务的快递公司与航空公司合作，用最快的速度，在发件人和收件人之间传送急件（如药品、医疗器械、贵重物品、图纸资料、货样、单证等）的运输服务业务，快递的对象可以分为物品和文件二类，收费标准以快递的对象不同而不同，对于相同重量的物品和文件而言，物品收费要高于文件的收费。快递采用上门揽收件和递送件的门到门（Door to Door）或桌到桌（Desk to Desk）的服务方式。

快递业务有国际特快专递和国内特快专递（城际间）、同城特快专递（同一城市内）之分。它们都有自己的运营网络、运单和运价。在激烈的市场竞争面前，各快件专递服务商纷纷提升自己的服务水平，如推出网上、手机短信、电子邮件、免费电话等方式来跟踪查询邮件的实时信息。

常见的国际特快专递服务商有：DHL（敦豪）、FEDEX（联邦快递）、TNT（天地快递）、UPS（联合包裹）、OCS（欧西爱斯）和EMS（邮政特快）等。

常见的国内特快专递服务商有：邮政特快专递、民航快递、中铁快运、大田、天天、申通、顺丰等。

## 5.1.3　铁路运输

在国际货物运输中，铁路运输是一种仅次于海洋运输的主要运输方式，海洋运输的进出口货物，也大多是靠铁路运输进行货物的集中和分散的。

铁路运输有许多优点，一般不受气候条件的影响，可保障全年的正常运输，而且运量较大，速度较快，有高度的连续性，运转过程中可能遭受的风险也较小。办理铁路货运手续比海洋运输简单，而且发货人和收货人可以在就近的始发站（装运站）和目的站办理托运和提货手续。

铁路运输可分为国际铁路货物联运和国内铁路货物运输两种。

凡是使用一份统一的国际联运票据，由铁路负责经过两国或两国以上铁路的全程运送，并由一国铁路向另一国铁路移交货物时，不需发货人和收货人参加，这种运输称为国际铁路货物联运。

国内铁路运输是指仅在本国范围内按《国内铁路货物运输规程》的规定办理的货物运输。我国出口货物经铁路运至港口装船及进口货物卸船后经铁路运往各地，均属国内铁路运输的范畴。像供应港、澳地区的物资经铁路运往香港、九龙，也属于国内铁路运输的范围。

铁路运输也可分整车运输、零担运输、混装运输、集装箱运输（集装箱规格是有别于海运或空运中所使用的集装箱）、铁路托运等。

### 5.1.4 公路运输

公路运输是一种现代化的运输方式之一，它不仅可以直接运进或运出对外贸易货物，而且也是车站、港口和机场集散进出口货物的重要手段。公路运输一般由公路和汽车两部分组成。

公路运输具有机动灵活、速度快和方便等特点，尤其在实现"门到门"运输中，更离不开公路运输。但公路运输也有一定的不足之处，如载货量有限，运输成本高，容易造成货损货差事故等。公路运输适合中短途运输，不适合长途运输。

公路运输在我国对外贸易运输中占有重要的地位。我国同许多周边国家都有公路相通，我国同这些国家的进出口货物贸易（边境贸易），大多数可以经由国境公路运输。此外，我国内地同港、澳地区的部分进出口货物，也是通过公路运输的。随着我国公路建设的扩展、特别是高速公路的修建，公路运输在对外贸易中将发挥更重要的作用。

公路货物运输的方法有：拖挂运输、零担货物集中运输、直达联运、定点运输、定时运输、多班运输。

### 5.1.5 管道运输

管道运输是使用管道输运送流体货物的一种运输方式。它所运送的货物大多属于燃料一类，主要的运送流体货物有油品（包括原油、成品油、液化烃等）、天然气、二氧化碳气体、煤浆及其他矿浆等。

管道运输主要优点和缺点如下。

（1）输送能力大。一条直径720毫米的管道一年可输送原油2 000万吨以上；

（2）受地形、地物、恶劣气候的限制小且少占地。管道一般都是埋于地下，安全密闭，基本上能够长期安全稳定运行。在铺设管道时，容易选取捷径，缩短了运输距离；

（3）漏失污染少、噪音低，货损货差小，节约了货物的包装；

（4）管理运行成本低。易于全面实现自动化管理；

（5）能耗少且运费低廉。原油管道的每单位能耗只相当于铁路的$1/12\sim1/7$；

（6）建设投资大，周期长，难以形成管道网络；

（7）只能是单向运输而缺乏灵活性且运送货物品种单一；

（8）买方易受卖方的牵制。

管道运输的分类归纳如表 5-2 所示。

**表 5-2 管道运输的分类**

| 分类方法 | 管道运输的种类 |
| --- | --- |
| 按运送货物的形态分 | 气体管道运输、液体管道运输、水浆管道（固体粉碎后加水成浆状）运输 |
| 按管道铺设的方法分 | 架空管道运输、地面管道运输、地下管道运输 |

### 5.1.6 其他运输方式

**1. 国际多式联合运输**（International Combined Transport）

多式联运与
其他运输方式

国际多式联运是在集装箱的基础上产生和发展起来的一种综合性的连贯运输方式，也是一种以实现货物整体运输的最优化效益为目标的联运组织形式。它不是一种运输方式，准确的说是各种运输方式的集成化管理模式，通常是以集装箱为运输单元，将不同的运输方式有机地组合在一起，构成连续的，综合性的一体化货物运输。通过一次托运，一次计费，一份单证，一次保险，由各运输区段的承运人共同完成货物的全程运输，即将货物的全程运输作为一个完整的单一运输过程来安排。然而，它与传统的单一运输方式又有很大的不同。根据 1980 年《联合国国际货物多式联运公约》（简称"多式联运公约"）以及 1997 年我国交通部和铁道部共同颁布的《国际集装箱多式联运管理规则》的定义，国际多式联运是指"按照多式联运合同，以至少两种不同的运输方式，由多式联运经营人将货物从一国境内接管货物的地点运至另一国境内指定地点交付的货物运输"。根据该定义，结合国际上的实际做法，可以得出，构成国际多式联运必须具备以下特征或基本条件。

（1）具有一份多式联运合同。该运输合同是多式联运经营人与托运人之间权利、义务、责任与豁免的合同关系和运输性质的确定，也是区别多式联运与一般货物运输方式的主要依据。

（2）使用一份全程多式联运单证。该单证应满足不同运输方式的需要，并按单一运费率计收全程运费。

（3）是至少两种不同运输方式的连续运输。常见的两种不同运输方式有：海/空、海/陆、空/陆、铁/陆、海/铁等。

（4）是国际间的货物运输。这不仅是区别于国内货物运输，主要是涉及国际运输法规的适用问题。

（5）由一个多式联运经营人对货物运输的全程负责。

**2. 集装箱运输**

从运输方式分类来看，集装箱运输不属于一种运输方式，它是以集装箱作为运输单位进行货物运输托运方式。因其本身具有其他交通运输方式不可替代的优势和特点，已经成为交通运输业中主要的运营方式。集装箱运输已经广泛应用跨境和国内的海洋运输、铁路运输、公路运输、航空运输等。

（1）集装箱运输的特点。

①提高了货运速度，加快了运输工具、货物及资金的周转；

②减少了运输过程中的货差、货损，提高货运质量；

③节省了货物包装费用，减少货物运杂费支出；

④简化了货运手续，便利货物运输。

带你了解集
装箱运输

集装箱运输在国际货物中的应用非常普遍，通过集装箱方式运输货物，可以保持箱内货物的清洁，保护货物的安全，减少破损，但为了保障集装箱的流通顺畅，避免集装箱占用滞留过长的使用时间，集装箱的拥有者（Carrier's Own Container，C.O.C）就给集装箱的使用者（进口商）规定了一个时限段，在这个时限段内，集装箱可以免费使用，超过这段时间，那么船东每天就要向集装箱的使用者（进口商）收取一定的费用，这就是所谓的滞箱费。

（2）集装箱。

①集装箱，是指具有一定的规格和强度、刚度，专供周转使用的大型装货容器。它是一种运输设备。使用集装箱转运货物，可直接在发货人的仓库装货，运到收货人的仓库卸货，中途更换车、船时，无须将货物从集装箱内取出换装。

②集装箱种类（表5-3）。

表 5-3　集装箱种类

| 分类方法 | 集装箱种类（部分） |
|---|---|
| 按所装货物种类分 | 杂（干）货集装箱、散货集装箱、液体货集装箱、冷藏箱集装箱、挂衣集装箱（Dress Hanger Container）、通用集装箱（General Propose Container，GP）、罐式集装箱（Tank Container） |
| 按制造材料分 | 木集装箱、钢集装箱、铝合金集装箱、玻璃钢集装箱、不锈钢集装箱、纤维板集装箱 |
| 按结构分 | 折叠式集装箱、固定式集装箱（密闭集装箱，开顶集装箱、板架集装箱） |
| 按总重分 | 30吨集装箱、20吨集装箱、10吨集装箱、5吨集装箱、2.5吨集装箱等 |
| 按尺寸规格分 | 20英尺集装箱（20'C）、40英尺集装箱（40'C）、40英尺高柜集装箱（40HC）、45英尺集装箱（45'C） |
| 按拥有者的身份分 | 货主自备集装箱（Shipper's Own Container，S.O.C）、承运人（Carrier's Own Container，C.O.C） |
| 按ISO标准分 | A型集装箱、B型集装箱、C型集装箱 |

③集装箱的尺寸。

在实践中，发货人（出口人）更注重各种集装箱的内部尺寸及装载重量，特别是内部尺寸，它是外贸从业人员计算单件商品运价的基础，现将各种集装箱的内部尺寸及装载重量归纳如表5-4所示。

表 5-4　集装箱的内部尺寸及装载重量

| 集装箱规格 | 内容积/m | 预计可配货毛重/t | 预计可装体积/m³ |
|---|---|---|---|
| 20'C | 5.90×2.35×2.38 | 17.5 | 27 |
| 40'C | 11.95×2.35×2.38 | 23 | 58 |
| 40HC | 11.90×2.35×2.70 | 23 | 68 |

| 集装箱规格 | 内容积/m | 预计可配货毛重/t | 预计可装体积/m³ |
|---|---|---|---|
| 45'C | 13.58×2.35×2.70 | 29 | 86 |
| 20'C 开顶柜 | 5.90×2.35×2.38 | 20 | 31.5 |
| 40'C 开顶柜 | 11.90×2.35×2.38 | 30.4 | 65 |
| 20'C 平底货柜 | 5.90×2.35×2.38 | 23 | 28 |
| 40'C 平底货柜 | 11.90×2.35×2.38 | 36 | 50 |

④集装箱货运站（Container Freight Station，CFS）、集装箱堆场（Container Yard，CY）和集装箱租赁公司（Container Leasing Company）。

集装箱货运站是处理拼箱货的场所，它办理拼箱货的交接，对货物外表检查，若有异状时，就在交接单据上加以批注，配载积载后，将箱子送往集装箱堆场，并接受集装箱堆场交来的进口货箱，进行拆箱，理货，保管，最后拨给各收货人。同时也可按承运人的委托进行铅封和签发场站收据，办理各项单证和编制等业务；集装箱堆场是办理集装箱重箱或空箱装卸，转运，保管，交接的场所；集装箱租赁公司是指专门经营集装箱出租业务的新行业。而集装箱租赁（Container Leasing）则是指集装箱所有人将空箱租给使用人的一项业务。集装箱所有人为出租的一方，集装箱使用人，一般是船公司或货主，为承租的一方，双方签订租赁合同。由出租人提供合格的集装箱交由承租人在约定范围内使用。集装箱的租赁，国际上有多种不同的方式，概括起来有：程租、期租、活期租用和航区内租赁等。

⑤集装箱计算单位（Twenty-feet Equivalent Units，TEU）。

集装箱的基本单位，也称20英尺换算单位。目前各国大部分集装箱运输，都采用20英尺和40英尺两种集装箱。为使集装箱箱数计算统一化，把20英尺集装箱作为一个计算单位，40尺集装箱（Forty-Feet Equivalent Units，FEU）作为两个计算单位，即1TEU＝20'C，2TEU＝40'C。需要指出的是，这里（2TEU＝40'C）仅仅是集装箱营运量的计算，而不是二个20'C集装箱的内容积之和等于一个40'C集装箱的内容积。

⑥集装箱运输的两种方式。

第一种，整箱货出运（Full Container Load，FCL），是由发货人负责装箱、计数、积载并加铅封，而在拆箱时，一般由收货人或委托承运人在集装箱货运站拆箱，承运人不负责箱内的货损、货差。只有货方举证确属承运人责任，承运人才负责赔偿。只要集装箱外表与收箱时相同或铅封（封志）完整时，承运人就完成了承运责任。在整箱货运的提单上往往会印就下列"Unknown Clause"：

Shipper's Load，Count And Seal——SLCAS 货主装载、计数、加封志；

或 Shippers'Load And Count——SLAC 货主装载、计数；

或 Said To Container——STC 内容据称；

或 Said by Shipper——SBS 据货主称；

整箱货有以下特点。

A. 发货人负责装箱、计数，填写装箱单和加封志；

B. 通常只有一个发货人（Shipper）和收货人（Consignee）；

C. 提单上显示"不知条款"。

第二种，拼箱货出运（Less Than Container Load，LCL），是指装不满一整箱的少量货物。这种货物，通常是由承运人分别揽货并在集装箱货运站或内陆站集中，而后将两票或两票以上的货物拼装在一个集装箱内，同样要在目的地的集装箱货运站或内陆站拆箱分别交付给各收货人。对于这种货物，承运人要负担装箱与拆箱作业，装拆箱费用仍向货方收取。

拼箱货有以下特点。

A. 承运人的集装箱货运站负责装箱和计数，填写装箱单和加封志；

B. 多个发货人和收货人；

C. 提单上不标注"Unknown Clause"中的任何一种表述。

在实际操作中，还有一种情况，集装箱内货物的货主是由多个发货人组成，但目的港（交货地）的收货人却只有一个的，这种被称为是自拼箱。

⑦集装箱货物的交接方式和交接地点。

集装箱运输中，整箱货和拼箱货在船货双方之间会涉及交接方式和交接地点，现将实践中经常遇到的主要部分，以表格形式归纳如下（表5-5和表5-6）：

**表5-5　集装箱货物的交接方式**

| 英文符号 | 交接方式 | 含　义 |
|---|---|---|
| FCL/FCL | 整箱交、整箱接 | 货主在起运港的工厂或仓库将货物以整箱（柜）方式交承运人，收货人在目的地以整箱（柜）方式接收货物 |
| LCL/LCL | 拼箱交、拆箱接 | 由承运人或其代理人在起运港负责拼（装）箱，并在目的地负责拆箱，各收货人凭提单接收货物 |
| FCL/LCL | 整箱交、拆箱接 | 货主在起运港的工厂或仓库将货物以整箱（柜）方式交承运人或其代理人，承运人或其代理人在目的地拆箱后，各收货人凭提单接收货物 |
| LCL/FCL | 拼箱交、整箱接 | 由承运人或其代理人在起运港负责拼（装）箱，并在目的地以整箱（柜）方式接收货物 |

**表5-6　集装箱货物的交接地点**

| 简称 | 英文表述 | 交接地点、含义 |
|---|---|---|
| 门到门 | Door To Door | 发货人货仓或工厂仓库至目的地收货人的货仓或工厂 |
| 门到场 | Door To CY | 发货人货仓或工厂仓库至目的地或卸箱港的集装箱装卸区堆场 |
| 门到站 | Door To CFS | 发货人货仓或工厂仓库至目的地或卸箱港的集装箱货运站 |
| 场到门 | CY To Door | 起运地或装箱港的集装箱装卸区堆场至收货人的货仓或工厂仓库 |
| 场到场 | CY To CY | 起运地或装箱港的集装箱装卸区堆场至目的地或卸箱港的集装箱装卸区堆场 |
| 场到站 | CY To CFS | 起运地或装箱港的集装箱装卸区堆场至目的地或卸箱港的集装箱货运站 |
| 站到门 | CFS To Door | 起运地或装箱港的集装箱货运站至收货人的货仓或工厂仓库 |
| 站到场 | CFS To CY | 起运地或装箱港的集装箱货运站至目的地或卸箱港的集装箱装卸区堆场 |
| 站到站 | CFS To CFS | 起运地或装箱港的集装箱货运站至目的地或卸箱港的集装箱货运站 |

在运输时，按不同货物的需要选择相应的集装箱装。如需保鲜冷藏的水商品，要选用冷藏集装箱，衣服以挂装方式运输，则需选用挂衣集装箱等。按货物的总体积或总重量，来选择相应大小的集装箱装。如总体积只有24~28 CBM的货物，则可选1×20'C集装箱；对于总体积52~55 CBM左右的货物，通常选择1×40'C集装箱比选择2×20'C集装箱更经济。

# 任务 5.2　掌握运输方式选择

国际货物运输风险
规避的方法

## 5.2.1　各种运输方式的特点

物流运输方式根据运输工具的不同可分为多种方式，不同的运输方式适合不同的货物，常见的方式有海洋运输、铁路运输、航空运输、公路运输、管道运输、集装箱运输、国际多式联运等。

### 1. 公路运输

主要使用汽车在公路上进行货客运输的一种方式。主要承担近距离、小批量的货运和水运、铁路运输难以到达地区的长途、大批量货运及铁路、水运优势难以发挥的短途运输。拥有灵活度高，公路建设期短，投资较低，易于因地制宜，对收到站设施要求不高等特点。

### 2. 铁路运输

使用铁路列车运送客货的一种运输方式。铁路运输主要承担长距离、大数量的货运，在没有水运条件地区，几乎所有大批量货物都是依靠铁路，是在干线运输中起主力运输作用的运输形式。铁路运输优点是速度快，运输不大受自然条件影响，载运量大，运输成本较低。

### 3. 水运

使用船舶运送客货的一种运输方式。主要承担大数量、长距离的物流运输，是在干线运输中起主力作用的运输形式。在内河及沿海，水运也常作为小型运输工具使用，担任补充及衔接大批量干线运输的任务。水运的主要优点是成本低，能进行低成本、大批量、远距离的运输。

### 4. 航空运输

使用飞机或其他航空器进行运输的一种形式。航空运输的单位成本很高，因此，主要适合运载的货物有两类，一类是价值高、运费承担能力很强的货物，如贵重设备的零部件、商品等；另一类是紧急需要的物资，如救灾抢险物资等。航空运输的主要优点是速度快，不受地形的影响。

以上运输方式都有其自身的优缺点。表 5-7 对这五种运输方式进行比较，做出经济评价，在实践中很有意义。

表 5-7　各种跨境运输方式比较

| 运输方式 | 优　点 | 缺　点 |
|---|---|---|
| 铁路 | 运量大，速度快，运费较低，受自然因素影响小，连续性好 | 造价高，消耗金属材料多，占地面积大，短途运输成本高 |
| 公路 | 机动灵活，周转速度快，装卸方便，对各种自然条件适应性强 | 运量小，耗能多，成本高，运费较高 |
| 水路 | 运量大，投资少，成本低 | 速度慢，灵活性和连续性差，受航道水文状况和气象等自然条件影响大 |
| 航空 | 速度快，运输效率高，是最快捷的现代化运输方式 | 运量小，能耗大，运费高，且设备投资大，技术要求严格 |
| 管道 | 运具与线路合二为一，所运输的货物气体不挥发、液体不外流，损耗小，连续性强，平衡安全，管理方便，可以昼夜运输，运量很大 | 要铺设专门管道，设备投资大，灵活性差 |

## 5.2.2 运输方式的选择

### 任务描述

本任务将介绍选择运输方式时需要考虑的因素，包括物流运输成本、物流运输速度、物流数量及特性、物流基础设施条件等。

### 任务分析

（1）物流运输成本：运输成本与运输距离、运输时间、货物特性等因素有关。在确定运输成本时，需要根据实际情况进行比较和权衡，以选择最经济适用的运输方式。

（2）物流运输速度：根据货物的紧急程度和时间要求，选择适当的运输方式可以缩短运输时间，提高货物的及时性。

（3）物流数量及特性：对于大量货物，通常选择海运或铁路运输，因为这些方式具有较低的成本和较高的容量。对于小批量货物，可以选择空运或公路运输，以加快运输速度和提供更灵活的服务。此外，货物的特性也需要考虑，如易腐性、危险性、贵重性等，以选择适合的运输方式来确保货物安全和完整性。

（4）物流基础设施条件：选择具有良好基础设施条件的运输方式可以确保货物在运输过程中得到更好的保护和高效的流通。

### 知识储备

（1）熟悉各种运输方式的特点和优缺点，如空运、海运、陆运、铁路运输等；

（2）了解不同运输方式的适用场景和限制因素，如距离、时间、货物特性等；

（3）掌握各种运输方式的运费计算方法和价格差异，以便进行经济比较和成本分析；

（4）关注不同国家之间的交通基础设施和网络状况，了解跨境物流的限制和挑战；

（5）了解国际多式联运的概念、操作流程和优势，探索其在跨境电子商务中的应用和发展前景；

（6）关注新兴的物流技术和模式，如智能物流、绿色物流等，以提高物流效率和降低成本。

跨境物流运输就是要正确的选择运输工具和运输方式，组织最佳的运输路线及方案，实现国际物流的实体转移。

其中跨境物流运输成本、跨境物流运输速度、跨境物流数量及特性和物流基础设施条件这几点是在选择运输方式时必须要考虑的因素，具体如下：

#### 1. 跨境物流运输成本

是在运输方案制定时对运输方式的首要考虑因素。由于运输成本直接计入外贸商品的价格构成之中，而跨境贸易运输又具有运输里程长、流经环节多的特点，因此其运费负担相对较重。一般而言，在国际物流运输中，海洋运输的成本最低，航空运输的成本最高。

运输成本因货物的种类、重量、容积、运距不同而不同。而且，运输工具不同，运输成本也会发生变化。在考虑运输成本时，必须注意运费与其他物流子系统之间存在着互为利弊的关系，不能只考虑运输费用来决定运输方式，要由全部总成本来决定。

**2. 跨境物流运输速度**

运输速度是选择运输方式时的一重要因素。如果运输速度较慢，那么货物可能就不能及时抵达目的地，则会贻误商机，造成巨大的经济损失。在诸多的运输方式中，速度最快的首推空运。还有采用国际多式联运或大陆桥运输也能发挥综合优势，获得提高物流速度的显著效果。

运输速度必须与交货日期相联系，应保证运输时限。必须调查各种运输工具所需要的运输时间，根据运输时间来选择运输工具。运输时间的快慢顺序一般情况下依次为航空运输、汽车运输、铁路运输、船舶运输。

各运输工具可以按照它的速度编组来安排日程，加上它的两端及中转的作业时间，就可以算出所需的运输时间。在商品流通中，要研究这些运输方式的现状，进行有计划的运输，希望有一个准确的交货日期是基本的要求。

**3. 跨境物流数量及特性**

这一因素主要是根据运输方式而做考虑的。比如说航空运输虽然速度快、安全靠谱，但其不适合运送大批量及低价值的货物。想要运输大宗货物，应选运量大的海洋运输或铁路运输。

运输批量的影响，因为大批量运输成本低，应尽可能使商品集中到最终消费者附近，选择合适的运输工具进行运输是降低成本的良策。

**4. 物流基础设施条件**

选择运输方式时需要考虑的点还有就是物流的基础设施问题。比如说走铁路运输，可一些国家或地区可能不提供铁路运输。所以在选择运输方式前，也应充分了解所到目的地的具体物流情况来综合考虑。

有数据显示，在当今的全球贸易中，一吨货物每公里的运输费用，公路运输是海运的26倍，航空运输是海运的95倍。海运在运输费用上的绝对优势，具有无可替代性。

# 任务 5.3　熟悉货物报关

## 任务描述

本任务将介绍报关的类型、进出口报关的基本流程、报关单位与报关范围、报关的期限与滞报金以及关税及其分类等方面的知识。

## 任务分析

（1）报关的类型：报关可以分为一般贸易报关、加工贸易报关、保税仓库报关、跨境电商清关等。不同类型报关的流程和要求略有不同，需要根据具体情况选择合适的报关类型。

（2）进出口报关的基本流程：进出口报关的基本流程包括申报准备、申报审核、缴纳税费、查验放行等几个阶段。

（3）报关单位与报关范围：具备报关资格的进出口货物代理企业、报关行或其分支机构可以成为报关单位。报关单位可以代理办理货物的进出口手续，包括申报、缴纳税费、查验放行等。

（4）报关的期限与滞报金：进出口货物需要在规定期限内进行申报和缴纳税费，否则将产生滞报金。不同国家和地区的规定期限和滞报金标准略有不同，需要根据当地政策进行了解和掌握。

（5）关税及其分类：根据不同的征税对象和税率，关税可以分为从价税、从量税、复合税等不同类型。此外，为了保护国内产业和市场，一些国家还会对特定类型的进口货物征收反倾销税、反补贴税等附加税费。

### ✍️ 知识储备

（1）熟悉不同类型的报关方式和流程，如一般贸易报关、加工贸易报关等；

（2）了解进出口货物的特点和要求，以及需要提供的单证和资料；

（3）掌握进出口货物的税率和税收政策，以及如何计算和缴纳相关税费；

（4）了解海关对不同类型货物的监管要求和限制措施；

（5）了解如何处理海关查验和问题处理的情况；

（6）了解如何遵守相关法律法规和行业规范，以及如何保护自身权益；

（7）关注跨境电子商务和国际物流行业的发展动态，以及海关政策和规定的调整和变化。

### 5.3.1 报关的类型

中国海关进出口报关的有关规定主要包括《海关法》《进出口货物报关管理条例》等法律法规。

《海关法》规定，进口货物应当按照规定的程序报关，出口货物应当按照规定的程序办理出口退税手续。进出口货物的报关应当真实、准确、完整，不得有虚假或者隐瞒情况。

对进出口货物的报关类型，根据不同的情况和需要，可以分为一般贸易报关、加工贸易报关、保税仓库报关、跨境电商清关等。

对于出口报关，要求企业必须具备出口资格，提交完整的出口报关单和其他相关资料，如发票、装箱单、提单等。同时，还需要进行备案登记、申报退税等手续。

进出口报关的基本流程包括：申报准备、申报审核、缴纳税费、查验放行、提离监管等步骤。具体流程可以根据实际情况进行调整和优化。

报关的种类可以根据不同的划分方式进行，以下是几种常见的划分方式。

（1）按照进出口货物的性质划分：一般贸易报关、加工贸易报关、保税仓库报关、跨境电商清关等。

（2）按照海关监管区域划分：进口报关、出口报关、转口报关等。

（3）按照报关申报的内容划分：单证报关、货物报关、资金报关等。

（4）按照报关申报的主体划分：企业自营报关、代理报关、委托报关等。

（5）按照报关申报的时间划分：即期报关、预审报关、正式报关等。

不同种类的报关有着不同的申报流程和要求，企业需要根据实际情况选择合适的报关种类，并按照相关规定进行申报。

### 5.3.2　报关单位与报关范围

报关单位是指在海关注册登记并具备报关资格的进出口货物代理企业、报关行或其分支机构。报关单位应当具备以下条件。

（1）在海关注册登记并取得报关资质；

（2）具有从事进出口业务的实际经验和专业人员；

（3）具有良好的信誉和声誉；

（4）遵守海关法律法规和相关规章制度。

报关范围是指报关单位可以代理申报的进出口货物的范围。一般来说，报关单位只能代理在其注册登记地或实际经营地范围内的进出口货物的报关手续。如果需要代理其他地区的进出口货物报关，需要先向当地海关申请备案登记。

需要注意的是，不同地区的报关单位和报关范围可能存在差异，企业在选择报关单位时需要仔细核实其资质和报关范围，以确保顺利完成进出口货物的报关手续。

根据《海关法》的规定，报关人员必须依法取得报关从业资格。具体来说，报关人员应当具备以下条件。

（1）具有中华人民共和国国籍；

（2）年满 18 周岁；

（3）无犯罪记录；

（4）通过国家海关总署组织的报关员资格考试并取得报关员资格证书；

（5）在海关注册登记并取得报关从业资格。

此外，报关人员还应当遵守海关法律法规和相关规章制度，保护国家利益和公共利益，保守进出口货物、物品的商业秘密和技术秘密。如果发现报关人员违反规定，将会受到相应的处罚。

根据《海关法》的规定，所有进出境运输工具、货物、物品都需要办理报关手续。具体范围包括：

（1）进出境的运输工具，如船舶、飞机、火车、汽车等；

（2）进出口的货物，包括原材料、成品、设备、零配件等；

（3）进出口的物品，包括食品、药品、化妆品、动植物及其商品等。

此外，还有其他一些特殊货物需要办理报关手续，如危险品、生鲜食品、文物古董等。总之，凡是涉及进出口的运输工具、货物、物品，都必须按照规定办理报关手续。

### 5.3.3　报关程序与报关单证

#### 1. 报关程序

报关工作的全部程序分为申报、查验、征税、放行、结关等几个阶段。

（1）申报。

进出口货物的收、发货人或者他们的代理人，在货物进出口时，应在海关规定的期限内，以书面或者电子数据交换（EDI）方式向海关报告其进出口货物的情况，并随附有关货运和商业单证申请海关审查放行，并对所报告内容的真实准确性承担法律责任的行为。进出口企业向海关申报时必须提供发票、装箱单、提运单、报关单、出口收汇核销单（出口）、进出口批文、减免税证明及加工贸易备案手册等单证。

（2）查验。

查验是指海关在接受报告单位的申报后，依法为确定进出境货物的性质、原产地、货物状况、数量和价值是否与货物申报单上已填报的详细内容相符（即货证相符），有无错报、漏报、瞒报、伪报等情况，对货物进行实际检查的行政执法行为。进出口货物，除海关总署特准查验的以外，都应接受海关查验。海关查验货物，应在海关规定的时间和场所进行。如有特殊理由，事先报经海关同意，海关可以派人员在规定的时间和场所以外的地方进行。

海关查验货物时，要求货物的收货人、发货人或其代理人以及报关员必须到场，并按海关的要求负责办理货物的搬移、拆装箱和查验货物的包装等工作。海关认为必要时，可以径行开验、复验或者提取货样、货物保管人应当到场作为见证人。查验货物时，由于海关关员责任造成被查货物损坏的，海关应按规定赔偿当事人的直接经济损失。

（3）征税。

征税是指海关根据国家的有关政策、法规对进出口货物征收关税及进口环节的税费。根据《中华人民共和国海关进出口货物征税管理办法》的规定，进出口货物的收发货人（纳税义务人）应当依法向海关办理申报纳税手续。一般而言，我国实行的是鼓励出口的政策，除了资源性商品、高耗能商品和重要物资外，大多数出口货物不需交纳关税；而大多数进口货物需交纳关税和增值税。

纳税义务人应当自海关填发税款缴款书之日起 15 日内向指定银行缴纳税款。逾期缴纳税款的，海关应当自缴款期限届满之日起至缴清税款之日止，按日加收滞纳税款 0.5‰的滞纳金，滞纳金起征点是人民币 50 元整。

（4）放行。

放行是指海关在接受进出口货物的申报，经过审核报关单据、查验货物、依法征收税款，对进出口货物作出结束海关现场监管决定的工作程序。

海关对进出口货物的报关，经过审核报关单据、查验实际货物，并依法办理了征收货物税费手续或减免税手续后，在有关单据上签盖放行章，货物的所有人或其代理人才能提取或装运货物。此时，海关对进出口货物的监管才算结束。

（5）结关。

结关是指对货物经口岸放行后仍需继续实施后续管理的步骤，海关在规定的期限内进行核查，对需要补证、补税的货物作出处理直至完全结束海关监管的工作程序。

## 2. 报关单证

报关单证按进口和出口的方式不同而不同，向海关报关时递交的主要单证有下列一些种类，各种单证的内容要一致，相互不矛盾。

（1）出口单证。

按出口方式，报关单证有：①出口货物报关单；②代理报关委托书（如果出口企业自行报关则可免）；③商业发票；④装箱单/重量单；⑤商检单（必要时）；⑥出口许可证（必要时）；⑦其他必要的单证（如"加工手册"等）。

（2）进口单证。

按进口方式，报关单证有：①进口货物报关单；②代理报关委托书（如果出口企业自行报关则可免）；③商业发票；④装箱单/重量单；⑤进口许可证（必要时）；⑥运输单据（如海运提单、航空运单等）；⑦其他必要的单证（如"加工手册"、非木质包装证明书、产地证等）。

### 5.3.4　报关的期限与滞报金

报关期限是指货物运到口岸后，《海关法》和其他规章所规定的收货人或其代理人向海关报关的时间。

根据《海关法》和相关法律法规的规定，进出口货物报关的期限和滞报金的规定如下：

进口货物的报关期限为从运输工具申报进境之日起 14 天内。如果在这个期限内没有向海关办理申报手续，海关将征收滞报金。滞报金的起收日期为运输工具申报进境之日起的 15 天，截止日期为海关申报之日。

出口货物的报关期限为装货的 24 小时前。如果在这个期限之前没有向海关申报，海关可以拒绝接受通关申报，导致出口货物无法装运运输，影响运输单据的取得，甚至导致延迟装运、违反合同。

进出口货物的滞报金是指超过规定的报关期限而产生的罚款。滞报金的每日征收率为进口货物到岸价格的 0.5‰，起征点为人民币 10 元。计算滞报金的公式为：滞报金总额 = 货物的到岸价格×滞报天数×0.5‰。

需要注意的是，不同国家之间的贸易可能会有不同的规定和要求，因此在实际操作中需要根据具体情况进行相应的申报和操作。

### 5.3.5　关税及其分类

关税是指国家对进口货物征收的税费，通常是以进口货物的价值为基础计算的。关税的分类通常有以下几种。

（1）按征收方式分类：包括从价税率、从量税率、混合税率、选择税等。

（2）按征收对象分类：包括一般关税、特别关税等。

（3）按征收目的分类：包括保护性关税、财政性关税等。

关税的征收对象是进口货物，包括原材料、成品、消费品等各类商品。关税的征收目的是保护本国产业，调节进出口贸易，增加国家财政收入。国家作为征收的主体，对进出境的货物和物品征收关税，是因为进口货物和进境物品要在国内消费，影响了国内经济建设与生产，影响了国内的商品市场；而国内货物出口或物品出境也会影响到国内的经济及资源结构。另外，进出口关税在国际经济贸易活动中，也是国与国之间交往时使用的一种手段。因此，关税体现了国家的经济和对外政策。当然，关税也有其消极的一面，如间接增加了消费者的负担；容易出现保护落后的局面；容易恶化与贸易伙伴之间的友好关系，影响自身的贸易发展等。

# 任务 5.4　掌握运费的计算

## 任务描述

本任务将介绍海运、空运、国际铁路联运等不同运输方式的运费计算方法和要点。

## 任务分析

（1）海运方式的计费：班轮运费是指按照班轮公司的运价表计算货物的运输费用。班轮运费包括基本运费和附加费用。基本运费是根据货物名称和体积、重量等确定，附加费用包括燃油附加费、港口附加费、选卸货附加费等。

（2）空运方式的计费：空运方式的计费通常根据货物的重量、体积、性质和运输距离等因素确定。在空运业务中，有计费重量（Chargable Weight）和实际重量（Gross Weight）之分。

（3）国际铁路联运货物运费计算：国内铁路运费按照国内标准计算，国际铁路联运运费则按照国际铁路联运运价表计算。过境运费通常由起运国的铁路公司向目的国的铁路公司收取，具体费用标准和计算方法可以在国际铁路联运相关网站或手册中找到。

## 知识储备

（1）熟悉各种运输方式的运费计算原则和方法，如海运班轮的体积和重量计费方法、空运的计费重量和附加费用等；

（2）了解不同运输方式的价格差异和适用范围，以便根据货物特性和运输需求选择合适的运输方式；

（3）掌握国际铁路联运的运费计算原则，了解过境费用的计算方法和标准。

## 5.4.1　海运方式的计费

班轮运费由基本运费（Basic Freight）和各种附加费（Additional Charges）组成。前者是指货物从装运港运到卸货港所应收取的基本运费，它是构成全程运费的主要部分；后者是指对一些需要特殊处理的货物，或者由于突然事件的发生或客观情况变化等原因而需另外加收的费用。

海运班轮
运费的计算

海运费
计算方法

基本运费一般是承运人（船公司）以运价表（Tariff）的形式对外公布的。对于相同的目的港和货物而言：不同的船公司有不同的运价。

附加费不仅种类很多，而且变化也快，随着情况的改变，会取消或制订新的附加费。常见附加费列表如表 5-8 所示。

表 5-8　常见附加费列表

| 附加费名称 | 解　释 |
| --- | --- |
| 燃油附加费 | 在燃油价格上涨时加收（Bunker Adjustment Factor, BAF） |

续表

| 附加费名称 | 解　释 |
|---|---|
| 货币贬值附加费 | 在货币贬值时，船方为了使其实际收入不致减少，而按基本运价的一定百分比加收的附加费（Currency Adjustment Factor，CAF） |
| 绕航附加费 | 受战争状态等意外情况的影响而必须绕航，导致运输距离的增加所加收的费用（Deviation Surcharge） |
| 转船附加费 | 货物需要通过转船运输才能到达目的港的费用（包括二程运费）（Transshipment Surcharge，TSC） |
| 码头作业（操作）费 | 一般在起运港收取（Terminal Handing Charge，THC） |
| 港口拥挤附加费 | 为弥补由于某些港口的拥挤，导致船舶等待装、卸时间异常而收取的费用（Port Congestion Surcharge，PCS） |
| 超重附加费 | 单件货物的重量超过一定限度而加收的一种附加费（Heavy Lift Additional） |
| 超长附加费 | 单件货物的长度超过一定限度而增收的一种附加费（Long Length Additional） |
| 港口附加费 | 由于某些港口的装卸效率较低或港口收费较高等原因导致承运人的经营成本上升，承运人为此而加收一定的费用（Port Additional） |

就集装箱运输而言，常用的集装箱主要有 20'C、40'C、40HC（40 英尺高柜）和 45'C，运费是由相应规格的集装箱基本运费和附加费组成，即以集装箱为基本计算单位。假设一个集装箱从上海到约翰内斯堡海运的基本运费为 \$1 000，运输过程发生三种附加费：设备使用费为 \$50；由于燃油价格波动，可能会导致运费也波动，需要支付 \$100 的燃油附加费。

那么，这个集装箱从上海到约翰内斯堡海运的运费为：1 000+50+100＝1 150。

班轮运输收费的主要方式有如下两种。

（1）按商品的实际重量计收：运费吨为公吨，在运价表内以"W（Weight Ton）"表示。

（2）按商品的尺码或体积计收：运费吨为立方米，在运价表内以"M（Measurement Ton）"表示。这种计收方式就是通常的拼箱货，它是以一个立方米起价，不足一个立方米按一个立方米计算，超过一个立方米，按实际体积计算。同时，在测量货物的体积（长、宽、高）时，必须是货物体积的最长、最宽、最高。

（3）按商品的 FOB 价格计收：也称"从价计费"，按出口 FOB 总值的一定百分比费率表示。

（4）按商品毛重（公吨数）或体积（立方米数）中较高部分计收：运价以"W/M"表示。即货物运费应分别以货物毛重（公吨数）或体积（立方米数）进行比较，选择其中货物运费较高的，即所谓的"从高计费"。

（5）按商品件数计收运费：如装运卡车按车辆数、活牲畜按头计费。

（6）按商品的尺码、重量或价值三者中选择其中最高的一项计收运费。

（7）对于大宗低值货物，则可由船、货双方议定运价。这种运价往往较低，实行"一次（批）一价"。

在实务操作中，发货人一般通过向不同的船公司了解运价和运输时间，然后进行比较，最后确定船公司。

跨境贸易中，使用不同的价格术语，价格的构成是不同的。如 CFR、CIF、CIP 等术语中，价格中都包含了海洋费用，那么，在对外报价中就会涉及海外运费的计算。只有在计算出运费后才能精确地向潜在客户主动发盘或接受询盘。

从上述课程中我们得知，运费往往由基本运费和附加费构成，运费用 Freight 的 F 表示，基本运费 Basic freight，用 Fb 表示，附加费用 Surcharge 的 S 表示，各种附加费的和用 $\sum S$ 表示。所以，运费可以用下列等式表达：$F=Fb+\sum S$。

下面请大家看一个案例：求出口货物的海外运费。

一批货物从中国上海港出口到美国纽约港，货物总重量为 20 吨，基本运费为每吨 1 000 美元，附加费包括燃油附加费、关税附加费和港口费，分别为每吨 200 美元、每吨 150 美元和每吨 100 美元。求运费 F。

答：$F=Fb+\sum S=$ 20 吨×1 000 美元/吨+20 吨×（200 美元/吨+150 美元/吨+100 美元/吨）= 20 000 美元+9 000 美元=29 000 美元。

### 5.4.2　空运方式的计费

**1. 基本概念**

（1）运价（Rate）。承运人为运输货物对规定的重量单位（或体积）收取的费用称为运价。运价指机场与机场间的（Airport To Airport）空中费用，不包括承运人、代理人或机场收取的其他费用（如货运单费、危险品处理费、声明价值附加费、运费到付劳务手续费、货物中转手续费等）。

空运费的计算

（2）运费（Transportation Charges）。根据适用运价计得的发货人或收货人应当支付的每批货物的运输费用称为运费。运费＝适用运价×运量。

（3）航空公司按国际航空运输协会（IATA）所制定的三个区划费率（简称 TC1、TC2、TC3）收取国际航空运费。一区（TC1）主要指南北美洲，格陵兰等（下分有加勒比次区包含美、加等国、墨西哥次区、远程次区、南美次区包含阿根廷、巴西、智利、巴拿马、秘鲁、委内瑞拉等国）；二区（TC2）主要指欧洲、非洲、伊朗等（下分有欧洲次区、非洲次区、中东次区）；三区（TC3）主要指亚洲、澳大利亚（下分有南亚次大陆次区、东南亚次区、西太平洋次区、日本/朝鲜地区）。

（4）有关运价、运费的其他规定。

各种不同的航空运价和费用都有下列特点。

①运价是指从一机场到另一机场。而且只适用于单一方向。

②不包括其他额外费用。如提货、报关、接交和仓储费用等。否则就是"All In 价"。

③运价通常使用起运地（运输始发地）国家的货币单位，并以此货币作为结算币种。

④运价一般以公斤或磅为计算单位。计费重量以 0.5 公斤为最小单位，不足 0.5 公斤的按 0.5 公斤计算；0.5 公斤以上但不足 1 公斤的，按 1 公斤计算。例如 636.3 KGS，按 636.5 KGS 计算运费，235.501 KGS，按 236.0 KGS 计算运费。

⑤航空运单中的运价是按出具运单之日所适用的运价。即以填制货运单之日的运价为有效期运价。

**2. 航空货物的主要运价**

（1）一般货物运价或普通货物运价（General Cargo Rate，GCR）。

通常，普通货物运价是按货物重量大小而分成几个级次，并用代号表示。

航空运输的
运费计费

例如，将 45 公斤以下的货物用代号 N（Normal Under 45 KGS Rates）表示，45 公斤以上（含 45 公斤）的货物用代号 Q（Quantity Over 45 KGS Rate）表示。另外，根据航线货流量的不同还可以规定 100 公斤以上、300 以上公斤、500 公斤以上、1 000 公斤以上等分界点。运价的大小随运输货量的增加而降低，这也是航空运价的显著特点之一。即所谓的"数量折扣原则"。

航空公司在办理一批货物的运输时，还规定了起码运费，即不论货物的重量或体积重量大小，在两点之间运输一批货物应收取的最低金额。不同地区有不同的起码运费。用代号 M（Minimum Charges）表示。表 5-9 是某航空公司公布的运价表。

**表 5-9　运价表**

| BEIJING<br>Y. RENMINBI | CN<br>CNY | BJS<br>KGS |
|---|---|---|
| New York | M | 320. 00 |
| | N | 45. 20 |
| | 45 | 38. 50 |
| | 100 | 35. 90 |
| | 300 | 32. 60 |
| | 500 | 29. 20 |
| | 1 000 | 24. 10 |

代码解释如下：M 是起码运费，即运输一批货物应收取的最低金额为 CNY320；

N 是 45 公斤以下的货物的运价为 CNY45. 20/KGS；

45 通常表示为 Q45，是 45 公斤以上（含 45 公斤）货物的运价为 CNY38. 50/KGS；

100 通常表示为 Q100，是 1 000 公斤以上（含 100 公斤）货物的运价为 CNY35. 90/KGS；其余依此类推。

（2）特种货物运价或指定商品运价（Special Cargo Rate 或 Specific Commodity Rate，SCR）。

特种货物运价是由国际航空运输协会（IATA）的会员（航空运输）企业，根据某一航线上的特种货物运输情况，而向国际航空运输协会申请并同意的一类优惠运价。

（3）货物的等级运价（Class Rate 或 Commodity Classification Rate）。

等级运价是指规定地区或地区间的特定登记货物运输的运价。一般是在一般货物运价或普通货物运价的基础上附加或附减一定的百分比。如运送活体动物、尸体或骨灰，则是在一般货物运价的基础上附加一定的百分比，而运送书报、杂志等，则是在一般货物运价的基础上附减一定的百分比。

综上所述，就是所谓的"附加附减原则"。

### 3. 有关运价、运费的其他规定

在空运业务中，有计费重量（Chargable Weight）和实际重量（Gross Weight）之分。航空公司根据货物的密度来计算运费。对于重货而言，计费重量等于实际重量，即按货物的实际重量乘上对应的运价；对于轻泡货物而言，首先测量货物的形状（外观）尺寸并将长、宽、高尺寸相乘（长、宽、高的尺寸中小数部分按四舍五入取整），再按每 6 000 立方厘米折算成 1 公斤（或 366 立方英寸折算成 1 公斤、或 166 立方英寸折算成 1 磅），求出体积重量。当实际重量或体积重量接近较高的重量时，由于较高重量所对应的运价较低，所以可以采用此运价来计算运费，较高重量也就成为计费重量了。例如，假设有一货物的实际重量是

295 KGS，按表 5-7 中其适用运价是 35.90 元/公斤，运费需要 10 590.5 元，而按 300 KGS 对应的适用运价是 32.60 元/公斤，运费仅需要 9 780 元。在这种情况下，承运的航空公司是同意按 300 KGS 托运并计算运费。此时将 300 KGS 称为计费重量，295 KGS 称为实际重量。

### 5.4.3　跨境铁路联运货物运费计算

国际铁路联运货物运费计算的主要依据是《国际货协统一过境运价规程》（简称《统一货价》）、《国际货协》和我国的《铁路货物运价规则》（简称《国内价规》）。

#### 1. 运费计算的原则

（1）发送国家和到达国家铁路的运费，均按铁路所在国家的国内规章办理。

（2）过境国铁路的运费，均按承运当日统一货价格规定计算，由发货人或收货人支付。如在参加国际货协的国家与未参加国际货协国的国家之间运送货物，则有关未参加货协国家铁路的运费，可按其所参加的另一种联运协定计算。

我国出口的联运货物，交货共同条件一般均规定在卖方车辆上交货，因此我方仅负责至出口国境站一段的运送费用。但联运进口货物，则要负担过境运送费和我国铁路段的费用。

#### 2. 过境运费的计算

过境运费按《统一货价》规定计算，其计算程序如下。

（1）根据运单上载明的运输路线，在过境里程表中，查出各通过国的过程里程。

（2）根据货物品名，在货物品名分等表中查出其可适用的运价等级和计费重量标准化。

（3）在慢运货物运费计算表中，根据货物运价等级和总的过境里程查出适用的运费率。其计算公式为：基本运费额＝货物运费率×计费重量

$$运费总额＝基本运费额×（1+加成率）$$

加成率系指运费总额应按托运类别在基本运费额基础上所增加的百分比。快运货物运费按慢运运费加 100%，零担货物加 50% 后再加 100%。随旅客列车挂运整车费，另加 200%。

国内段运费按《国内价规》计算，其程序是：

（1）根据货物运价里程表确定发到站间的运价里程。一般应根据最短路径确定，并需将国境站至国境线的里程计算在内。

（2）根据运单上所列货物品名，查找货物运价分号表，确定适用的运价号。

（3）根据运价里程与运价号，在货物运价表中查出适用的运价率。

（4）计费重量与运价率相乘，即得出该批货物的国内运费，其计算公式为：运费＝运价率×计费重。

#### 3. 国际铁路联运货运单据及其缮制

国际铁路联运运单（INTERNA TIONAL THROUGH RAIL WAYBILL），是发货人与铁路之间缔结的运输契约，它规定了铁路与发货人、收货人在货物运送人中的权利、义务和责任，对铁路和发货人、收货人都具有法律效力。

国际铁路联运运单一式五联：

（1）运单正本（随货物至到站，并连同第 5 张和货物一起交给收货人）；

（2）运行报单（随货物至到站，并留存到达路）；

（3）运单副本（运输合同签订后，交给收货人）；

（4）货物到达通知单（随同货物至到站，并留到达路）；

（5）货物到达通知单（随同货物至到站，并连同第 1 张和货物一起交给收货人）。第 1 张和第 5 张，以及第 2 张和第 4 张应在左边相互连接。允许第 1~5 张在上边相连续。

体积大价值低的商品的运输费用在总成本中占有很大的比重，比如说煤炭等初级工矿原材料商品的运输，而像手机等技术密集型商品，运输成本对其的影响是很小的。

体积大价值低的商品的运输在社会总运输量中占有很大的比重，相应的运输成本在平均物流成本中也占有很大的比重，根据资料的统计运输成本在美国企业平均物流成本中占了48%。因此，体积大价值低商品运输费用的控制不仅可以降低相关企业的运输成本而且还影响着整个社会的运输成本。

运价是决定运输成本的最重要的组成部分，这些工矿原材料商品的运输往往是依靠铁路的，因此，铁路货物运价对于体积大价值小的商品运输费用和整体成本的降低有很大的影响。如何调整铁路货物运价体系，是实现这些低价值商品物流成本控制的重要途径。

# 任务 5.5　运 输 单 据

## 任务描述

本任务将介绍海运提单、航空运单、国际铁路联运运单、多式联运单据和邮政收据等常见货运单据的种类、作用和使用要点。

## 任务分析

（1）海运提单（Ocean Bill of Lading）：它通常包括货物的详细描述、装运港和目的港、船名、提单签发人、收货人等信息。海运提单通常被用作货物的所有权证明，可以用于议付、抵押等金融操作。

（2）航空运单（Air Waybill）：它通常包括货物的详细描述、航班号、目的地机场等信息。国际贸易中，航空运单通常作为货物的收货凭证，用于向承运人提取货物。

（3）国际铁路联运运单（International Railway Consignment Note）：它通常包括货物的详细描述、起讫站名、车号等信息。通常作为货物的交接凭证，用于向承运人提取货物。

（4）多式联运单据（Multimodal Transport Document）：它通常包括货物的详细描述、起讫地点、运输方式等信息。国际贸易中，多式联运单据通常作为货物的全程运输证明，用于向承运人提取货物。

（5）邮政收据（Postal Receipt）：它通常包括邮件的详细描述、寄件人和收件人信息、邮戳等信息。用于向邮局提取邮件或索赔等操作。

## 知识储备

（1）熟悉各种货运单据的特点和适用范围，根据实际情况选择合适的货运单据类型；

（2）了解各种货运单据的填写规范和要求，确保填写信息的准确性和完整性；

（3）了解不同国家和地区的货运单据法规和要求，避免因不合规导致的纠纷或损失。

### 5.5.1　海运提单

运输单据（Transport Documents）是托运人选择不同运输方式与承运人运输契约的凭证、运输履约的依据，同时还是托运人凭以交单议付的单据。海洋运输使用海运提单、不可转让海运单、租船提单；铁路运输使用铁路运单；航空运输使用航空运单；邮政运输使用邮包收据；多式运输则使用多式运输单据等。

海运提单（Bill of Lading），如图 5-1 所示。它是由船长或船公司或其代理人签发的、证明已收到特定货物，允诺将货物运至特定目的地，并交付给收货人的凭证。提单是代表货物所有权的凭证，因而也是卖方提供的各项单据中最重要的一种，所以在制作提单时须注意提单的各项内容（如提单的种类、收货人、货物的名称和件数、目的港、有关收取运费的记载、提单的份数等）一定要与信用证的要求相符。

| Shipper | | B/L No. |
|---|---|---|
| | | 承运人 CARRIER |
| Consignee | | 中远集装箱运输有限公司 |
| | | COSCO CONTAINER LINES |
| | | Port-to-Port or Combined Transport |
| Notify party | | **BILL OF LADING** |
| | | ORIGINAL |

RECEIVED in external apparent good order and condition except as otherwise noted. The total number of packages or units stuffed in the container. The weight, measure, marks, numbers, quality, Contents and value mentions in this Bill of Lading are to be considered unknown unless the contrary has expressly acknowledged and agreed to. The signing of this Bill of Lading is not to be considered as such an agreement. On presentation of this Bill of Lading duly endorsed to the *Carrier* by or on behalf of the Holder of Bill of Lading, the rights (Terms of Bill of Lading continued on the back here of)

| Pre-carriage by | Place of Receipt |
|---|---|
| Ocean Vessel Voy. No. | Port of loading |
| Port of Discharge | Place of delivery |

| Marks & Nos. Container No. | No. & kind of pkgs | Description of goods | Gross weight | Measurement |
|---|---|---|---|---|
| | | | | |

| Total No. of container or other pkgs or units（in words） | | | | |
|---|---|---|---|---|

| Freight & charges | Revenue Tons | Rate | Per | Prepaid | Collect |
|---|---|---|---|---|---|
| | | | | | |

| Ex rate | Prepaid at | Payable at | Place and date of issue: |
|---|---|---|---|
| | Total prepaid | No. of B (s) /L | Signed by |

| Laden on board the Vessel: Date: By: | As agent for the carrier named above |
|---|---|

图 5-1　海运提单样本

海运提单是一种运输单据，是承运人与托运人之间关于货物运输的一份契约；也是承运人出具给托运人的一份收据；还是一项物权单据，提单的收货人或合法持有人有权凭提单向承运人提取货物。海运提单的关系人有四个，即承运人、托运人、收货人、被通知人。

（1）关系人的记载及签字。提单中各个关系人都应记载于提单正面对应的栏目内。

①正面要求注明承运人名称。

②对提单签字人签字的要求。

若提单上已明示承运人"Carrier"，则承运人签字时无须再明示其为承运人；若提单上未明示承运人即未明示"Carrier"，承运人在签字时还须明示其为承运人，即在承运人名称后加上"As Carrier"；如果由船长签字，在签字栏目内不需要打印承运人名称，只打"As Master"即可；若由其他人代理承运人签字，则除了应在签字栏目内打印承运人名称外，还应打印代理人名称，即"ABC forwarder co., Ltd. as agent for the carrier：DEF shipping line"或"As behalf of DEF shipping line"；若由其他人代理船长签字，则除了应在签字栏目内打印代理人名称及"As agent for"或"As behalf of"外，还应打印船长的姓名和身份。

（2）对货物"已装船"和"预期"的要求。

根据《UCP600》的相关规定，银行只接受注明货物已装船或已装具名船只的单据，不论其名称如何。鉴于此，对于注明货物"已装船"的提单，则必须：

①注明具体的"装运日期"和"签发日期"，即使提单上已印就"Shipped on Board the Vessel Named Above"（货物已装上具名船只）字样。此时，提单日期可视为"装船日期"或"装运日期"。

②如果提单未印就"已装船"字样，而是印上"已收妥货物"（Received the Goods）字样，则在实际装货后签发的提单上必须注明"已装船"（on Board）字样及装船日期，该日期也被视为装运日期。

③提单未印就"已装船"（On Board）字样，并含有"预期船只"（Intended Vessel）时，已装船批注还应包括实际装货船名。

④提单未印就"已装船"（On Board）字样，并且注明收货地或接受监管地与装货港不同时，已装船批注还应加注信用证规定的装货港和实际装货船名。

⑤提单预先印上"已装船"字样，并且注明收货地或接受监管地与装货港不同时，装船批注可省略"On Board"字样，只须加注信用证规定的装货港和实际装货船名和装运日期。

⑥提单未印就"已装船"字样，并含有"预期船只"（Intended Vessel）时，已装船批注还应包括实际装货船名。

⑦提单未印就"已装船"字样，并且注明收货地或接受监管地与装货港不同时，已装船批注还应加注信用证规定的装货港和实际装货船名。

（3）清洁提单。清洁运输单据就是指未载有明确宣称货物及/或包装状况有缺陷的条文或批注的单据。如 Content exposed、Goods chafed、Five steel tubes bent、Content leaking 等对货物本身状况不佳的描述；再如 Package not sufficient for sea journey、Packaging soiled by contents、Packaging contaminated、Packaging badly dented、Two bags broken、Insufficient Packaging 等对货物包装缺陷的描述，一旦运输单据上有了上述之一的语句，就被视为"不清洁运输单据"，银行或进口商拒收这样的运输单据，出口商就会面临收汇风险。

## 5.5.2　航空运单

航空运单（Air Waybill，如图 5-2 所示）是承运人收取货物后签发的货物收据，货抵目的地后，承运人向收货人发出到货通知，收货人凭此及身份证明提取货物，因此航空运单也非物权凭证，但它是发货人业已交运货物的正式凭证，发货人可凭此向收货人结算货款。航空运单的可分为航空主运单（Master Air Waybill，MAWB）即由航空公司签发的航空运单称为主（或总）运单和航空分运单（House Air Waybill，HAWB）即由航空货运代理人在办理集中托运业务时由集中托运人签发给各批发货人的航空运单。

航空运单是承运人与托运人之间签订的运输契约，也是承运人或其代理人签发的货物收据。航空运单不仅应有承运人或其代理人签字，还必须有托运人签字。航空运单与铁路运单一样，不是物权凭证，不能凭以提取货物，必须做成记名抬头，不能背书转让。收货人凭航空公司的到货通知单和有关证明提货。

航空运单与海运提单有很大不同，却与国际铁路运单相似。它是由承运人或其代理人签发的重要的货物运输单据，是承托双方的运输合同，其内容对双方均具有约束力。航空运单不可转让，持有航空运单也并不能说明可以对货物要求所有权。

（1）航空运单是发货人与航空承运人之间的运输合同。

与海运提单不同，航空运单是发货人与承运人之间的运输合同，一旦签发，便成为签署承运合同的书面证据，该承运合同必须由发货人或其代理与承运人或其代理签署后才能生效，并在货物到达目的地交付给运单上所记载的收货人后失效。

（2）航空运单是承运人签发的已接收货物的证明。

航空运单也是货物收据，在发货人将货物发运后，承运人或其代理人就会将其中一份交给发货人（即发货人联），作为已经接收货物的证明。除非另外注明，它是承运人收到货物并在良好条件下装运的证明。

（3）航空运单是承运人据以核收运费的账单。

航空运单分别记载着属于收货人负担的费用，属于应支付给承运人的费用和应支付给代理人的费用，并详细列明费用的种类、金额，因此可作为运费账单和发票。承运人可将一份运单正本作为记账凭证。

（4）航空运单是报关单证之一。

当航空货物运达目的地后，应向当地海关报关，在报关所需各种单证中，航空运单通常是海关放行查验时的基本单据。

（5）航空运单同时可作为保险证书。

若承运人承办保险或者发货人要求承运人代办保险，则航空运单即可作为保险证书。载有保险条款的航空运单又称为红色航空运单。

（6）航空运单是承运人内部业务的依据。

航空运单是承运人在办理该运单项下货物的发货、转运、交付的依据，承运人根据运单上所记载的有关内容办理有关事项。

| Shipper's Name and Address | NOT NEGOTIABLE |
|---|---|
| | *Air Waybill* |
| | Issued by |
| | CHINA AIRWAYSCO. , LTD. |

| Consignee's Name and Address | It is agreed that the goods described herein are accepted in apparent good order and condition (except as noted) for carriage SUBJECT TO THE CONDITIONS OF CONTRACT ON THE REVERSE HEREOF, ALL GOODS MAY BE CARRIED BY ANY OTHER MEANS. INCLUDING ROAD OR ANY OTHER CARRIER UNLESS SPECIFIC CONTRARY INSTRUC-TIONS ARE GIVEN HEREON BY THE SHIPPER. THE SHIPPER'S AT-TENTION IS DRAWN TO THE NOTICE CONCERNING CARIER'S LIMI-TATION OF LIABILITY. |
|---|---|
| Issuing Carrier's Agent Name and City | |

| Agents IATA Code | Account No. | Shipper may increase such limitation of liability by declaring a higher value of carriage and paying a supplemental charge if required. |
|---|---|---|

| Airport of Departure (Add. of First Carrier) and Requested Routing | | | | | | Accounting Information |
|---|---|---|---|---|---|---|

| to | By first carrier | to | by | to | by | Currency | Declared Value for Carriage | Declared Value for Customs |
|---|---|---|---|---|---|---|---|---|

| Airport of Destination | Flight/Date | Amount of Insurance | INSURANCE−If carrier offers insurance and such insurance is requested in accordance with the conditions thereof indicate amount to be insured in figures in box marked "Amount of Insurance" |
|---|---|---|---|

| Handling Information |
|---|

| No. of Pieces | Gross Weight | Rate Class | Chargeable Weight | Rate/Charge | Total | Nature and Quantity of Goods Incl. Dimensions or Volume |
|---|---|---|---|---|---|---|
| | | | | | | |

| Prepaid Weight charge Collect | Other Charges |
|---|---|
| Valuation Charge | |
| Tax | |
| Total Other Charges Due Agent | Shipper certifies that the particulars on the face hereof are correct and that in so far as any part of the consignment contains dangerous goods, such part is properly described by name and is in proper condition for carriage by air according to the applicable Dangerous Goods Regulations. |
| Total Other Charges Due Carrier | |
| | Signature of Shipper or his agent |

| Total Prepaid | Total Collect | Executed on _____ at _____ Signature of issuing Carrier or as Agent |
|---|---|---|
| Currency Conversion Rates | CC Charges in des. Currency | |
| For Carrier's Use Only at Destination | Charges at Destination | Total Collect Charges | AIR WAYBILL NUMBER |

图 5-2　航空运单样本

航空运单的正本一式三份，每份都印有背面条款，其中一份交发货人，是承运人或其代理人接收货物的依据；第二份由承运人留存，作为记账凭证；最后一份随货同行，在货物到达目的地，交付给收货人时作为核收货物的依据。

### 5.5.3　跨境铁路联运运单

跨境铁路货物联运所使用的运单是铁路与货主间缔结的运输契约。当发货人向始发站提交全部货物，并付清应由发货人支付的一切费用，始发站在运单及其副本上加盖注明日期的印章证明货物已被接受承运，契约生效。该运单从始发站随同货物附送至终点站并交给收货人，它不仅是铁路承运货物出具的凭证，也是铁路同货主交接货物、核收运杂费用和处理索赔与理赔的依据。国际铁路联运运单副本，在铁路加盖承运日期戳记后发还给发货人，它是卖方凭以向银行结算货款的主要证件之一。

由于收货人向铁路提取货物时，无需提交运单，因此铁路运单并非物权凭证，也不能通过背书进行转让和作为抵押品向银行融资。

铁路运输可分为国际铁路联运和国内铁路运输两种方式，前者使用国际铁路联运运单，后者使用国内铁路运单。通过铁路对港、澳出口的货物，由于国内铁路运单不能作为对外结汇的凭证，故使用承运货物收据这种特定性质和格式的单据。

### 5.5.4　承运货物收据

承运货物收据（Cargo Receipt）是港澳联运中使用的一种运输单据（图5-3），是承运人或货运代理人已经收到货物的证明，也是承运人与托运人签订的运输契约。该单据的签发人为承运人或货运代理人。在计划经济时代，我国内地通过铁路运往港、澳地区的出口货物，一般多委托中国对外贸易运输公司承办。当出口货物装车发运后，对外贸易运输公司即签发一份承运货物收据给托运人，以作为对外办理结汇的凭证。其主要内容有：①运单的签发时间和地点；②发货人的名称和地址；③承运人的名称和地址；④货物接管地点、日期，以及指定的交货地点；⑤收货人的名称和地址；⑥货物品名、包装方法，如属危险品，应注名其性质；⑦货物件数、特征标志和号码；⑧货物毛重、体积或其他计量单位表示的货物数量；⑨与运输有关的费用，包括运费、附加费、关税、保险费等；⑩办理海关手续和其他手续所必需的托运人的通知；⑪是否允许转运的说明；⑫发货人负责支付的费用；⑬货物价值；⑭发货人关于货物保险给予承运人的指示；⑮交付承运人的单据清单；⑯运输起止期限等。

发货人对于上述事项的准确性负责。原则上运单须经双方签字后生效。运单一般一式三份，其中一份交发货人，第二份随货同行，第三份由承运人留存。

中国对外贸易运输公司上海分公司

承运货物收据

**CARGO RECEIPT**

第一联（凭提货物）

运编 No _____

发票 No _____

合约 No _____

委托人：

Shipper：

银行：

Bank：

通知：

Notify：

自 from 上海 SHANGHAI 经由 Via 深圳 SHENZHEN 至 TO 香港 HONGKONG

发据

日期：

车号：Car No.

装车

| 标记<br>Marks &Nos | 件数<br>Packages | 货物名称<br>Descript of Goods | 附记<br>Remarks |
|---|---|---|---|
| | | | |

运费交付地点　Freight Payale
全程运费在上海付讫

请向下列地点接洽提取货件
For Delivery Apply to：
香港中国旅行社有限公司
CHINA TRAVEL SERVICE
（H. K.）LTD.
37，QUEEN'S ROAD CENTRAL
IST，FLOOR HONGKONG

押汇银行签收　　收货人签收
Bank's Endorsement　Consigne's Signatare

_____　　_____

中国对外贸易运输公司上海分公司

图 5-3　承运货物收据样本

### 5.5.5　多式联运单据

多式联运单据（Multimodal Transport Document，MTD）是指证明多式联运合同以及证明多式联运经营人接管货物并负责按照合同条款交付货物的单据。多式联运公约规定，多式联运单据是多式联运合同的证明，也是多式联运经营人收到货物的收据和凭以交付货物的凭证。根据发货人的要求，它可以做成可转让的，也可以做成不可转让的。多式联运单据如签发一套一份以上的正本单据，应注明份数，其中一份完成交货后，其余各份正本即失效。副本单据没有法律效力。在实际业务中，对多式联运单据正本和副本的份数规定不一，主要视发货人的要求而定。

为了促进国际多式联运的开展，国际商会曾制定《联合运输单据统一规则》，对多式联运单据作了具体的规定。《跟单信用证统一惯例》规定，如信用证要求包括至少有两种不同方式（多式联运）的运输单据，银行接受的多式联运单据是由承运人或多式联运经营人或其代理签字和证实，表明货已发运、接受监管或已装载者；多式联运单据的出单日期即为发运、接受监管及装运日期；允许注明信用证规定的收货地和装货港（地）不同，最终目的地和卸货港（地）不同；是全套正本单据；允许简式单据；即使信用证禁止转运，银行将接受表明可能转运或将要转运的多式联运的多式联运单据，但同一多式联运单据须包括全程运输。

### 5.5.6　邮政收据

邮政收据（Parcel Post Receipt）是邮政运输的主要单据，它既是邮局收到寄件人的邮包后所签发的凭证，也是收件人凭以提取邮件的凭证，当邮包发生损坏或丢失时，它还可以作为索赔和理赔的依据，但邮包收据不是物权凭证。

邮寄证明（Cerfiticate of Posting）是邮政局出具的证明文件，据此证实所寄发的单据或邮包确已寄出和作为邮寄日期的证明。有的信用证规定，出口商寄送有关单据、样品或包裹后，除要出具邮政收据外，还要提供邮寄证明，作为结汇的一种单据。

专递数据（Courier Receipt）是特快专递机构收到寄件人的邮件后签发的凭证。

根据《跟单信用证统一惯例》规定，如信用证要求邮政收据或邮寄证明，银行将接受的邮政收据或邮寄证明表面上有信用证规定的寄发地盖戳并加注日期，该日期即为装运或发运日期；如信用证要求专递或快递机构出具的单据，银行将接受快递单据的表面注明专递或快递机构的名称并盖戳、签字并经证实，表明取件或收件日期，此日期即为装运日期或发运日期。除非信用证特别规定由指定的专递或快递机构出具的单据，银行将接受由任何专递或快递机构开立的单据。这种专递和快递采用先进的运输工具和方式，实行门到门（Door to Door）和桌到桌（Desk to Desk）的服务，所以银行接受快递的单据。

### 📱 拓展阅读

#### 多领域务实合作为"一带一路"提质升级

十年间，中国具有的全世界最大、最完整的产业链和最长、最发达的物流链，源源不断地为共建"一带一路"注入活力。在"一带一路"倡议框架下，中国与中亚国家充分发挥各自比较优势和发展潜力，在多个领域取得丰硕成果，沿线贸易增长超过世界贸易增长的平均水平。

在设施联通方面，中国企业承建的吉尔吉斯斯坦新北南公路成为该国交通大动脉；"安格连—帕普"铁路隧道结束了乌兹别克斯坦当地民众需要翻山越岭或绕行他国的历史；中哈霍尔果斯国际边境合作中心与中哈连云港物流合作基地的建成，打开了中亚国家通向太平洋的大门；中国与中亚国家共同建设的首条跨国输气管道、中哈合作建设中亚最大风电场札纳塔斯风电项目等一系列合作项目成功落地……共建"一带一路"真正地造福了当地，广泛惠及了各国人民。

在贸易畅通方面，途经中亚的中欧班列联通中国境内108个城市，通达欧洲25个国家208个城市，累计开行6.5万列、604万标箱。其中，中欧班列（西安）集结中心开通西安至中亚国家的17条干线通道，为中亚地区打开了共谋机遇、共谋发展的重要窗口。2022年，中国同中亚五国贸易总额达到702亿美元，创下历史新高，比建交初期增长上百倍，极大地推动了中亚国家的产业升级、民生改善和经济发展。

在资金融通方面，为帮助中亚国家获取资金，中国不但在中国—中亚峰会上宣布再次提供260亿元人民币无偿援助，还积极通过中国—欧亚经济合作基金、丝路基金、亚投行等提供融资支持。近些年来，在充分释放经贸、产能、能源、交通等传统合作潜力的同时，中国与中亚国家还积极打造金融、农业、减贫、绿色低碳、医疗卫生、数字创新等新增长点，低碳"一带一路"、公共卫生"一带一路"、5G"一带一路"发展迅猛，被人们形象地称为绿色丝路、健康丝路、数字丝路。

习近平主席指出，更加深度融入共建"一带一路"大格局，在扩大对内对外开放中强动力、增活力，打开发展新天地。随着中国—中亚在各领域合作的深度、广度和规模大幅提升，推动共建"一带一路"高质量发展，必须打造更高水平对外开放格局，增强国内国际两个市场两种资源的联动效应，不断提升贸易合作的质量水平。坚持经济全球化正确方向，注重加强机制建设，为各国开展全方位互利合作搭建广泛平台。坚持构建制度型开放，在扩大规则、规制、管理、标准上下功夫，营造市场化、法治化、国际化一流营商环境，在法治轨道上促进贸易和投资便利化。坚持拓展经贸关系，深化互联互通，扩大能源合作，推进绿色创新，通过培育共同发展新动能提升各国发展能力。

当前，世界之变、时代之变、历史之变正以前所未有的方式展开，世界需要一个稳定的、繁荣的、和谐的、联通的中亚。中国—中亚峰会的召开，在中国同中亚关系发展史上具有重要里程碑意义，不但开启了中国同中亚国家在新业态、新领域合作的新篇章，也加快了各国在"一带一路"倡议下谋求发展新动力，拓展发展新空间的步伐，必将为共建"一带一路"高质量发展创造新机遇，确保"一带一路"行稳致远、惠及全球。

——摘编自光明网理论版

## 任务实施

| 任务编号 | 任务名称 | 任务讨论 | 任务执行 | 总结评价 |
|---|---|---|---|---|
| 任务 5.1 | 了解运输方式分类 | 讨论运输方式的分类，包括陆运、海运、空运、管道等，以及不同运输方式的特点和应用场景 | 研究各种运输方式的优缺点和适用范围，记录不同运输方式的特征和要求 | 对运输方式分类进行评价，理解不同运输方式在贸易中的作用和意义 |
| 任务 5.2 | 掌握运输方式选择 | 讨论选择运输方式的影响因素，包括货物性质、数量、距离、交通条件等 | 分析实际贸易中选择不同运输方式的考虑因素，记录不同运输方式的选择方法和适用情况 | 对选择运输方式的影响因素进行评价，总结选择不同运输方式的决策方法和原则 |
| 任务 5.3 | 熟悉货物报关 | 讨论货物报关的概念、流程和注意事项，包括进出口货物的报关流程、报关单的填写等 | 分析实际贸易中货物报关的流程和注意事项，记录不同报关方式的优缺点和适用范围 | 对货物报关的流程和注意事项进行评价，理解货物报关在贸易中的作用和意义 |
| 任务 5.4 | 掌握运费的计算 | 讨论运费的计算方法，包括基本运费、附加费、折扣等 | 分析实际贸易中运费的计算方法，记录不同计算方法的优缺点和适用范围 | 对运费计算方法进行评价，理解不同计算方法在贸易中的作用和意义 |
| 任务 5.5 | 运输单据 | 讨论运输单据的概念、种类和作用，包括提单、装箱单、装船单等 | 分析实际贸易中运输单据的流转和使用方法，记录不同单据的用途和要求 | 对运输单据的作用和要求进行评价，理解不同单据在贸易中的作用和意义。同时，需要分析任务分析中需要做的其他工作，如贸易风险的评估、贸易合同的签订等，并进行相应的讨论和执行 |

以上表格可根据具体任务需求进行调整和完善。在实际实施过程中，可以组织团队成员进行讨论、分工合作，共同完成任务。同时，及时记录和总结评价，以便更好地完成任务目标。

## 知识与技能训练

参考答案

### 同步测试

**一、判断题**

1. 海洋运输是国际货物运输中使用最多的运输方式。（　　　）

2. 由于班轮是按固定运费率收取运费，因此任二个港口间无论选择哪家班轮公司，托运人所支付的运输都是一样的。（　　　）

3. W/M or A. V. 指按重量和体积中较高的一个收取运费后再加上一定百分比的从价费。（　　　）

4. 班轮运输要计算滞期费和速遣费。（　　　）

5. 采用班轮和租船运输时，都应在买卖合同和租船合同中对滞期速遣问题作出相应的规

定。（　　）

6. 由于装运期和交货期是两个含义不同的概念，因此，合同中的装运期和交货期应为两个不同日期。（　　）

7. 凡装在同一航次、同一条船上的货物，即使装运时间和装运地点不同，也不作分批装运。（　　）

8. 如合同中规定装运条款为"2003 年 7/8 月份装运"，那么我出口公司必须将货物于 7 月、8 月两个月内，每月各装一批。（　　）

9. 海运提单是承运人与托运人之间订立的运输契约，是物权凭证。（　　）

10. 按提单表面填写是否清洁，有无涂改可分为清洁提单和不清洁提单。（　　）

11. 所谓空白抬头，空白背书的提单是指既不填写收货人，又不需要背书的提单。（　　）

12. 定程租船下，不计算速遣费和滞期费。（　　）

13. 一般情况下，提单的签发日应晚于保险单日期，或至少和保险单同一天。（　　）

14. CIF 伦敦/利物浦/安特卫普是指货物分别在三个港口卸货。（　　）

15. 过期提单是指超过 L/C 装运期的提单。（　　）

## 二．选择题

1. 国际贸易中，仅次于海洋运输的主要运输方式是（　　）。

A. 航空运输　　　　B. 邮包运输　　　　C. 铁路运输　　　　D. 管道运输

2. 在国际贸易中不能流通转让的提单是（　　）。

A. 清洁提单　　　　B. 记名提单　　　　C. 不记名提单　　　　D. 指示提单

3. 某提单的收货人栏填写"凭指定（To Order）"字样，此提单是（　　）。

A. 记名提单　　　　B. 不记名提单　　　　C. 指示提单　　　　D. 舱面提单

4. 少量货物或杂货通常采用的运输方式是（　　）。

A. 班轮运输　　　B. 定期租船运输　　　C. 光船租船运输　　　D. 定程租船运输

5. 轮船公司在提单上注明"第五件包装破损"，此提单肯定是（　　）。

A. 记名提单　　　　B. 指示提单　　　　C. 清洁提单　　　　D. 不清洁提单

6. 具有"四固定"特点的运输方式是（　　）。

A. 定程租船　　　　B. 定期租船　　　　C. 光船租船　　　　D. 班轮运输

7. 按惯例，速遣费一般为滞期费的（　　）。

A. 一半　　　　　　B. 一倍　　　　　　C. 两倍　　　　　　D. 三倍

8. 少量货物或杂货通常采用的运输方式是（　　）。

A. 班轮运输　　　B. 定期租船运输　　　C. 定程租船运输　　　D. 光船租船运输

9. 目前在实际业务中，使用最多的海运提单是（　　）。

A. 记名提单　　　　　　　　　　　　B. 不记名提单

C. 空白抬头、空白背书提单　　　　　D. 空白抬头、记名背书提单

10. 同时具有国际多式联运和"门到门"运输性质的运输方式是（　　）。

A. 邮包运输　　　　B. 铁路运输　　　　C. 航空运输　　　　D. 班轮运输

11. 在班轮运价表中，字母"M"表示的计收标准为（　　）。

A. 按货物的毛重计收　　　　　　　　B. 按货物的体积计收

C. 按商品价格计收　　　　　　　　D. 按货物的件数计收

12. 对于小件急需品和贵重物品而言，有利的运输方式是（　　）。

A. 航空运输　　　B. 邮包运输　　　C. 海洋运输　　　D. 公路运输

13. 指示提单是指提单上"收货人"栏内（　　）。

A. 留空不填　　　　　　　　　　　B. 填写收货人名称

C. 填写付款银行名称　　　　　　　D. 填写"凭指定"

14. 根据《跟单信用证统一惯例》的规定，在分批装运中，如果卖方任何一批货物没有按规定发货，则（　　）。

A. 卖方可以继续发货　　　　　　　B. 卖方可以在以后的发货中补足

C. 本批及以后各批货均告失效　　　D. 卖方只能重新再发一次该批货物

15. 必须经发货人背书，才可流通转让的提单是（　　）。

A. 不记名提单　　　　　　　　　　B. 记名提单

C. "凭发货人指定"抬头的指示提单　D. 过期提单

## 综合实训

| 序号 | 实训项目 | 实训目的 | 实训内容 | 实训要求 | 实训考核 |
|---|---|---|---|---|---|
| 1 | 国际贸易运输方式及其选择 | 1. 了解各种运输方式的特性及应用场景 2. 掌握根据贸易需求选择合适的运输方式的能力 | 学习海运、空运、陆运、铁路和多式联运等运输方式的特性及适用范围 | 1. 理解不同运输方式的优缺点。 2. 能根据贸易需求选择合适的运输方式 | 通过案例分析或模拟实际业务场景，考察学生对各种运输方式的理解及选择能力 |
| 2 | 国际货运费用计算 | 1. 了解各种运输方式的运费计算方法 2. 掌握准确的运费计算能力 | 学习海运、空运、陆运、铁路和多式联运等运输方式的运费计算方法 | 1. 能根据运输方式和货物特性进行准确的运费计算。 2. 能处理运费折扣、佣金等复杂情况 | 通过具体运费计算案例或实际操作，考察学生的运费计算能力 |

### 1. 运输方式选择

实训说明：根据下面表中的货物和运输要求，写出运输方式的建议。

| 序号 | 货物类型 | 运输要求场景及说明 | 运输方式选择建议 |
|---|---|---|---|
| 1 | 新冠检测试剂 | 紧急药品需要快速到达目的地 | |
| 2 | 医用 X 光辐射源 | 涉及危险品运输的货物需要特殊的处理和许可证 | |
| 3 | 建筑水泥 | 大批量原材料需要经济、高效的运输方式 | |
| 4 | 高档手表 | 贵重物品需要安全、可靠的运输方式，如多式联运或空运 | |
| 5 | 电动汽车 | 需要能够提供大尺寸货物运输服务的运输方式，如航空货运或国际快递公司 | |
| 6 | 景德镇瓷器 | 易碎品需要采取防震、防摔措施的运输方式，如多式联运或快递 | |
| 7 | 澳洲龙虾 | 食品需要采取保鲜、冷藏的措施，保证食品的新鲜和质量 | |
| 8 | 步行电梯 | 大规模设备需要具有专业资质和经验的物流服务公司进行操作 | |
| 9 | 故宫展品 | 特殊物品需要专业保护措施的运输方式 | |

### 2. 运费计算

实训说明：阅读下面内容，完成操作任务。

上海运往东京港迷你"洗衣机"一批计 300 台，每台体积为 20 厘米×30 厘米×40 厘米，毛重为 18 千克。基本运费率为 35 美元/吨，燃油附加费率为 15%，东京港口拥挤附加费率为 8%。收费标准为 W/M，请计算应付运费多少？

# 第六单元

# 跨境贸易货物运输保险

课件

## 单元介绍

本课程将通过跨境贸易货物运输保险知识的学习，让学生了解跨境贸易货物运输保险的基本知识和技能，包括贸易保险的种类、条款、费率、承保范围等，并掌握如何选择合适的跨境贸易货物运输保险，掌握购买保险过程中的细节和注意事项，并培养学生的沟通、协作和解决问题的能力。

## 学习目标

**知识目标：**

1. 了解跨境货物贸易运输保险的基本知识和技能；
2. 掌握货物贸易运输保险的种类、条款、费率、承保范围等；
3. 了解跨境货物贸易运输保险的选择方法和注意事项。

**技能目标：**

1. 具备选择合适的跨境货物贸易运输保险的能力；
2. 具备跨境货物贸易运输保险的购买和理赔能力；
3. 具备团队协作和沟通能力。

**素质目标：**

1. 增强学生的职业道德和行业规范意识；
2. 提高学生的社会责任感和可持续发展意识。

## 任务 6.1 了解跨境货物运输保险原则

### 任务描述

保险利益原则、最大诚信原则、近因原则和补偿原则是保险业务中非常重要的几个原则，了解和掌握这些原则对于保险从业人员来说是非常必要的。

### 任务分析

（1）保险利益原则，在实际应用中，需要通过对投保人的调查和评估，确定其对保险标的具有合法和稳定的利益关系。

（2）最大诚信原则，在实际应用中，需要投保人提供真实、完整的申请材料和履行合同义务，同时保险公司也需要尽到审慎的核保和理赔责任。

（3）近因原则，在实际应用中，需要保险公司具备专业的风险评估和分析能力，以确保判断的准确性和公正性。

（4）补偿原则，在实际应用中，需要保险公司根据被保险人的实际损失进行赔偿，确保赔偿金额合理、公正。

### 📝 知识储备

（1）保险利益原则的相关法律法规：如《中华人民共和国保险法》等。

（2）最大诚信原则的核保和理赔流程：包括投保人提供材料的要点、保险公司核保和理赔的流程等。

（3）近因原则的判断方法和技巧：包括事件分析、原因追溯、责任判断等方法和技巧。

（4）补偿原则的计算方法和标准：包括实际损失的评估方法、赔偿比例的计算标准等。

### 6.1.1  保险利益原则

保险利益原则也称可保利益原则，是指投保人或被保险人对保险标的因具有各种利害关系而享有的法律上承认的经济利益。投保人或被保险人对保险标的具有可保利益是保险合同生效的依据。在保险法律制度中，保险利益原则可以起到确立合同基础的作用。投保人和被保险人对保险标的具有实际的经济利益，这是他们与保险公司签订合同的基本条件。

保险利益原则要求投保人和被保险人对保险标的有清晰的了解，并且愿意承担相应的风险。这个原则的核心理念是，只有当投保人或被保险人真正关心保险标的的安全和价值时，他们才愿意购买保险。

保险利益原则在保险市场上起到了关键作用，确保了保险公司和投保人之间的利益平衡。通过要求投保人在保险合同中声明其对保险标的的实际经济利益，保险公司可以降低潜在的道德风险，减少保险诈骗的发生。

此外，保险利益原则还有助于保护被保险人的权益。一旦保险标的发生损失，保险公司将根据投保人和被保险人的保险利益进行赔偿。这意味着，如果投保人或被保险人对保险标的没有实际经济利益，那么他们可能无法获得相应的赔偿。

总的来说，保险利益原则为保险市场提供了稳定性和可预测性。它确保了保险公司和投保人之间的利益平衡，保护了被保险人的权益，同时也有助于维护保险市场的秩序。

### 6.1.2  最大诚信原则

最大诚信原则是指保险合同的双方当事人在签订和履行保险合同时，必须保持最大限度的诚意，双方都应遵守信用，互不欺骗和隐瞒，投保人应向保险人如实申报保险标的的主要风险情况，否则保险合同无效。

在保险行业中，最大诚信原则不仅仅适用于保险合同的签订和履行阶段。根据这个原则，保险公司和投保人都应该遵守相关的法律法规和行业准则，确保双方的利益得到充分保障。

　　保险公司方面，需要按照规定收取保费，根据投保人申报的风险情况和保险条款进行核保，并在承保后及时履行保险责任。同时，保险公司还需要对投保人和被保险人的信息进行严格保密，确保客户的隐私得到充分保护。

　　投保人方面，需要如实申报保险标的的风险情况，包括财产的价值、用途、使用情况等。同时，投保人还应该遵守保险合同约定，按照约定支付保费，并在发生保险事故时及时通知保险公司。如果投保人存在虚假申报、欺诈等行为，可能会导致保险合同无效，甚至可能面临法律责任。

　　因此，最大诚信原则在保险行业中具有非常重要的地位。只有在保险合同双方都遵守这一原则的基础上，保险行业才能持续健康发展，为社会经济发展提供稳定可靠的保障。

### 6.1.3　近因原则

　　近因是指造成保险标的损失的最主要、最有效的原因。也就是说，保险事故的发生与损失事实的形成有直接因果关系。按照这一原则，当被保险人的损失是直接由于保险责任范围内的事故造成的，保险人才给予赔偿。这是因为现实中保险标的的损失是由多种风险事故同时或者连续发生造成的，而这些风险事故往往同时有被保风险、非保风险或除外风险。近因原则是判断保险人是否需要赔偿的标准。

　　近因原则的应用范围非常广泛，它不仅适用于财产保险，也适用于人身保险。在人身保险中，近因原则的应用主要表现在意外伤害保险、健康保险和人寿保险等险种。

　　总之，近因原则是保险人在处理保险理赔时必须遵循的基本原则，只有正确理解和应用近因原则，才能有效地维护保险双方的合法权益。

### 6.1.4　补偿原则

　　保险标的发生保险事故时，保险人无论以何种方式赔偿被保险人的损失，也只能使被保险人在经济上恢复到受损前的同等状态，被保险人不能获得额外收益。因此，保险人在理赔时一般按以下三个标准确定赔偿额度：以实际损失为限，以保险金额为限，以被保险人对保险标的的可保利益为限。在这三个标准中，以最低的标准为限。

## 任务6.2　熟悉货物运输保险条款

### 任务描述

　　本任务要求了解和掌握海运货物运输保险的相关知识，包括我国海上货物保险的险别条款和伦敦保险协会的险别条款。

### 任务分析

　　（1）我国海上货物保险的险别条款：基本险，包括平安险、水渍险和一切险三种。平安险是最低保障的险别，只负责货物在运输途中因自然灾害、偷盗、短少等造成的损失；水渍险除了包括平安险的保障外，还负责货物在运输途中因意外事故、恶劣气候等造成的损失；一切险则是最高保障的险别，除了包括水渍险的保障外，还负责货物在运输途中因一般外来原因造成的损失。

（2）伦敦保险协会的险别条款：①协会货物（A）条款（Institute Cargo Clauses A，ICC（A）险）；②协会货物（B）条款（Institute Cargo Clauses B，ICC（B）险）；③协会货物（C）条款（Institute Cargo Clauses C，ICC（C）险）。

（3）航空与其他货物运输保险：航空货物运输保险是一种特殊的运输保险，主要负责货物在航空运输过程中因自然灾害、偷盗、短少、提货不着、变质、污染等原因造成的损失。其他货物运输保险，如陆运货物保险和邮包运输保险，则是分别针对陆路和邮政包裹运输过程中可能出现的货物损失而设立的保险。

📝 知识储备

（1）不同险别的适用范围和保障范围：了解不同险别的适用范围和保障范围，根据实际需求选择合适的保险类型和保障程度。

（2）特殊附加险的申请和处理：对于特殊附加险，如战争险、罢工险等，需要了解其申请和处理流程，确保在发生特殊情况时能够及时得到保险公司的赔偿。

（3）索赔流程和注意事项：在发生货物损失时，需要了解索赔流程和注意事项，如提供完整的索赔材料、保留相关凭证等，以便顺利地获得保险赔偿。

（4）伦敦保险协会的险别条款与中国海上货物保险的对比：了解伦敦保险协会的险别条款与中国海上货物保险的差异和联系，以便在选择保险类型时做出更合适的决策。

（5）不同运输方式的保险差异：了解不同运输方式的保险差异，如航空货物运输保险与海洋货物运输保险的区别等，以便根据实际需求选择合适的保险类型。

### 6.2.1 海运货物运输保险

海运货物运输保险是指保险公司为货主或承运人提供的一种保险服务，用于保障海运货物在运输过程中因意外事故或自然灾害等原因造成的损失。

货主或承运人可以根据货物的价值和风险程度选择相应的保险形式，并向保险公司支付一定的保险费用。在货物发生损失时，可以向保险公司提出赔偿申请，保险公司会根据保险合同的条款和条件，对货物进行赔偿。

海上货物运输保险的承保范围主要是海上风险和海上损失（表6-1）。

（1）自然灾害：是仅指恶劣气候、雷电、洪水、地震、海啸、火山爆发以及其他人力不可抗拒的灾害，而非指一般自然力所造成的灾害。

（2）海上意外事故：海上意外事故是指由于外来的、偶然的、突然的、非意料中的原因所致的事故。海运途中可能遭遇的意外事故包括船舶搁浅、擦浅、触礁、碰撞、爆炸、火灾、触碰、倾覆、沉没、船舶失踪或其他类似事故。

（3）全部损失（全损）：是指整批保险货物全部灭失或可视同全部灭失的损害。根据全损情况的不同，又可分为实际全损和推定全损两种。前者是指货物全部灭失、或完全变质、或不可能归还被保险人而言，后者是指货物发生保险事故后，认为实际全损已不可避免，或者为避免实际全损所需支付的费用与继续将货物运抵目的地的费用之和超过保险价值的损失。凡不属于实际全损和推定全损的损失为部分损失。

表 6-1　保险承保的范围

| 海上风险 | 自然灾害、海上意外事故 |
| --- | --- |
| 海上损失 | 全部损失、部分损失、共同海损、单独海损 |

### 6.2.2　中国保险的险别条款

中国保险的险别条款

CIC 是中国保险的险别条款（China Insurance Clause，CIC）的英语简称，中国保险的险别条款是参照国际保险市场的一般习惯做法，并结合我国实际情况，自行制定了各种保险条款，其中包括《海洋运输货物保险条款》《海洋运输货物战争险条款》以及其他专门条款。中国人民保险公司于 1981 年 1 月 1 日修订实施了现行的保险条款。根据中国人民保险公司的保险条款，保险基本险别可分为基本险、附加险。基本险可以单独投保，有平安险、水渍险、一切险。附加险有一般附加险和特殊附加险。

#### 1. 基本险

也称主险，海洋货物运输保险的基本险可分为平安险（F.P.A）、水渍险（W.P.A 或 W.A）和一切险（All Risks）。在 CIF 或 CIP 的价格术语的条件下，当出口人（被保险人）投保时，必须选择基本险中的一种投保。

（1）平安险。

平安险的承保责任范围最小，包括除了由自然灾害造成的单独海损以外的海上风险所造成的一切损失和费用。具体包括以下几方面：①在运输过程中，由于自然灾害造成被保险货物的实际全损或推定全损；②由于运输工具遭遇搁浅、触礁、沉没、互撞与流冰或其他物体碰撞以及失火、爆炸等意外事故造成被保险货物的全部或部分损失；③只要运输工具曾经发生搁浅、触礁、沉没、焚毁等意外事故，不论这意外事故发生之前或者以后曾在海上遭遇恶劣气候、雷电、海啸等自然灾害造成的被保险货物的部分损失；④被保险人对遭受承保责任内危险的货物采取抢救、防止或减少货损措施支付的合理费用，但以不超过该批被救货物的保险金额为限；⑤运输工具遭遇自然灾害或者意外事故，需要在中途的港口或者在避难港口停靠，因而引起的卸货、装货、存仓以及运送货物所产生的特别费用；⑥共同海损的牺牲、分摊救助费用；⑦运输契约订有"船舶互撞责任"条款，按该条款规定应由货方偿还船方的损失。

（2）水渍险。

它的承保责任范围是在平安险的基础上，再加上自然灾害引起的部分损失。包括海上风险所造成的一切损失和费用。

（3）一切险。

三个基本险中承保责任范围最大的险种，一切险除包括平安险和水渍险的各项责任外，还包括外来风险而遭受的全部或部分损失，这个外来风险，指的是一般外来风险，并不是由于特别外来风险造成的损失。总的来说，一切险的责任范围是平安险、水渍险和一般附加险的责任范围的总和。

根据保险条款规定，上述基本险承保责任的起讫，采用国际保险业通用的"仓至仓条款"（W/W Clause）。该条款规定，保险人的保险责任自被保险货物运离保险单所载明的起运地仓库或储存处所开始运输时生效，直到该项货物到达保险单所载明目的地收货人的最后仓库或储存处所或被保险人用作分配、分派或非正常运输的其他储存处为止。如未抵达上述目的地，则在货物于最后卸载港全部卸离海轮后 60 天为止。在上述 60 天内如再需转运，则开始转运时保险责任终止。

上述基本险还规定了下列除外责任（Exclusions）：①被保险人的故意行为或过失所造成的损失；②属于发货人责任引起的损失；③在保险责任开始前，被保险货物已存在的品质不良或数量短差所造成的损失；④被保险货物的自然损耗、本质缺陷、特性以及市价跌落、运输延迟所造成的损失和费用；⑤属于海洋运输货物战争险条款和货物运输罢工险条款规定的责任范围和除外责任。

### 2. 附加险

在海运保险业务中，进出口商除了投保货物的上述基本险外，还可根据货物的特点和实际需要，酌情选择若干适当的附加险。附加险不能单独投保，必须在投保基本险的基础上加保，它承保的是外来风险引起的损失。按承保风险的不同，附加险又可分为一般附加险和特殊附加险。

（1）一般附加险。一般附加险负责赔偿一般外来风险所致的损失，不能单独投保，而只能在投保平安险或水渍险的基础上，根据货物的特性和需要加保一种或若干种。由于一般附加险已包括在一切险中，故在投保一切险时，不需要再加保一般附加险。

附加险共有 11 种，它包括：①偷窃，提货不着险（Theft, Pilferage and Non-delivery, T. P. N. D）；②淡水雨淋险（Fresh Water and/or Rain Damage）；③短量险（Shortage）；④渗漏险（Leakage）；⑤混杂、沾污险（Intermixture and Contamination）；⑥碰损、破碎险（Clash and Breakage）；⑦串味险（Taint of Odour）；⑧受潮受热险（Sweat and Heating）；⑨钩损险（Hook Damage）；⑩包装破裂险（Breakage of Packing Risk）；⑪锈损险（Risk of Rusting）。

（2）特殊附加险。特殊附加险不包括在任何基本险中，必须另行加保才能获得保障。

①战争险和罢工险。凡加保战争险时，保险公司则按保战争险条款的责任范围，对由于战争和其他各种敌对行为所造成的损失负赔偿责任。根据国际保险市场的习惯做法，一般将罢工险与战争险同时承保，如投保了战争险又需加保罢工险时，仅需在保单中附上罢工险条款即可，保险公司不再另行收费。

②其他特殊附加险。为了适应对外贸易货运保险的需要，中国人民保险公司除承保上述各种附加险外，还承保交货不到险（Failure to Deliver）、进口关税险（Import Duty）、舱面险（on Deck）、拒收险（Rejection）、黄曲霉素险（Aflatoxin）以及我国某些出口货物运至港、澳存仓期间的火险等特殊附加险。

（3）使用附加险时应注意的问题。

①附加险是对 3 种基本险的补充和扩大，本身不能单独投保，只能是按"基本险+任意一种或若干项附加险"的模式来投保。②由于一切险已经包含上述 11 种一般附加险，投保一切险时只能根据需要加保特殊附加险。③一般附加险的投保仅适用于平安险和水渍险。

### 6.2.3　伦敦保险协会的险别条款

在国际保险市场上，各国保险组织都有自己的保险条款。其中具有较大影响的是英国伦敦保险协会所制定的《协会货物条款》（Institute Cargo Clause，ICC），现行的是 1982 年 1 月 1 日协会修订公布的，规定了六种险别：①协会货物（A）条款（Institute Cargo Clauses A，ICC（A）险）；②协会货物（B）条款（Institute Cargo Clauses B，ICC（B）险）；③协会货物（C）条款（Institute Cargo Clauses C，ICC（C）险）；④协会战争险条款（货物）（Institute War Cargo Clauses-Cargo）；⑤协会罢工险条款（货物）（Institute Strikes Cargo Clauses-Cargo）；⑥恶意损害险条款（Malicious Damage Clauses）。

由于伦敦保险协会对承保风险的规定是采用"列明风险"的方式，即把所承担的风险一一列举，凡属承保责任范围内的损失，无论是全部损失还是部分损失，保险人按损失程度均负责赔偿。

在上述六种险别中，恶意损害险属附加险险别，故其内容比较简单，其余五种险别都具有独立完整的结构，对承保风险及除外责任等有明确的规定。因此，除 A 险、B 险和 C 险可以单独投保外，必要时，战争险和罢工险也可征得保险公司的同意，作为独立的险别进行单独投保，而恶意损害险却不能单独投保。

从上述六种险别的承保责任范围看，ICC（A）险相当于中国人民保险公司中的一切险，其责任范围更为广泛，故采用承保"除外责任"之外的一切风险的方式表明其承保范围；ICC（B）险大体相当于水渍险；ICC（C）险相当于平安险，但承保范围较小些。

### 6.2.4　航空与其他货物运输保险

#### 1. 航空货物运输保险

陆运、空运货物与邮包运输保险是在海运货物保险的基础上发展起来的。由于陆运、空运与邮运同海运可能遭致货物损失的风险种类不同，所以陆、空、邮货运保险与海上货运保险的险别及其承保责任范围也有所不同，现分别简要介绍如下：

（1）空运风险与损失。

货物在空运过程中，有可能因自然灾害、意外事故和各种外来风险而导致货物全部或部分损失。常见的风险有：雷电、火灾、爆炸、飞机遭受碰撞、倾覆、坠落、失踪、战争破坏以及被保险物由于飞机遇到恶劣气候或其他危难事故而被抛弃等。为了转嫁上述风险，故空运货物一般都需要办理保险，以便当货物遭到承保范围内的风险损失时，可以从保险公司获得赔偿。

（2）空运货物保险的险别。

空运货物保险的基本险别有航空运输险（Air Transportation Risks）和航空运输一切险（Air Transportation All Risks）。这两种基本险都可单独投保，在投保其中之一的基础上，经投保人与保险公司协商可以加保战争险等附加险。加保时须另付保险费。在加保战争险前提下，再加保罢工险，则不另收保险费。

航空运输险和航空运输一切险的责任起讫也采用"仓至仓"条款。航空运输货物战争险的责任期限，是自货物装上飞机时开始至卸离保险单所载明的目的地的飞机时为止。

**2. 陆运货物保险**

（1）陆运风险与损失。

货物在陆运过程中，可能遭受各种自然灾害和意外事故。

常见的风险有：车辆碰撞、倾覆和出轨，路基坍塌、桥梁折断和道路损坏，以及火灾和爆炸等意外事故；雷电、洪水、地震、火山爆发、暴风雨以及霜雪冰雹等自然灾害；战争、罢工、偷窃、货物残损、短少、渗漏等外来原因所造成的风险。这些风险会使运输途中的货物造成损失。货主为了转嫁风险损失，就需要办理陆运货物保险。

（2）陆运货物保险的险别。

根据中国人民保险公司制定的《陆上运输货物保险条款》的规定，陆运货物保险的基本险别有陆运险（Overland Transportation Risks）和陆运一切险（Overland Transportation All Risks）两种。

此外，还有陆上运输冷藏货物险，它也具有基本险性质。

陆运险的承保责任范围同海运水渍险相似。陆运一切险的承保责任范围同海运一切险相似。上述责任范围，均适用于铁路和公路运输，并以此为限。陆运险与陆运一切险的责任起讫，也采用"仓至仓"责任条款。

陆运货物在投保上述基本险之一的基础上可以加保附加险。如投保陆运险，则可酌情加保一般附加险和战争险等特殊附加险；如投保陆运一切险，就只能加保战争险，而不能再加保一般附加险。陆运货物在加保战争险的前提下，再加保罢工险，不另收保险费。陆运货物战争险的责任起讫，是以货物置于运输工具时为限。

**3. 邮包运输保险**

（1）邮包运输风险与损失。

邮包运输通常须经海、陆、空辗转运送，实际上属于"门到门"运输，在长途运送过程中遭受自然灾害、意外事故以及各种外来风险的可能性较大。寄件人为了转嫁邮包在运送当中的风险损失，故须办理邮包运输保险，以便在发生损失时能从保险公司得到承保范围内的经济补偿。

（2）邮包运输保险的险别。

根据中国人民保险公司制定的《邮政包裹保险条款》的规定，有邮包险（Parcel Post Risks）和邮包一切险（Parcel Post All Risks）两种基本险，其责任起讫是，自被保险邮包离开保险单所载起运地点寄件人的处所运往邮局时开始生效，直至被保险邮包运达保险单所载明的目的地邮局发出通知书给收件人当日午夜起算为止，但在此期限内，邮包一经递交至收件人处所时，保险责任即告终止。

在投保邮包运输基本险之一的基础上，经投保人与保险公司协商可以加保邮包战争险等附加险。加保时，也须另加保险费。在加保战争险的基础上，如加保罢工险，则不另收费。邮包战争险承保责任的起讫，是自被保险邮包经邮政机构收讫后自储存处所开始运送时生效，直至该项邮包运达保险单所载明的目的地邮政机构送交收件人为止。

# 任务 6.3　掌握投保程序与保费计算

## 任务描述

在本节任务中，需要了解和掌握投保国际运输保险的金额，掌握填写国际运输保险投保单，支付保险费，取得保险单，出险后办理索赔手续，以及出口保费计算和进口保费计算。

## 任务分析

（1）了解和掌握投保国际运输保险的金额：国际运输保险的金额通常是根据货物的价值、运输方式、目的地等因素来确定的。

（2）掌握填写国际运输保险投保单：通常包括货物的详细描述、价值、运输方式、目的地、保险金额等信息。

（3）支付保险费并取得保险单：保险单是证明我们已经购买保险的重要文件，需要妥善保管。

（4）出险后办理索赔手续：如果发生货物在运输中受损、丢失等情况，我们需要及时报告保险公司，并提供相关证据。

（5）出口保费计算和进口保费计算：出口和进口的保费计算方式需要根据投保金额和投保险别的保险费率进行计算。

## 知识储备

（1）国际运输保险的相关法规和规定：不同国家和地区的保险法规和规定可能会有所不同，我们需要了解这些差异，以便在投保和索赔过程中遵守相关规定。

（2）货物分类和价值评估方法：货物的分类和价值评估方法也会影响保险金额和索赔的金额。我们需要了解这些方法，以确保评估的准确性和公正性。

（3）国际运输风险分析和预防措施：了解国际运输中的风险和预防措施可以帮助我们更有效地管理风险，保护公司利益。

（4）索赔流程和证据收集：在发生货物受损或丢失等情况时，我们需要了解索赔流程和证据收集方法，以确保索赔的顺利进行。

（5）出口和进口保费计算方法：我们需要了解出口和进口保费的不同计算方法，并根据实际情况选择合适的方法进行计算。

### 6.3.1　投保程序

在国际货物买卖过程中，由哪一方负责办理投保跨境贸易运输保险，应根据买卖双方商订的价格条件来确定。例如按 F.O.B. 条件和 C.F.R. 条件成交，保险即应由买方办理国际运输保险；如按 C.I.F. 条件成，保险就应由卖方办理国际运输保险。办理跨境贸易运输保险的一般程序是：

投保程序

**1. 确定投保国际运输保险的金额**

投保金额是诸保险费的依据，又是货物发生损失后计算赔偿的依据。按照国际惯例，投保金额应按发票上的 C. I. F. 的预期利润计算。但是，各国市场情况不尽相同，对进出口贸易的管理办法也各有异。向中国人民保险公司办理进出口货物运输保险，有两种办法：一种是逐笔投保；另一种是按签订预约保险总合同办理。

**2. 填写国际运输保险投保单**

保险单是投保人向保险人提出投保的书面申请，其主要内容包括被保险人的姓名、被保险货物的品名、标记、数量及包装、保险金额、运输工具名称、开航日期及起讫地点、投保险别、投保日期及签章等。

**3. 支付保险费，取得保险单**

保险费按投保险别的保险费率计算。保险费率是根据不同的险别、不同的商品、不同的运输方式、不同的目的地，并参照国际上的费率水平而制订的。它分为"一般货物费率"和"指明货物加费费率"两种。前者是一般商品的费率，后者系指特别列明的货物（如某些易碎、易损商品）在一般费率的基础上另行加收的费率。

交付保险费后，投保人即可取得保险单（Insurance Policy）。保险单实际上已构成保险人与保险人之间的保险契约，是保险人寻保险人的承保证明。在发生保险范围内的损失或灭失时，投保人可凭保险人要求赔偿。

**4. 提出索赔手续**

被保险货物运抵目的地后，收货人如发现整件短少或有明显残损，应立即向承运人或有关方面索取货损或货差证明，并联系保险公司指定的检验理赔代理人申请检验，提出检验报告，确定损失程度；同时向承运人或有关责任方提出索赔。属于保险责任的，可填写索赔清单，连同提单副本、装箱单、保险单正本、磅码单、修理配置费凭证、第三者责任方的签证或商务记录以及向第三者责任方索赔的来往函件等向保险公司索赔。索赔应当在保险有效期内提出并办理，否则保险公司可以不予办理。

### 6.3.2 保费计算

**1. 出口保费计算**

在跨境贸易中广泛采用的装运港交货一般有三种价格：离岸价（船上交货价，即 FOB 价）；成本加运费价（即 CFR 价）；到岸价（包括成本加运费加保险费，即 CIF 价）。

保险金额
的计算

一般来说，各国保险法及跨境贸易惯例一般够规定出口货物运输保险的保险金额在 CIF 货价基础上适当加成，加成率一般是 10%，也可以与被保险人约定不同的加成率，但一般不超过 30%。保险金额＝CIF 货价×（1+加成率）。

如果是 CFR 报价，则应折算成 CIF 价，CIF＝CFR/［1-（1+加成率）×保险费率］；如果是 FOB 报价，则需先在 FOB 价中加入运费，变成 CFR 后，再折算成 CIF 价。

**2. 进口保费计算**

保险金额以进口货物的 CIF 价格为准，若要加成投保，可以加成 10% 为宜。若按 CFR 或 FOB 条件进口，则按特约保险费率和平均运费率直接计算保险金额。

按 CFR 进口时：保险金额＝CFR 价格×（1+特约保险费率）；按 FOB 进口时：保险金额＝FOB 价格×（1+平均运费率+特约保险费率）。

# 任务 6.4　熟悉货物运输保险单据

## 任务描述

本次任务要求我们全面了解和掌握保险单、保险凭证、预约保险单和批单等各类保险单据，并能够独立审核保险单的内容。

## 任务分析

（1）确认保单的合法性和有效性：要检查保单是否符合相关法律法规的规定，是否经过了保险人的正式授权和签署。

（2）确认保单的信息准确性：要核对保单上的信息是否与被保险人的实际情况相符。

（3）确认保单的条款合理性：要理解保单中的各项条款，如保险责任范围、免赔额、免责条款等，并确认这些条款是否符合被保险人的实际需求和风险状况。

## 知识储备

（1）保险的基本原理和类型：要了解不同类型的险别，以及它们的保障范围和特点。

（2）风险管理知识：要了解如何评估和管理风险，包括风险识别、风险评估、风险控制和风险转移等。

### 6.4.1　保险单（Insurance Policy）

海上货物运输保险单是确认保险人与被保险人之间签订海上货物运输保险合同的证明文件，也是海上货物运输保险合同的正式凭证。是保险索赔权的证明，转让保险单就意味着保险索赔权的转移。

保险单的正面内容：被保险人（投保人）名称，承保标的物（货物名称、数量、包装方法），承保的险别，运输方式及船名、航次，起运日期，起运港/中转港/目的港，保险金额及币制，赔付地点和币制，保险费率，运输标志（唛头），保险单号，发票号码，保险的查勘人或代理人，保险人名称（签章）和签署日期。

保险单的背面内容：列明了保险条款，规定保险人与被保险人的各项权利和义务、保险责任范围、除外责任、责任起讫、损失处理、索赔理赔、保险争议处理、时效条款等各项内容。

### 6.4.2　保险凭证（Insurance Certificate）

保险凭证实质上是一种简化的保险单，保险凭证与海上保险单具有同等法律效力，故又被称为小保单。

保险凭证正面所列内容与海上保险单是一样的。但是其背面是空白的，没有载明保险条款，而在正面声明以海上保险单所载条款为准。

保险凭证的存在，是保险市场上一个重要的角色，也是保险合同的形式之一。在保险市场上，保险凭证主要是用来证明保险合同的存在和明确保险合同双方的权利和义务。在保险市场上，保险凭证是保险公司与客户之间的一种保险证明，主要包括了保险公司的名称、地址、联系方式，客户的名称、地址、联系方式等基本信息，以及保险商品的名称、种类、保额、保险期限、保险公司的承保范围和保险金额等详细的保险信息。在保险凭证上，还明确了保险合同双方的权利和义务，以及保险合同的相关法律条款等内容。

保险凭证的实质是一种简化的保险单，它具有和海上保险单一样的法律效力，因此也被称为"小保单"。保险凭证与海上保险单的内容是一致的，都包括了保险公司的名称、地址、联系方式，客户的名称、地址、联系方式等基本信息，以及保险商品的名称、种类、保额、保险期限、保险公司的承保范围和保险金额等详细的保险信息。在保险凭证的正面，这些内容是一样的，但在保险凭证的背面，其内容则是空白的，没有载明任何保险条款。而在保险凭证的正面，则声明以海上保险单所载的条款为准。

保险凭证的存在，使得保险市场的交易更加便捷，保险凭证可以随身携带，也可以在网络上轻松查询和认证。对于保险公司来说，保险凭证简化了保险合同的签订流程，提高了保险业务的效率。对于客户来说，保险凭证可以方便地查询自己的保险信息，了解自己的保险权益，同时还可以通过保险凭证的认证，来确保自己的权益不受侵害。

### 6.4.3 预约保险单（Open Policy）

这种事先预约的保险合同在我国的货物进出口中广泛适用，特别是我国进口货物基本上都采用预约保险单。

用于出口货物的预约保险单，要求出口公司在预约保险合同范围内的出口货物装船出运之前，填制"出口货物装运通知"，将该批出口货物的保险项目通知保险公司。中国人民保险公司据此签发保险凭证。出口公司若因疏漏而未通知的，均应补办保险。补办时货物若已受损的，保险公司仍予以赔偿。

用于进口货物的预约保险单，要求进口公司在收到出口商的"装船通知"后，应当填制"国际运输起运通知书"给保险公司。中国人民保险公司据此自动承保。如果进口公司未通知的应予补报，则仍自货物装船时开始享受保险公司的保险保障。

### 6.4.4 批单（Endorsement）

它是保险人（公司）在保险单出具后，应投保人的要求，对保险单的内容（如更改险别、被保险人名称、地址、运输工具名称、保险期限、保险金额等）进行修改或变更而出具的一种凭证。因此，这种凭证也是保险单的组成部分。保险单一经批改，保险公司即应按批单上规定的内容承担保险责任。

批单可以是在原海上运输保险单或保险凭证上进行批注，也可以另行出具变更单证。

# 任务6.5　掌握合同中的保险条款

合同中的保险条款

## 任务描述

本次任务要求我们了解和掌握在国际货物买卖合同中的保险条款，以便明确交易双方在货运保险方面的责任。要研究保险投保人、保险公司、保险险别、保险费率和保险金额等事项的约定，并理解它们对合同的影响和作用。

## 任务分析

（1）保险投保人：在国际货物买卖合同中，根据不同的价格术语，卖方或买方都可以作为保险投保人，以确保货物在运输过程中的安全。

（2）保险公司：在国际货物买卖合同中，双方通常会约定由哪家保险公司提供保险服务，以保证货物在运输过程中的安全。

（3）保险险别：不同的保险险别对应不同的保险责任范围，投保人需要根据货物的特性和运输方式选择合适的保险险别。

（4）保险费率：投保人需要根据合同约定的保险险别和货物特性，向保险公司支付相应的保险费用。

（5）保险金额：在国际货物买卖合同中，双方需要约定保险金额的大小，以确保货物在运输过程中的损失能够得到足够的赔偿。

## 知识储备

（1）货物运输知识：要了解不同运输方式的特性和风险，以便根据货物的实际情况选择合适的运输方式和保险险别。

（2）保险原理和实务知识：要了解保险的基本原理和实务知识，包括保险种类、费率计算、赔偿处理等方面的内容。

（3）合同条款解析能力：要具备对合同条款进行解析的能力，以便理解并遵守合同中的约定事项。

### 6.5.1　保险投保人的约定

在国际货物买卖合同中，为了明确交易双方在货运保险方面的责任，通常都订有保险条款，其内容主要包括：保险投保人、保险公司、保险险别、保险费率和保险金额的约定等事项。

每笔交易的货运保险，究竟由买方抑或卖方投保，完全取决于买卖双方约定的交货条件和所使用的贸易术语。由于每笔交易的交货条件和所使用的贸易术语不同，故对投保人的规定也相应有别。例如，按 FOB 或 CFR 条件成交时，在买卖合同的保险条款中，一般只订明"保险由买方自理"。如买方要求卖方代办保险，则应在合同保险条款中订明："由买方委托卖方按发票金额×××%代为投保××险，保险费由买方负担"。按 DES 或 DEQ 条件成交时，在合同保险条款中，也可订明"保险由卖方自理"。凡按 CIF 或 CIP 条件成交时，由于货价中包括保险费，故在合同保险条款中，需要详细约定卖方负责办理货运保险的有关事项，如约定投保的险别、支付保险费和向买方提供有效的保险凭证等。

### 6.5.2　保险公司和保险条款的约定

在按 CIF 或 CIP 条件成交时，保险公司的资信情况，与卖方关系不大，但与买方却有重大的利害关系。因此，买方一般要求在合同中限定保险公司和所采用的保险条款，以利日后保险索赔工作的顺利进行。例如，我国按 CIF 或 CIP 条件出口时，买卖双方在合同中，通常都订明："由卖方向中国人民保险公司投保，并按该公司的保险条款办理。"

### 6.5.3　保险险别的约定

按 CIF 或 CIP 条件成交时，运输途中的风险本应由买方承担，但一般保险费则约定由卖方负担，因货价中包括保险费，买卖双方约定的险别通常为平安险、水渍险、一切险三种基本险别中的一种。但有时也可根据货物特性和实际情况加保一种或若干种附加险。如约定采用英国伦敦保险协会货物保险条款，也应根据货物特性和实际需要约定该条款的具体险别。在双方未约定险别的情况下，按惯例，卖方可按最低的险别予以投保。

在 CIF 或 CIP 货价中，一般不包括加保战争险等特殊附加险的费用，因此，如买方要求加保战争险等特殊附加险时，其费用应由买方负担。如买卖双方约定，由卖方投保战争险并由其负担保险费时，卖方为了避免承担战争险的费率上涨的风险，他往往要求在合同中规定："货物出运时，如保险公司增加战争险的费率，则其增加的部分保险费，应由买方负担。"

### 6.5.4　保险金额的约定

按 CIF 或 CIP 条件成交时，因保险金额关系到卖方的费用负担和买方的切身利益，故买卖双方有必要将保险金额在合同中具体订明。根据保险市场的习惯做法，保险金额一般都是按 CIF 价或 CIP 价加成计算，即按发票金额再加一定的百分率。此项保险加成率，主要是作为买方的预期利润。按跨境贸易惯例，预期利润一般按 CIF 价的 10% 估算，因此，如果买卖合同中未规定保险金额时，习惯上是按 CIF 价或 CIP 价的 110% 投保。

中国人民保险公司承保出口货物的保险金额，一般也是按国际保险市场上通常的加成率，即按 CIF 或 CIP 发票金额的 110% 计算。由于不同货物、不同地区、不同时期的期得利润不一，因此，在洽商交易时，如买方要求保险加成超过 10% 时，卖方也可酌情接受。如买方要求保险加成率过高，则卖方应同有关保险公司商妥后方可接受。

### 6.5.5　保险单的约定

在买卖合同中，如约定由卖方投保，通常还规定卖方应向买方提供保险单，如被保险的货物在运输过程中发生承保范围内的风险损失，买方即可凭卖方提供的保险单向有关保险公司索赔。

📄 **拓展阅读**

### 跨境贸易货物运输保险与跨境贸易发展

随着全球化的不断推进，跨境贸易越来越普遍，货物运输也变得越来越频繁。然而，跨境贸易货物运输不可避免地面临着各种风险，如货物损失、损坏、被盗等。为了降低这些风险，保障跨境贸易的顺利进行，跨境贸易货物运输保险应运而生。

跨境贸易货物运输保险是指在货物从出口国运往进口国的过程中，由保险公司为货主提供的一种保险服务。它可以保障货物在运输途中发生的损失、损坏、被盗等风险，为货主提供经济赔偿和法律支持。

跨境贸易货物运输保险对于跨境贸易的发展非常重要。首先，它可以降低跨境贸易的风险，增加货主的信心和安全感，促进跨境贸易的顺利进行。其次，它可以提高跨境贸易的效率，减少因货物损失、损坏而导致的时间和成本浪费。最后，它可以促进国际间的合作和交流，增加国际间的互信和友谊。

然而，跨境贸易货物运输保险也存在一些问题和挑战。首先，不同国家和地区的保险规定和标准不同，导致跨境贸易货物运输保险存在着差异和不确定性。其次，保险公司对于某些高风险地区或商品可能会拒绝提供保险服务，这也会影响跨境贸易的顺利进行。最后，保险公司对于某些风险可能会收取高额保费，这也会增加货主的成本压力。

为了解决这些问题和挑战，需要加强国际间的合作和协调。各国应该加强沟通和交流，制定统一的保险规定和标准，促进跨境贸易货物运输保险的便利化和规范化。同时，保险公司也应该加强风险管理和评估能力，提高对于高风险地区或商品的承保能力，以满足跨境贸易的需求。

总之，跨境贸易货物运输保险是促进跨境贸易发展的重要保障措施。在未来的发展中，需要加强国际间的合作和协调，制定统一的保险规定和标准，促进跨境贸易货物运输保险的便利化和规范化。

✍️ **任务实施**

| 任务编号 | 任务名称 | 任务讨论 | 任务执行 | 总结评价 |
|---|---|---|---|---|
| 任务 6.1 | 了解跨境货物运输保险原则 | 讨论跨境货物运输保险的概念、原则和意义，以及保险责任、免责范围等 | 研究跨境货物运输保险的相关法规和条款，分析不同保险原则的优缺点和适用范围 | 对跨境货物运输保险原则进行评价，理解保险在跨境贸易中的作用和意义 |
| 任务 6.2 | 熟悉货物运输保险条款 | 讨论货物运输保险的条款种类、特点和作用，包括保险责任、保险金额等 | 研究货物运输保险的条款种类，分析不同条款的特点和适用范围 | 对货物运输保险条款进行评价，理解不同条款在保险合同中的作用和意义 |
| 任务 6.3 | 掌握投保程序与保费计算 | 讨论货物运输保险的投保程序和保费计算方法，包括填写投保单、确定保费等 | 分析实际贸易中货物运输保险的投保程序和保费计算方法，记录不同方法的优缺点和适用范围 | 对货物运输保险的投保程序和保费计算方法进行评价，理解不同方法的实际应用和注意事项 |
| 任务 6.4 | 熟悉货物运输保险单据 | 讨论货物运输保险单据的概念、种类和作用，包括保险单、保险凭证等 | 研究货物运输保险单据的流转和使用方法，记录不同单据的用途和要求 | 对货物运输保险单据的作用和要求进行评价，理解不同单据在保险合同中的作用和意义 |

续表

| 任务编号 | 任务名称 | 任务讨论 | 任务执行 | 总结评价 |
|---|---|---|---|---|
| 任务6.5 | 掌握合同中的保险条款 | 讨论合同中保险条款的内容、要求和注意事项，包括保险责任、免责范围、赔偿标准等 | 分析实际贸易合同保险条款的应用情况，记录不同条款的特点和适用范围。同时需要分析任务分析中需要做的其他工作，如保险金额的确定、索赔理赔的程序等，并进行相应的讨论和执行 | 对合同中保险条款的内容进行评价，理解不同条款在保险合同中的作用和意义。同时需要对任务分析中需要做的其他工作进行评价，总结任务完成情况和经验教训 |

以上表格可根据具体任务需求进行调整和完善。在实际实施过程中，可以组织团队成员进行讨论、分工合作，共同完成任务。同时，及时记录和总结评价，以便更好地完成任务目标。

## 知识与技能训练

### 同步测试

参考答案

**一、判断题**

1. 托运出口玻璃葡萄酒瓶时，被保险人在投保一切险之后，还应加保破碎险。（    ）

2. 凡是共同海损，都属于全部损失。（    ）

3. 水渍险的责任范围是除平安险的责任范围内的全部责任外，还包括由于自然灾害引起的部分损失。（    ）

4. 海上保险业务中的意外事故仅限于发生在海上的事故。（    ）

5. 货物自身内在缺陷和自然属性引起的损耗变质等，不属于外来风险范围。（    ）

6. 载货船舶发生搁浅，致使船底破裂，急需修补。到附近港口将部分货物卸至岸上并存仓，卸货过程中有部分货物受损。所发生的船底破裂及修理费属共同海损。卸货费、存仓费及部分货损属单独海损。（    ）

7. ICC（A）、（B）、（C）条款的保险期限采用"仓至仓"条款。（    ）

8. 保险凭证与保险单具有同等效力，若信用证要求提供保险单时，一般可以保险凭证代替。（    ）

9. 在已投保"一切险"在基础上，可以再加保"交货不到险"。（    ）

10. 中国人民保险公司《海洋运输货物保险条款》包含的基本险和附加险，保险公司的保险期限均以"W/W CLAUSE"（仓至仓条款）加以规定。（    ）

11. 托运出口玻璃制品时，被保险人在投保一切险之后，还应加保破碎险。（    ）

12. 平安险的英文原意为"单独海损不赔"，也就是说，如果被保险人投保了该险别，保险人对所有单独海损造成的后果不负赔偿责任。（    ）

13. 保险单一般不可以转让。（    ）

14. 被保险人在投保了"一切险"后，无需再加保一般附加险。（    ）

15. 海上风险一般指自然灾害和意外事故所引起的风险。（    ）

**二、选择题**

1. 根据我国海运货物保险条款规定，承保范围最小的基本险是（    ）。

A. 平安险　　　　　B. 水渍险　　　　　C. 一切险　　　　　D. 罢工险

2. 船舶在海运途中着火，船长下令往船舱内灌水灭火，导致舱内部分货物被水浸湿报废，此项损失属于（　　　）。

A. 实际全损　　　　B. 推定全损　　　　C. 单独海损　　　　D. 共同海损

3. 某公司出口一批茶叶，在海运途中遭遇暴风雨，致使一部分茶叶发霉变质，这种损失属于（　　　）。

A. 实际全损　　　　B. 推定全损　　　　C. 单独海损　　　　D. 共同海损

4. 海上货物运输保险中，战争、罢工风险属于（　　　）。

A. 自然灾害　　　　B. 意外事故　　　　C. 一般外来风险　　D. 特殊外来风险

5. 根据我国海运货物保险条款规定，基本险的责任起讫期限采用（　　　）。

A. 门至门条款　　　B. 港至港条款　　　C. 地至地条款　　　D. 仓至仓条款

6. 被保险货物完全灭失或完全变质，或者货物实际上已不可能归还被保险人的损失是（　　　）。

A. 推定全损　　　　B. 实际全损　　　　C. 单独海损　　　　D. 共同海损

7. 根据中国人民保险公司的海洋货物运输保险条款，下列险别中属于一般附加险的是（　　　）。

A. 平安险　　　　　B. 水渍险　　　　　C. 一切险　　　　　D. 偷窃、提货不着险

8. 如果进出口双方按 CFR 术语成交，保险应由（　　　）。

A. 卖方办理　　　　B. 买方办理　　　　C. 双方自行协商　　D. 中间商办理

9. 我国海运货物基本险的责任时间起始点为（　　　）。

A. 起运港发货人的仓库起运时　　　　B. 起运港承运人的仓库起运时
C. 装上起运港承运货船时　　　　　　D. 起运港承运货船起航时

10. 我国海运货物战争险的责任时间起讫点为（　　　）。

A. 仓至仓　　　　　B. 港到港　　　　　C. 门到门　　　　　D. 船到船

11. 我国海运保险中的"水渍险"承保（　　　）。

A. 由于海浪污染导致货物损失的风险
B. 由于货物中的液体污染导致货物损失的风险
C. 由于海上一般外来风险导致的全部损失
D. 由于海上风险导致的全部损失和部分损失

12. 下列我国 CIF 出口合同的保险条款中，写法正确的是（　　　）。

A. 卖方投保平安险、一切险　　　　　B. 卖方投保一切险
C. 买方投保平安险、一切险　　　　　D. 买方投保一切险

13. 船舶搁浅时，为了使船舶脱险，雇用拖驳强行脱浅的费用为（　　　）。

A. 实际全损　　　　B. 推定全损　　　　C. 共同海损　　　　D. 单独海损

14. 按照国际保险市场的习惯，保险金额一般为（　　　）。

A. FOB 总值加 5% 计算　　　　　　　B. FOB 总值加 10% 计算
C. CIF 总值加 5% 计算　　　　　　　D. CIF 总值加 10% 计算

15. 海运货物保险条款规定，保险索赔时效从被保险货物在最后卸载港（地）全部卸离海轮或其他运输工具之日起算，最多不超过（　　　）年。

A. 一　　　　　　B. 两　　　　　　C. 三　　　　　　D. 四

### 三、综合实训

实训目的：

本实训旨在让学生掌握保险单审核的技能，包括识别保险单中的关键信息、判断保险单的有效性、识别潜在的风险等。通过实际演练，使学生能够熟练地进行保险单审核，并能够根据审核结果提出相应的建议和解决方案。

实训内容：

1. 保险单关键信息识别：学生需要了解保险单中包含的关键信息，如投保人、被保险人、保险责任、免责条款、保险金额等。

2. 保险单有效性判断：学生需要判断保险单的有效性，包括保险单的完整性、合法性、合规性等。

3. 保险单风险识别：学生需要识别保险单中存在的潜在风险，如保险责任是否全面、保险金额是否合理等。

4. 审核结果处理：学生需要根据审核结果，提出相应的建议和解决方案，如是否需要修改保险单、是否需要追加保险条款等。

实训要求：

1. 学生需要熟悉保险单审核的基本流程和方法，并能够准确识别关键信息、判断有效性、识别风险。

2. 学生需要根据审核结果，提出合理的建议和解决方案，并能够清晰地表达自己的观点。

3. 学生需要注重团队协作，积极参与讨论和交流，共同解决问题和提高技能。

实训考核：

1. 考核内容：包括保险单关键信息的识别能力、保险单有效性的判断能力、保险单风险的识别能力、审核结果的处理能力等。

2. 考核标准：要求学生在规定时间内完成一份保险单的审核，并能够准确识别关键信息、判断有效性、识别风险，并提出合理的建议和解决方案。

3. 考核方式：可以采用教师评价、同学互评、学生自评等多种方式进行考核，同时考虑学生的实际操作能力和学习效果。

保险单审核实操演练：根据相关资料，将保险单据上的错误，用红色笔直接修改在单据上。

出口商：ICEBURG INTATIOANL TRADING CO.，LTD

| | |
|---|---|
| 发票号码：ICE20230801 | 发票日期：2023 年 9 月 15 日 |
| 提单号码：COS230908 | 提单日期：2023 年 9 月 23 日 |
| 船名航次：SKYWANY V. 008 | 集装箱号：COSU67081753 |
| 封号：COSU08153 | 保单号码：2023071700531 |
| 货物描述：6535 RAYON COTTON MEN'S JACKET | 单价：USD36. 60/PC CIF BOMBAY |
| 纸箱尺码：60×40×40CMS | 每箱装：12 件 |
| 数量：300 箱 | |
| 合同号码：ICE230866 | 合同日期：2023 年 07 月 16 日 |
| 投保险别：中国人保一切险 | |

# PICC

## 中国人民财产保险股份有限公司
## PICC Property and Casualty Company Limited

总公司设于北京 一九四九年创立
Head Office Beijing Established in 1949

## 货 物 运 输 保 险 单
## CARGO TRANSPORTATION INSURANCE POLICY

发票号码 Invoice No. ICE2023080

合同号码 Contract No. 230866

信用证号 Credit No.

保单号次 Policy No. 202307100531

被保险人 Insured：ICEBURG INTATIOANL TRADING CO.，LTD

中保财产保险有限公司（以下简称本公司）根据被保险人的要求，及其所缴付约定的保险费，按照本保险单承担险别和背面所载条款与下列特别条款承保下列货物运输保险，特签发本保险单。

This policy of Insurance witnesses that The People Insurance (Property) Company of China, Ltd. (hereinafter called the Company) at the request of the Insured and in consideration of the agreed premium paid by the Insured, undertakes to insure the under mentioned goods in transportation subject to the conditions of this Policy as per the Clauses printed overleaf and other special clauses attached hereon.

| 标记<br>Marks & No. | 包装及数量<br>Quantity | 保险货物项目<br>Description of goods | 保险金额<br>Amount Insured |
|---|---|---|---|
| N/M | 300 CTNS | MEN'S COAT | USD 131 760. 00 |

总保险金额

SAY U. S. DOLLARS ONE HUNDRED THIRTY ONE THOUSAND SEVENT

Total Amount Insured：HUNDRED SIXTY ONLY.

保险费
Premium **As arranged**

启运日期
Date of commencement **AS PER B/L**

装载运输工具
Per conveyance **SKYWANY**

自
From **SHANGHAI**

经
Via

至
To **BAMBAY**

承保险别 Conditions：

COVERING

ALL RISKS AS PERCIC OF PICC DATED 01/01/1981 WAREHOUSE TO

WAREHOUSE CLAUSE INCLUDED

所保货物，如发生本保险单项下可能引起索赔的损失或损坏，应立即通知本公司下述代理人查勘。如有索赔，应向本公司提交保险单正本（本保险单共有 2 份正本）及有关文件。如一份正本已用于索赔，其余正本则自动失效。

In the event of damage which may result in a claim under this Policy, immediate notice be given to the Company Agent as mentioned here under. Claims, if any, one of the Original Policy which has been issued in TWO Original (s) together with the relevant documents shall be surrendered to be Company, if one of the Original Policy has been accomplished, the others to be void.

Insurance agent at destination：

INDIA NATIONAL INSURANCE CO.，LTD.

29 HILILI ROAD，BOMBAY，INDIA

赔款偿付地点

Claim payable at **BOMBAY**

中国人民财产保险股份有限公司浙江省分公司
PICC Property and Casualty Company Limited, Zhejiang Branch

出单日期
Issuing date **Sept. 25，2023**

思 博

Authorized Signature

地址：中国浙江省杭州市中山北路 321 号

邮编（Post Code）：310000 电话（Tel）：0571-28802220 传真（Fax）：0571-28802226

# 第七单元
# 掌握跨境贸易商品价格

## 单元介绍

本课程将通过学习跨境商品贸易价格的知识，让学生了解跨境商品贸易价格的种类、影响因素和计算方法，并掌握如何制定跨境商品贸易价格。通过跨境贸易商品价格定价流程，让学生深入了解制定价格过程中的细节和注意事项，并培养学生的分析、计算和解决问题的能力。

## 学习目标

**知识目标：**

1. 了解跨境贸易商品价格的种类和影响因素；
2. 了解跨境贸易商品价格的计算方法；
3. 了解如何制定跨境贸易商品价格。

**技能目标：**

1. 具备分析跨境贸易商品价格的能力；
2. 具备计算跨境贸易商品价格的能力；
3. 具备制定跨境贸易商品价格的能力。

**素质目标：**

1. 增强学生的职业道德和行业规范意识；
2. 提高学生的社会责任感和可持续发展意识。

在跨境贸易中，确定进出口商品价格和在合同中规定价格条款是交易双方最为关心的问题，况且，合同中的价格条款与其他条款有着密切的联系，价格条款的内容与其他条款的约定相互产生影响。因此，价格条款磋商便成了买卖合同中的核心内容。

实际业务中，熟练掌握进出口商品价格报价、采用各种作价办法、选用计价货币、运用佣金和折扣，对贸易达成和顺利实施有着重要的意义。

## 任务 7.1　了解决定价格的因素

## 任务描述

作为一名国际贸易从业者，你需要掌握如何合理作价，以确保公司的盈利能力和市场竞争力。在这个过程中，你需要考虑以下因素：

（1）参照国际市场作价：根据国际市场上的同类商品价格，制定合理的售价。这需要考虑商品的品牌、质量、功能等因素，以确保我们的商品在国际市场上具有竞争力。

（2）区域差别作价：考虑到不同地区的市场需求、竞争程度和消费者的购买力等因素，你需要对不同地区的售价进行差别化。例如，在一些发展中国家，消费者的购买力较弱，我们需要降低价格以吸引更多的消费者。而在一些发达国家，消费者的购买力较强，我们可以提高价格以获得更高的利润。

（3）购销意图作价：根据我们的购销意图，如长期合作、大量采购、急需采购等，制定相应的售价。例如，对于长期合作的客户，我们可以提供更优惠的价格，以建立长期的合作关系。

## 任务分析

（1）了解市场情况：我们需要了解国际市场上的同类商品价格、市场需求和竞争情况等信息。这可以通过市场调研、行业报告等方式获得。

（2）分析客户需求：我们需要了解客户的需求和购买意图，例如客户的购买数量、购买时间、支付方式等。这可以帮助我们制定更合理的售价，满足客户的需求。

（3）制定售价策略：根据市场情况和客户需求，我们可以制定相应的售价策略。例如，对于急需采购的客户，我们可以提供更高的价格；对于长期合作的客户，我们可以提供更优惠的价格。

（4）调整售价：在销售过程中，我们需要根据市场情况和客户需求，及时调整售价。例如，如果市场需求旺盛，我们可以适当提高价格；如果市场需求不足，我们可以适当降低价格。

## 知识储备

（1）国际市场价格变动因素：我们需要了解影响国际市场价格变动的因素，例如商品的品质、运输距离、交货地点和交货条件、季节性因素、贸易数量、支付条件和汇率因素等。

（2）成本掌控：我们需要了解如何掌控成本，以确保公司的盈利能力和市场竞争力。例如，我们需要掌握出口商品盈亏率、出口商品换汇成本和出口创汇率等指标，以评估公司的盈利能力。

（3）销售策略：我们需要了解不同的销售策略，例如差别化定价、促销策略、品牌推广等。这可以帮助我们制定更有效的售价策略，提高市场竞争力。

（4）国际贸易法律法规：我们需要了解国际贸易的法律法规和惯例，例如国际贸易公约、贸易政策等。这可以帮助我们避免法律风险和贸易纠纷，确保公司的利益和声誉。

### 7.1.1　作价原则

价格是贸易中最敏感和最复杂的要素。除了掌握国际市场价格的变动趋势外，还要充分考虑影响价格的各种因素，加强成本和盈亏的核算，并掌握价格换算方法。

在确定进出口商品价格时，主要关注下列三项原则。

### 1. 参照国际市场作价

国际市场价格是以商品的国际价值为基础并在国际市场竞争中形成的，它是交易双方都能接受的价格，可为进出口商品价格定价提供客观依据。

### 2. 区域差别作价

在参照国际市场价格水平的同时，有必要根据不同的市场区域和商品特性与市场的消费能力，采用不同的地区差异化报价。

### 3. 购销意图作价

进出口商品价格，可根据购销意图来确定，即可略高或略低于国际市场价格。

## 7.1.2　全球市场价格变动

国际市场价格受供求关系的影响而波动，有时甚至瞬息万变，因此，在确定成交价格时，必须注意市场供求关系的变化和国际市场价格涨落的趋势。当市场供不应求，国际市场价格就会呈上涨趋势；当市场供过于求，国际市场价格就会呈下跌趋势。因此，了解国际市场的供求状况，有利于准确把握进出口商品的价格。

## 7.1.3　价格变动的要素

### 1. 商品的品质

在国际市场上，一般都贯彻按质论价的原则，即好货好价，次货次价。品质的优劣，档次的高低，包装装潢的好坏，式样的新旧，商标、品牌的知名度，都会影响商品的价格，知名品牌具有很高的品牌溢价。

### 2. 运输距离

国际货物买卖，一般都要经过长途运输。运输距离的远近，由于运费和保险费等物流费用的增加，会影响商品的价格。因此，确定商品价格时，必须认真核算运输成本，区别作价。

### 3. 交货地点和交货条件

在跨境贸易中，由于交货地点和交货条件不同，买卖双方承担的责任、费用和风险有别，确定进出口商品价格时，必须考虑这些因素。例如，同一运输距离内成交的同一商品，按 CIF 条件成交同按 EXW 条件成交，其价格显然不同。

### 4. 季节性因素

在国际市场上，某些节令性商品，如圣诞礼品，需要抢行应市，才能卖上好价。过了节令的商品，往往售价很低，甚至以低于成本出售。

### 5. 贸易数量

成交量的大小影响价格。即成交量大时，在价格上应给予适当优惠，例如采用数量折扣的办法；反之，如成交量过少，甚至低于起订量时，则可以适当提高售价。

### 6. 支付条件和汇率因素

支付条件是否有利和汇率变动风险的大小，都影响商品的价格。例如，同一商品在其他交易条件相同的情况，采取预付货款和凭信用证付款方式下，其价格应当有所区别。同时，确定商品价格时，一般应争取采用对自身有利的货币成交，如出口用"硬币"，进口可采用

"软币"。在报价时，应当把汇率变动的风险考虑到货价中去，即适当提高出售价格或压低购买价格。人民币跨境贸易使用越来越广泛，我们可以要求使用人民币结算，这样可以有效避免外汇汇率的波动给贸易利润带来的损失。

### 7.1.4　成本掌控

在价格掌握上，要加强成本核算能力，以提高经济效益。尤其在出口方面，强调加强成本核算，掌握出口总成本、出口销售外汇（美元）净收入和人民币净收入的数据，并计算和比较各种商品出口的盈亏情况。

出口总成本是指出口商品的进货成本加上出口前的一切费用和税金。出口销售外汇净收入是指出口商品按 FOB 价出售所得的外汇净收入。出口销售人民币净收入是指出口商品的 FOB 价按当时外汇牌价折成人民币的数额。根据出口商品成本的这些数据，可以计算出出口商品盈亏率、出口商品换汇成本和出口创汇率。

#### 1. 出口商品盈亏率

出口商品盈亏率是指出口商品盈亏额与出口总成本的比率。

出口盈亏额是指出口销售人民币净收入与出口总成本的差额，前者大于后者为盈利；反之为亏损。其计算公式如下：

$$出口商品盈亏率 = (出口净收入 - 出口总成本) / 出口总成本 \times 100\%$$

例如，某公司出口一批货物，总成本为 100 万元，出口销售人民币净收入为 120 万元。则该公司的出口商品盈亏额为 20 万元（120 万元 - 100 万元），出口商品盈亏率为 20%（20 万元/100 万元）。

这意味着该公司出口的商品在销售过程中，可以获得 20% 的盈利。如果出口商品盈亏率为负数，则意味着该公司在出口销售中出现了亏损。

出口商品盈亏率是企业评估出口业务的重要指标之一。企业可以通过该指标了解出口业务的盈利情况，以便及时调整经营策略和控制成本，提高出口业务的盈利能力。

#### 2. 出口商品换汇成本

出口商品换汇成本也是用来反映出口商品盈亏的一项重要指标，它是指商品的出口总成本与出口所得的外汇净收入之比，得出用多少人民币换回一美元。出口商品换汇成本如高于银行的外汇牌价，则出口为亏损；反之，则说明出口有盈利。其计算公式如下：

$$出口商品换汇成本 = 出口总成本 / 出口外汇净收入$$

例如，某公司出口一批货物，总成本为 100 万元，出口所得的外汇净收入为 20 万美元，换算成人民币为 140 万元。则该公司的出口商品换汇成本约为 7（100 万元/14 万元）。

这意味着该公司需要用 7 元人民币才能换回 1 美元的外汇。如果出口商品换汇成本高于银行的外汇牌价，则说明该公司的出口业务存在亏损；反之，则说明该公司的出口业务有盈利。

出口商品换汇成本是企业评估出口业务的重要指标之一。企业可以通过该指标了解出口业务的盈利情况，以便及时调整经营策略和控制成本，提高出口业务的盈利能力。

#### 3. 出口创汇率

出口创汇率是指加工后成品出口的外汇净收入与原料外汇成本的比率。如原料为国商品，其外汇成本可按原料的 FOB 出口价计算。如原料是进口的，则按该原料的 CIF 价计算。通过出口的外汇净收入和原料外汇成本的对比，则可看出成品出口的创汇情况，从而确定出口成品是否有利。特别是在进料加工的情况下，核算出口创汇率这项指标，更有必要。其计算公式如下：

出口创汇率＝(加工后成品出口的外汇净收入－原料外汇成本)／原料外汇成本

例如，某公司进口原材料加工后出口成品，原材料的 CIF 价为 100 万元，加工费用为 50 万元，出口成品的 FOB 价为 200 万元，出口销售人民币净收入为 120 万元。则该公司的出口创汇率为 40%（（120 万元－100 万元－50 万元)/100 万元）。

这意味着该公司通过加工后出口成品创造了 40% 的外汇净收入，效益良好。如果出口创汇率为负数，则说明该公司在出口加工业务中存在亏损。

出口创汇率是企业评估出口业务的重要指标之一。企业可以通过该指标了解出口业务的盈利情况，以便及时调整经营策略和控制成本，提高出口业务的盈利能力。

当然，在出口商品价格的掌握上，还要防止盲目坚持高价或随意削价竞销的问题，尤其要防止低价倾销案的发生。

# 任务 7.2　掌握作价方式

## 任务描述

在合同中，价格通常被规定为固定的，但有时候也会是非固定的，或者部分固定部分非固定的。

固定价格通常以货物的成本为基础，考虑到市场行情、供求关系等因素，形成一个确定的价格。这种价格方式具有明确、具体、肯定和便于核算的特点。

非固定价格通常是由于货物价格受市场因素影响较大，无法在合同签订时确定。

部分固定价格，部分非固定价格是指合同中规定的货物价格有一部分是固定的，另一部分是非固定的。例如，合同可以规定货物的成本是固定的，但是运费和保险费是根据实际情况确定的。

为了应对市场变化，有时候在合同中会规定价格调整条款。这种条款允许在满足一定条件的情况下，对合同价格进行调整。

## 任务分析

（1）价格的确定需要考虑到货物的价值、运输费用、保险费用、税收等因素。在确定价格时，需要将这些因素都考虑在内，形成一个合理的价格。

（2）固定价格和非固定价格的选取需要考虑到市场的变化和不确定性。对于价格受市场因素影响较大的货物，可以采用非固定价格的方式，以便在市场变化时能够及时调整价格。而对于市场相对稳定的货物，可以采用固定价格的方式，以减少风险和不确定性。

（3）部分固定价格和部分非固定价格的结合可以同时考虑市场的变化和货物的特点。对于一些货物，其成本可能相对稳定，但是运输和保险费用可能受市场因素影响较大。在这种情况下，可以将成本规定为固定价格，而将运输和保险费用规定为非固定价格，以便在满足双方利益的同时，减少风险和不确定性。

（4）价格调整条款的制定需要考虑到市场的变化和双方的利益。在制定价格调整条款时，需要明确调整的条件、方法和范围，并且确保这种条款能够满足双方的利益需求。

📝 **知识储备**

（1）价格构成：货物的价值、运输费用、保险费用、税收等都是价格的构成部分。在确定价格时，需要考虑这些部分的合理组合。

（2）价格形成：货物的价格受市场供求关系、货物的特点、质量等因素的影响。在确定价格时，需要考虑这些因素对价格的影响，形成一个合理的价格。

（3）贸易术语：贸易术语可以帮助买卖双方在确定价格时考虑各种因素。例如，FOB（Free On Board）价和CIF（Cost, Insurance and Freight）价就是两种常用的贸易术语，它们分别考虑了运输费用和保险费用等因素对价格的影响。

（4）合同条款：合同是买卖双方达成协议的重要文件。在合同中规定好各种条款，包括价格的条款，可以帮助双方明确各自的权利和义务，减少纠纷的风险。

### 7.2.1　固定价格

我国进出口合同，绝大部分都是在双方协商一致的基础上，明确地规定具体价格，这也是国际上常见的做法。

按照各国法律的规定，合同价格一经确定，就必须严格执行。除非合同另有约定，或经双方当事人一致同意，任何一方都不得擅自更改。

在合同中规定固定价格是一种常规做法。它具有明确、具体、肯定和便于核算的特点。不过，由于市场行情瞬息万变，价格涨落不定。因此，在国际货物买卖合同中规定固定价格，就意味着买卖双方要承担从订约到交货付款以至转售时价格变动的风险。况且，如果行市变动过于剧烈，这种做法还可能影响合同的顺利执行。一些不守信用的商人很可能为逃避亏损，而寻找各种借口撕毁合同。为了减少价格风险，在采用固定价格时，首先，必须对影响商品供需的各种因素进行细致的研究，并在此基础上，对价格的前景作出判断，以此作为决定合同价格的依据；其次，必须对客户的资信进行了解和研究，慎重选择订约的对象。但是，国际商品市场的变化往往受各种临时性因素的影响，变化莫测。特别是在金融危机爆发时，由于各种货币汇价动荡不定，商品市场变动频繁，剧涨暴跌的现象时有发生。在此情况下，固定价格往往会给买卖双方带来巨大的风险，尤其是当价格前景捉摸不定时，更容易使客户裹足不前。

因此，为了减少风险，促成交易，提高履约率，在合同价格的规定方面，也可采取一些变通做法。

### 7.2.2　非固定价格

非固定价格，即一般业务上所说的"活价"，大体上可分为以下几种。

**1. 具体价格待定**

这种定价方法又可分为：

（1）在价格条款中明确规定定价时间和定价方法。例如："在装船月份前 45 天，参照当地及国际市场价格水平，协商议定正式价格"；或 "按提单日期的国际市场价格计算"。

（2）只规定作价时间，例如："由双方在××年×月×日协商确定价格"。这种方式由于未就作价方式作出规定，容易给合同带来较大的不稳定性，双方可能因缺乏明确的作价标准，而在商订价格时各执己见，相持不下，导致合同无法执行。因此，这种方式一般只适用于双方有长期交往并已形成比较固定的交易习惯的合同。

**2. 暂定价格**

在合同中先订立一个初步价格，作为开立信用证和初步付款的依据，待双方确定最后价格后再进行最后清算，多退少补。例如："单价暂定 CIF 神户，每公吨 1 000 英镑，作价方法：以××交易所 3 个月期货，按装船月份月平均价加 5 英镑计算，买方按本合同规定的暂定价开立信用证"。

**3. 部分固定价格，部分非固定价格**

为了照顾双方的利益，解决双方在采用固定价格或非固定价格方面的分歧，也可采用部分固定价格，部分非固定价格的做法，或是分批作价的办法，交货期近的价格在订约时固定下来，余者在交货前一定期限内作价。

非固定价格是一种变通做法，在行情变动剧烈或双方未能就价格取得一致意见时，采用这种做法有一定的好处。表现在以下几个方面。

（1）有助于暂时解决双方在价格方面的分歧，先就其他条款达成协议，早日签约。

（2）解除客户对价格风险的顾虑，使之敢于签订交货期长的合同。数量、交货期的早日确定，不但有利于巩固和扩大出口市场，也有利于生产、收购和出口计划的安排。

（3）对进出口双方，虽不能完全排除价格风险，但对出口人来说，可以不失时机地做成生意；对进口人来说，可以保证一定的转售利润。

非固定价格的做法，是先订约后作价，合同的关键条款价格是在订约之后由双方按一定的方式来确定的。这就不可避免地给合同带来较大的不稳定性，存在着双方在作价时不能取得一致意见，而使合同无法执行的可能；或由于合同作价条款规定不当，而使合同失去法律效力的危险。

## 7.2.3 价格调整条款

在合同中规定价格调整条款，是一种常见的做法。这种条款的目的是为了应对市场价格变动，以确保双方的利益得到保障。

在国际货物买卖中，价格调整条款通常会规定一个参考指标，例如其他客户的成交价，然后在一个约定的范围内，对合同价格进行调整。例如，如果卖方对其他客户的成交价高于或低于合同价格 5%，那么双方可以协商调整合同价格。

此外，一些商品合同，特别是加工周期较长的、价格波动较大的机器设备合同，会采用"价格调整条款"，即在签订合同时只规定初步价格，同时规定如果原料价格、工资等发生变化，卖方有权调整价格。

在价格调整条款中，通常使用公式来调整价格。这个公式通常包括一些变量，如原料价格、工资等，以及调整幅度的计算方式。例如，以下是一个简单的价格调整条款的示例：

"如果原料价格在合同执行期间上涨或下降了 X%，则双方应协商调整合同价格。"

这个条款中，变量是"原料价格"，调整幅度则是"X%"。在执行合同时，如果原料价格发生变化，双方可以根据这个条款协商调整合同价格。

总之，价格调整条款是一种灵活的方式，可以适应市场价格的变化，确保双方的利益得到保障。

如果买卖双方在合同中规定，按上述公式计算出来的最后价格与约定的初步价格相比，其差额不超过约定的范围（如百分之若干），初步价格可不予调整，合同原定的价格对双方当事人仍有约束力，双方必须严格执行。

上述"价格调整条款"的基本内容，是按原料价格和工资的变动来计算合同的最后价格。在通货膨胀的条件下，它实质上是出口厂商转嫁国内通货膨胀、确保利润的一种手段。但值得注意的是，这种做法已被联合国欧洲经济委员会纳入它所制订的一些"标准合同"之中，而且其应用范围已从原来的机械设备交易扩展到一些初级商品交易，因而具有一定的普遍性。

由于这类条款是以工资和原料价格的变动作为调整价格的依据，因此，在使用这类条款时，就必须注意工资指数和原料价格指数的选择，并在合同中予以明确。

此外，在跨境贸易中，人们有时也应用物价指数作为调整价格的依据。如合同期间的物价指数发生的变动超出一定的范围，价格即作相应调整。

总之，在使用价格调整条款时，合同价格的调整是有条件的。用来调整价格的各个因素在合同期间所发生的变化，如约定必须超过一定的范围才予调整，未超过限度的，即不予调整。

# 任务7.3　掌握计价货币的选择

### 任务描述

计价货币的选择需要综合考虑多种因素，包括双方的协商、稳定性、流通性、信任度以及成本效益。在这个过程中，贸易规模、汇率波动、市场需求、货币政策以及交易对象等因素也需要被考虑进去。

在这个任务中，我们将探讨如何根据以上原则和策略选择计价货币，以及如何考虑相关因素对计价货币选择的影响。

### 任务分析

（1）原则和策略：通过与贸易伙伴进行讨论和协商，了解他们的需求和利益，并在此基础上做出决策。同时，要考虑稳定性、流通性、信任度和成本效益等策略，以降低风险和成本。

（2）贸易规模：对于大规模的贸易，选择一种稳定的、广泛流通的、双方都信任的货币可以降低风险和不确定性，确保交易的顺利进行。

（3）汇率波动：如果选择一种汇率波动较大的货币作为计价货币，将增加交易过程中的汇率风险。因此，应该选择一种相对稳定的货币来减少这种风险。

（4）市场需求：如果某种货币在目标市场中具有较高的流通性和接受度，那么选择这种货币作为计价货币可以降低交易难度和成本。

（5）货币政策：如果选择一种货币政策不稳定的货币作为计价货币，可能会增加交易过程中的经济风险。

（6）交易对象：如果贸易伙伴愿意接受人民币作为计价货币，那么使用人民币可以促进人民币国际化，并避免汇率变动的风险。

### 📝 知识储备

（1）国际贸易中的计价货币通常由双方协商确定。在协商过程中，双方应充分考虑各自的需求和利益，并寻求达成共识的方案。

（2）选择计价货币时，要优先考虑稳定性、流通性、信任度和成本效益等因素。这些因素可以帮助降低交易过程中的风险和成本，提高交易的可靠性。

（3）贸易规模较大的交易通常更倾向于选择一种稳定的、广泛流通的、双方都信任的货币作为计价货币。这样可以降低交易过程中的不确定性，确保交易的安全性。

（4）在选择计价货币时，要关注各币种的汇率走势，选择相对稳定的货币来减少这种风险。

（5）某种货币在目标市场中具有较高的流通性和接受度，那么选择这种货币作为计价货币可以降低交易难度和成本。

（6）在选择计价货币时，要关注各国的货币政策及其稳定性。

## 7.3.1　货币选择原则

计价货币（Money of Account）是指合同中规定用来计算价格的货币。如合同中的价格是用一种双方当事人约定的货币（如美元）来表示的，没有规定用其他货币支付，则合同中规定的货币，既是计价货币，又是支付货币（Money of Payment）。如在计价货币之外，还规定了其他货币（如英镑）支付，则英镑就是支付货币。

跨境贸易中计价货币的选择是一个重要的决策，它涉及贸易双方的利益和风险。以下是跨境贸易中计价货币的选择的原则和策略以及考虑的因素。

**1. 原则和策略**

（1）双方协商：计价货币的选择应该由贸易双方协商决定，以满足双方的需求和利益。

（2）稳定性：计价货币应该是稳定的货币，以降低汇率波动风险。

（3）流通性：计价货币应该是流通广泛的货币，以方便交易和结算。

（4）信任度：计价货币应该是双方都信任的货币，以降低信用风险。

（5）成本效益：计价货币应该是成本效益最高的货币，以降低交易成本。

**2. 考虑的因素**

（1）贸易规模：贸易规模越大，计价货币的选择就越重要。

（2）汇率波动：汇率波动会对计价货币的选择产生影响，应该选择稳定的货币。

（3）市场需求：市场需求也是计价货币选择的重要因素，应该根据市场需求选择计价货币。

（4）货币政策：货币政策也会对计价货币的选择产生影响，应该选择货币政策稳定的货币。

（5）交易对象：交易对象的国家和地区也会对计价货币的选择产生影响，应该选择交易对象国家或地区的货币。

总之，计价货币的选择应该遵循原则和策略，同时考虑贸易规模、汇率波动、市场需求、货币政策和交易对象等因素，以满足双方的需求和利益。

在合同规定用一种货币计价，而用另一种货币支付的情况下，因两种货币在市场上的地位不同，其中有的坚挺（称硬币），有的疲软（称软币），这两种货币按什么时候的汇率进行结算，是关系到买卖双方利害得失的一个重要的问题。

按国际上的惯例做法，如果两种货币的汇率是按付款时的汇率计算，则不论计价和支付用的是什么货币，都可以按计价货币的量收回货款。对卖方来说，如果计价货币是硬币，支付货币是软币，基本上不会受损失，还可起到保值的作用；如果计价货币是软币，支付货币是硬币，他所收入的硬币就会减少，这对卖方不利，而对买方有利。

如果计价货币和支付货币的汇率在订约时已经固定。那么，在计价货币是硬币、支付货币是软币的条件下，卖方在结算时收入的软币所代表的货值往往要少于按订约日的汇率应收入的软币所代表的货值，也就是说对买方有利，而对卖方不利。反之，如计价货币是软币，支付货币是硬币，则对卖方有利，对买方不利。

此外，也有在签订合同时，即明确规定计价货币与另一种货币的汇率，到付款时，该汇率如有变动，则按比例调整合同价格。

## 7.3.2　人民币国际化

人民币国际化的含义包括三个方面：第一，人民币现金在境外享有一定的流通度；第二，以人民币计价的金融商品成为国际各主要金融机构包括中央银行的投资工具，为此，以人民币计价的金融市场规模不断扩大；第三，跨境贸易中以人民币结算的交易要达到一定的比重。这是衡量货币包括人民币国际化的通用标准，其中最主要的是后两点。当前国家间经济竞争的最高表现形式就是货币竞争。如果人民币对其他货币的替代性增强，不仅将现实地改变储备货币的分配格局及其相关的铸币税利益，而且也会对西方国家的地缘政治格局产生深远的影响。

人民币国际化的最终目标是在国际货币体系中拥有与美元及欧元并驾齐驱的地位，包括以下五个方面：一是人民币应该可以在境内和境外自由兑换成外币，可以在境外银行中开设人民币账户，在境外使用以人民币为基础的信用卡和借记卡，在个别情况下还可以小规模地直接使用人民币现金；二是在跨境贸易合同中可以以人民币为计价单位，而且不仅可用于中国的进出口贸易，还可以在不涉及中国的跨境贸易中作为买卖双方都同意使用的计价货币；三是在跨境贸易结算时可以采用人民币作为支付货币，甚至在一些未采用人民币作为计价货币的跨境贸易中，也可以经买卖双方同意后采用人民币支付；四是人民币可以作为国际投资和融资的货币，这不仅包括人民币可以用于实体经济的投资、并购等活动，还包括人民币可以用于虚拟经济领域的各种金融资产及其衍生商品，例如股票、债券、票据、保单、保函、期货、期权、远期和互换；五是人民币可以作为国际储备货币，不仅可以作为各国政府或中央银行干预外汇市场的手段，而且应在特别提款权中占有一定的比例。

跨境贸易与人民币国际化是紧密相关的两个领域。跨境贸易是各国之间进行商品和服务交换的重要方式，而货币则是跨境贸易中不可或缺的交易媒介。人民币国际化则是指人民币在跨境贸易和投资中的使用程度和影响力逐步提高的过程。

人民币国际化的重要性在于，它可以促进中国与其他国家的贸易和投资往来，降低交易成本，提高金融风险管理能力。此外，人民币国际化还可以提高中国在国际货币体系中的地位和话语权，促进人民币作为国际储备货币的地位提升。

为了推进人民币国际化，中国政府和央行采取了一系列措施，如开展人民币跨境贸易结算、发行离岸人民币债券、设立离岸人民币市场等。这些措施已经取得了一定的成效，人民币在跨境贸易和投资中的使用程度和影响力逐步提高。

总之，跨境贸易和人民币国际化是相互促进的两个领域，人民币国际化的推进可以促进中国与其他国家的贸易和投资往来，提高中国在国际货币体系中的地位和话语权。

# 任务7.4　了解价格中的佣金和折扣

## 任务描述

本次任务要求我们对佣金和折扣的含义、规定办法、计算方法以及支付方法进行深入理解，并在实际情境中进行应用。

## 任务分析

佣金（Commission）通常是指中介或代理人从客户交易中获取的报酬。它是以成交为基础，按照双方商定的比例收取的费用。

折扣（Discount）则是指商家为了刺激大量购买或提前付款等原因，在原价格上给予的优惠。折扣可以吸引更多的消费者，提高商品的市场竞争力。

## 知识储备

（1）佣金的支付通常是由双方协商决定的，可以在交易完成时直接支付给中介人，也可以按照约定的时间周期进行支付。

（2）佣金的规定办法：佣金的比例根据行业和地区会有所不同。例如，房地产行业的佣金比例通常较高，为1%~3%，而零售行业的佣金比例则较低。

（3）佣金的计算与支付方法：佣金的计算通常是根据交易金额乘以佣金比例得出。

（4）折扣可以应用于不同的市场和商品，例如零售商品、旅游服务、金融服务等。

（5）折扣的规定办法：折扣的比例和具体实施方式是由商家根据市场情况和营销策略进行决定的。

（6）折扣的计算与支付方法：折扣的计算通常是根据原价乘以折扣比例得出。折扣的支付方法可以根据商家的要求进行。

## 7.4.1　佣金

在合同价格条款中，有时会涉及佣金（Commission）和折扣（Discount；Allowance）。价格条款中所规定的价格，可分为包含有佣金或折扣的价格和不包含这类因素的净价（Net Price）。包含有佣金的价格，在业务中通常称为"含佣价"。

### 1. 佣金的含义

在跨境贸易中，有些交易是通过中间代理商进行的。因中间商介绍生意或代买代卖而需收取一定的酬金，此项酬金叫佣金。凡在合同价格条款中，明确规定佣金的百分比，叫作"明佣"。如不标明佣金的百分比，甚至连"佣金"字样也不标示出来，有关佣金的问题由双方当事人另行约定，这种暗中约定佣金的做法，叫作"暗佣"。佣金直接关系到商品的价格，货价中是否包括佣金和佣金比例的大小，都影响商品的价格。显然，含佣价比净价要高。正确运用佣金，有利于调动中间商的积极性和扩大交易。

### 2. 佣金的规定办法

在商品价格中包括佣金时，通常应以文字来说明。例如："每公吨 200 美元 CIF 旧金山，包括 2%佣金"（US $ 200 Per M/T CIF San Francisco including 2%commission）。也可在贸易术语上加注佣金的缩写英文字母"C"和佣金的百分比来表示。例如："每公吨 200 美元 CIFC 2%旧金山"（US $ 200 Per M/T CIF San Francisco including 2%commission）。商品价格中所包含的佣金，除用百分比表示外，也可以用绝对数来表示。例如："每公吨付佣金 25 美元。"如中间商为了从买卖双方获取"双头佣金"或为了逃税，有时要求在合同中不规定佣金。而另按双方暗中达成的协议支付。佣金的规定应合理，其比率一般掌握在 1%~5% 之间，不宜偏高。

### 3. 佣金的计算与支付方法

在跨境贸易中，计算佣金的方法不一，有的按成交金额约定的百分比计算，也有的按成交商品的数量来计算，即按每一单位数量收取若干佣金计算。在我国进出口业务中，计算方法也不一致，按成交金额和成交商品的数量计算的都有。在按成交金额计算时，有的以发票总金额作为计算佣金的基数，有的则以 FOB 总值为基数来计算佣金。如按 CIFC 成交，而以 FOB 值为基数计算佣金时，则应从 CIF 价中减去运费和保险费，求出 FOB 值，然后以 FOB 值乘佣金率，即得出佣金额。

关于计算佣金的公式如下：

$$单位货物佣金额 = 含佣价 \times 佣金率$$
$$净价 = 含佣价 - 单位货物佣金额$$

上述公式也可写成：

$$净价 = 含佣价 \times （1 - 佣金率）$$

假如已知净价，则含佣价的计算公式应为：

$$含佣价 = \frac{净价}{1 - 佣金率}$$

在这里，值得注意的是，如在洽商交易时，我方报价为 10 000 美元，对方要求 3% 的佣金，在此情况下，我方改报含佣价，按上述公式算出应为 10 309.3 美元，这样才能保证实收 10 000 美元。

佣金的支付一般有两种做法：一种是由中间代理商直接从货价中扣除佣金；另一种是在委托人收清货款之后，再按事先约定的期限和佣金比率，另行付给中间代理商。在支付佣金时，应防止错付、漏付和重付等事故发生。

按照一般惯例，在独家代理情况下，如委托人同约定地区的其他客户达成交易，即使未经独家代理过手，也得按约定的比率付给其佣金。

## 7.4.2　折扣

### 1. 折扣的含义

折扣是指卖方按原价给予买方一定百分比的减让，即在价格上给予适当的优惠。跨境贸易中使用的折扣，名目很多，除一般折扣外，还有为扩大销售而使用的数量折扣（Quantity Discount）、为实现某种特殊目的而给予的特别折扣（Special Discount）以及年终回扣（Turnover Bonus）等。凡在价格条款中明确规定折扣率的，叫作"明扣"；凡交易双方就折扣问题已达成协议，而在价格条款中却不明示折扣率的，叫作"暗扣"。折扣直接关系到商品的价格，货价中是否包括折扣和折扣率的大小，都影响商品价格，折扣率越高，则价格越低。折扣如同佣金一样，都是市场经济的必然产物，正确运用折扣，有利于调动采购商的积极性和扩大销路，在跨境贸易中，它是加强对外竞销的一种手段。

### 2. 折扣的规定办法

在跨境贸易中，折扣通常在合同价格条款中用文字明确表示出来。例如："CIF 伦敦每公吨 200 美元，折扣 3%"（US ＄ 200 Per Metricton CIF London including 3% discount）。此例也可这样表示："CIF 伦敦每公吨 200 美元，减 3% 折扣"（US ＄ 200 Per metric ton CIF 伦敦 Less 3% discount）。此外，折扣也可以用绝对数来表示。例如："每公吨折扣 6 美元"。

在实际业务中，也有用"CIFD"或"CIFR"来表示 CIF 价格中包含折扣。这里的"D"和"R"是"Discount"和"Rebate"的缩写。鉴于在贸易往来中加注的"D"或"R"含义不清，可能引起误解，故最好不使用此缩写语。

交易双方采取暗扣的做法时，则在合同价格中不予规定。有关折扣的问题，按交易双方暗中达成的协议处理。这种做法属于不公平竞争。公职人员或企业雇佣人员拿"暗扣"，应属贪污受贿行为。

### 3. 折扣的计算与支付方法

折扣通常是以成交额或发票金额为基础计算出来的。例如，CIF OSAKA，每公吨 5 000 美元，折扣 2%，卖方的实际净收入为每公吨 4 900 美元。其计算方法如下：

$$单位货物折扣额 = 原价（或含折扣价） \times 折扣率$$
$$卖方实际净收入 = 原价 - 单位货物折扣额$$

折扣一般是在买方支付货款时预先予以扣除。也有的折扣金额不直接从货价中扣除，而按暗中达成的协议另行支付给买方，这种做法通常在给"暗扣"或"回扣"时采用。

# 任务 7.5　合同中的价格条款

## 任务描述

本次任务要求我们深入理解合同中价格条款的注意事项，包括价格形式和单位、价格依据和计算方法、价格调整方式和条件、价格支付方式和时间、价格的税费和保险责任。同时，我们还需要掌握价格的计算方法，包括 FOB、CFR 和 CIF 三种价格术语的换算。

## 任务分析

（1）价格形式和单位：单价是指单个商品或服务的价格，总价是指整个合同项下的商品或服务的总价格，而价格区间是指商品或服务的价格在一个指定的范围内。同时，价格单位可以是不同货币，如人民币、美元、欧元等。

（2）价格依据和计算方法：价格的依据可以是市场行情、成本、协商等。市场行情是指根据市场价格来确定合同价格，成本是指根据商品或服务的成本来确定价格，协商则是指双方通过协商达成一致的价格。此外，计算方法可以是按重量、按数量、按面积等。

（3）价格调整方式和条件：价格的调整方式可以是固定调整、浮动调整等。固定调整是指双方约定一个固定的价格，不受市场价格波动的影响；而浮动调整是指双方约定一个浮动的价格，根据市场价格波动来调整合同价格。调整条件可以是市场价格波动、原材料价格变化等。

（4）价格支付方式和时间：支付方式可以是一次性支付、分期支付等，支付时间可以是货到付款、预付款后发货等。在合同中需要明确规定支付方式和时间，以避免双方发生争议。

## 知识储备

（1）了解合同中价格条款的注意事项：明确价格的形式和单位：价格形式可以是单价、总价、价格区间等，单位可以是人民币、美元、欧元等。

（2）确定价格的依据和计算方法：价格的依据可以是市场行情、成本、协商等，计算方法可以是按重量、按数量、按面积等。

（3）约定价格的调整方式和条件：价格的调整方式可以是固定调整、浮动调整等，调整条件可以是市场价格波动、原材料价格变化等。

（4）规定价格的支付方式和时间：支付方式可以是一次性支付、分期支付等，支付时间可以是货到付款、预付款后发货等。

### 7.5.1　规定价格条款的注意事项

（1）明确价格的形式和单位：价格形式可以是单价、总价、价格区间等，单位可以是人民币、美元、欧元等。

（2）确定价格的依据和计算方法：价格的依据可以是市场行情、成本、协商等，计算方法可以是按重量、按数量、按面积等。

（3）约定价格的调整方式和条件：价格的调整方式可以是固定调整、浮动调整等，调整条件可以是市场价格波动、原材料价格变化等。

（4）规定价格的支付方式和时间：支付方式可以是一次性支付、分期支付等，支付时间可以是货到付款、预付款后发货等。

（5）明确价格的税费和保险责任：价格中是否包含税费和保险费需要明确约定，以避免争议。

（6）约定价格的违约责任和解决争议的方式：价格违约责任可以是赔偿损失、支付违约金等，解决争议的方式可以是仲裁、诉讼等。

### 7.5.2 合同中价格的计算

在跨境贸易中，不同的贸易术语表示其价格构成因素不同，即包括不同的从属费用。例如：FOB 术语中不包括从装运港至目的港的运费和保险费；CFR 术语中则包括从装运港至目的港的通常运费；CIF 术语中除包括从装运港至目的港的通常运费外，还包括保险费。在对外洽商交易过程中，有时一方按某种贸易术语报价时，对方要求改报其他术语所表示的价格，如一方按 FOB 报价，对方要求改按 CIF 或 CFR 报价。为了把生意做活和有利于达成交易，也可酌情改报价格，这就涉及价格的换算问题。了解贸易术语的价格构成及其换算方法，是从事跨境贸易人员所必须掌握的基本知识相技能。

跨境贸易的实际业务操作中，会涉及不同的价格术语的换算问题。如常见的三种价格术语 FOB、CFR、CIF 的换算。

合同中的价格条款，一般包括商品的单价和总值两项基本内容，至于确定单价的作价办法和与单价有关的佣金与折扣的运用，也属价格条款的内容。商品的单价通常由四个部分组成，即包括计量单位（如公吨）、单位价格金额（如 200）、计价货币（如美元）和贸易术语（如 CIF 伦敦）。在价格条款中可规定："每公吨 200 美元，CIF 伦敦"（USD 200 Per M/T CIF London）。总值是指单价同成交商品数量的乘积，即一笔交易的货款总金额。

（1）FOB 价换算成其他价格。

$$CFR \text{ 价} = FOB \text{ 价} + 运费(F)$$

$$CIF \text{ 价} = \frac{FOB + 运费(F)}{1 - [保险费率 \times (1 + 投保加成率)]}$$

$$CIF \text{ 价} = FOB \text{ 价} + 运费(F) + 保险费(I)$$

（2）CFR 价换算成其他价格。

$$FOB \text{ 价} = CFR - 运费(F)$$

$$CIF \text{ 价} = CFR \text{ 价} + 保险费(I)$$

$$CIF \text{ 价} = CFR / [1 - (1 + 投保加成率) \times 保险费率]$$

（3）CIF 价换算成其他价格。

$$FOB \text{ 价} = CIF \text{ 价} \times [1 - (1 + 投保加成率) \times 保险费率] - 运费$$

$$CFR \text{ 价} = CIF \text{ 价} \times [1 - (1 + 投保加成率) \times 保险费率]$$

在上式中，投保加成率是指按照国际保险市场的习惯做法，出口货物的保险金额一般按

CIF 货值另加 10% 计算，这增加的 10% 也称保险加成率，保险加成率包括买方进行这笔交易所付的费用（如运费、保险费）以及预期的利润，如果加保二成，则保险金额为 CIF 货值的120%。所以，通常 CIF 货值是作为保险金额的计算基础。

（4）单价计算：单价＝总价÷数量。

（5）总价计算：总价＝单价×数量。

（6）价格区间计算：根据价格区间的不同，计算方式也不同，可以是按平均价格计算、按最高价格计算等。

（7）按重量计算：价格＝单价×重量。

（8）按面积计算：价格＝单价×面积。

## 📖 前沿视角

### 国际贸易的货币选择与人民币国际化

国际贸易是各国之间经济交流的重要方式，货币作为交易媒介的选择对于贸易双方具有重要的影响。在过去，美元一直是主要的国际贸易货币，但随着中国经济的崛起，人民币逐渐成为国际贸易中的重要货币之一。本文将探讨国际贸易中的货币选择以及人民币国际化的现状和未来发展。

一、国际贸易中的货币选择

在国际贸易中，货币选择通常由买卖双方商定。货币选择的主要因素包括货币的稳定性、流动性、信用度和可兑换性等。在过去几十年中，美元一直是主要的国际贸易货币，其地位主要得益于美国经济实力和金融体系的强大。此外，美元还是全球储备货币的首选，这使得其在国际贸易中具有更大的优势。

然而，近年来随着中国经济的快速崛起，人民币逐渐成为国际贸易中备受关注的货币之一。自 2009 年以来，中国政府已经采取了一系列措施来促进人民币国际化，例如推出离岸人民币市场、签署人民币本币清算协议等。这些措施极大地提高了人民币在国际贸易中的地位，也为中国企业在海外投资和融资提供了更多的选择。

除了美元和人民币之外，欧元、日元、英镑等货币也在国际贸易中得到广泛应用。不同货币之间的竞争和合作也为国际贸易提供了更多的选择和机会。

二、人民币国际化的现状和未来发展

人民币国际化是中国政府长期以来的战略目标之一。通过推进人民币国际化，中国可以加强其在全球经济中的地位，并为其企业提供更多的融资和投资机会。目前，人民币已经成为全球支付、储备和发债等多个领域中备受关注的货币之一。

然而，人民币国际化仍面临一些挑战。首先，人民币在国际市场上的流动性和可兑换性仍有待提高。其次，中国金融市场的开放程度相对较低，这也制约了人民币在国际金融市场上的发展。此外，全球经济形势和政治环境的变化也可能对人民币国际化产生影响。

未来，中国政府将继续推进人民币国际化，并加快金融市场开放进程。同时，中国还将加强与其他国家和地区的合作，推动人民币与其他货币之间的交流和互动。这将有助于提高人民币在全球经济中的地位，并为中国企业提供更多的发展机会。

总之，货币选择是国际贸易中一个重要的问题，不同货币之间的竞争和合作也为贸易双方提供了更多的选择和机会。人民币国际化是中国政府长期以来的战略目标之一，未来将继续推进并加快其发展步伐。

## 任务实施

| 任务编号 | 任务名称 | 任务讨论 | 任务执行 | 总结评价 |
|---|---|---|---|---|
| 任务7.1 | 了解决定价格的因素 | 讨论决定价格的因素，包括成本、市场需求、竞争情况、商品特点等 | 分析实际贸易中决定价格的各种因素，记录不同因素对价格的影响 | 对决定价格的因素进行评价，理解它们在贸易中的作用和意义 |
| 任务7.2 | 掌握作价方式 | 讨论作价方式的概念、种类和特点，包括固定价格、浮动价格、成本加利润价格等 | 分析实际贸易中不同作价方式的应用情况，记录不同方式的优缺点和适用范围 | 对作价方式进行评价，理解不同方式在贸易中的作用和意义 |
| 任务7.3 | 掌握计价货币的选择 | 讨论计价货币的选择原则和方法，包括选择可自由兑换的货币、考虑汇率风险等 | 分析实际贸易中计价货币的选择情况，记录不同货币选择的原因和影响 | 对计价货币的选择进行评价，理解不同货币选择在贸易中的作用和意义 |
| 任务7.4 | 了解价格中的佣金和折扣 | 讨论佣金和折扣的概念、种类和计算方法，以及在贸易中的作用和意义 | 分析实际贸易中佣金和折扣的使用情况，记录不同佣金和折扣的计算方法和影响 | 对佣金和折扣进行评价，理解它们在贸易中的作用和意义 |
| 任务7.5 | 了解合同中的价格条款 | 讨论合同中价格条款的内容、要求和注意事项，包括价格构成、支付方式、价格调整等 | 分析实际贸易中合同中价格条款的应用情况，记录不同条款的特点和适用范围。同时需要分析任务分析中需要做的其他工作，如风险防范、合同纠纷处理等，并进行相应的讨论和执行 | 对合同中价格条款的内容进行评价，理解不同条款在贸易中的作用和意义。同时需要对任务分析中需要做的其他工作进行评价，总结任务完成情况和经验教训 |

以上表格可根据具体任务需求进行调整和完善。在实际实施过程中，可以组织团队成员进行讨论、分工合作，共同完成任务。同时，及时记录和总结评价，以便更好地完成任务目标。

## 知识与技能训练

### 同步测试

参考答案

**一、判断题**

1. 国际贸易的作价原则是双方协商，没有固定原则。（　　　）
2. 作价方式通常是根据市场供求状况进行定价。（　　　）
3. 在国际贸易中，计价货币的选择通常由出口国决定。（　　　）
4. 人民币国际化可以提高中国在国际贸易中的话语权。（　　　）
5. 价格与佣金可以影响国际贸易的交易。（　　　）
6. 价格条款是国际贸易合同中的必要条款。（　　　）

7. 国际贸易中的价格条款可以直接使用双方协商的价格。（　　　）

8. 国际贸易中的佣金通常由出口商支付给进口商。（　　　）

9. 国际贸易中的价格条款需要考虑货物的品质、数量和交货时间等因素。（　　　）

10. 国际贸易中的价格条款需要根据市场供求状况进行调整。（　　　）

11. 在国际贸易中，佣金通常会影响买卖双方的实际利益。（　　　）

12. 人民币国际化可以提高中国在国际贸易中的竞争力。（　　　）

13. 国际贸易中的价格条款可以根据不同国家的税收政策进行调整。（　　　）

14. 国际贸易中的佣金通常由出口商支付给中间商或代理商。（　　　）

15. 在国际贸易中，计价货币的选择通常由买卖双方协商决定。（　　　）

## 二、单项选择题

1. 下列哪个因素通常对国际贸易的作价原则没有影响？（　　　）

A. 市场供求状况　　　B. 货物品质　　　　C. 货量大小　　　　D. 交货时间

2. 下列哪个因素通常对国际贸易的作价方式有影响？（　　　）

A. 汇率波动　　　　　B. 货量大小　　　　C. 交货时间　　　　D. 运输成本

3. 在国际贸易中，计价货币的选择通常由哪个方面决定？（　　　）

A. 出口国　　　　　　B. 进口国　　　　　C. 第三方机构　　　D. 买卖双方协商

4. 下列哪个因素通常对人民币国际化的影响最大？（　　　）

A. 中国经济的增长速度　　　　　　　　B. 中国政府的货币政策

C. 中国在国际政治舞台上的地位　　　　D. 中国对外贸易规模的大小

5. 下列哪个因素通常对价格与佣金的影响最大？（　　　）

A. 货物品质　　　　　B. 货量大小　　　　C. 交货时间　　　　D. 佣金比例大小

6. 在国际贸易中，价格条款应该包括哪些内容？（　　　）

A. 单价和总价　　　　B. 运输方式　　　　C. 保险费用　　　　D. 商品标准

7. 下列哪个因素通常对国际贸易的佣金比例影响最大？（　　　）

A. 商品类型　　　　　B. 市场供求状况　　C 运输成本　　　　D. 商品销售渠道

8. 在国际贸易中，如果出口商和进口商都同意使用某种货币进行计价，那么这种货币通常被称为什么？（　　　）

A. 主货币　　　　　　B. 辅助货币　　　　C. 计价货币　　　D. 结算货币

9. 在国际贸易中，如果采用固定价格，那么双方通常会规定什么？（　　　）

A. 价格调整条款　　　B. 价格浮动区间　　C. 价格确定方式　　D. 价格解释条款

10. 以下哪个不是国际贸易的作价原则？（　　　）

A. 公平原则　　　　　B. 合同原则　　　　C. 固定原则　　　　D. 市场原则

## 综合实训

根据出口商品的报价项目内容，组织学生进行实际的演练，建议包括实训目的、实训内容、实训要求、实训考核等。

## 实训目的

通过本次实训，使学生掌握出口商品报价的实际操作技能，能够根据市场和客户需求，独立完成出口商品的报价核算和报价策略制定，提高学生在国际贸易中的实践能力和竞争力。

### 实训内容

（1）出口商品报价基础知识：介绍出口商品报价的基本概念、报价要素、报价策略等基础知识，帮助学生了解出口商品报价的流程和要点。

（2）价格核算：学生根据给定的商品信息、成本、运费、保险、佣金等数据，进行出口商品的价格核算，包括 FOB 价、CFR 价、CIF 价等。

（3）价格比较与策略制定：学生比较不同市场和客户的需求和价格水平，根据市场需求和竞争情况，制定出口商品的报价策略。

（4）合同签订与风险防范：学生根据制定的报价策略，完成出口合同的签订，并了解合同签订过程中可能存在的风险及其防范措施。

### 实训要求

（1）学生要认真学习出口商品报价的基础知识，了解报价流程和要点，为后续的实训操作打下基础。

（2）学生要根据给定的商品信息和数据，准确地核算出口商品的价格，包括 FOB 价、CFR 价、CIF 价等。

（3）学生要比较不同市场和客户的需求和价格水平，根据市场需求和竞争情况，制定合理的报价策略，并说明报价策略的理由和依据。

（4）学生要根据制定的报价策略，完成出口合同的签订，并了解合同签订过程中可能存在的风险及其防范措施。

（5）学生要在实训过程中注重团队协作和沟通，积极参与小组讨论和案例分析，提高团队协作能力和解决问题的能力。

### 实训考核

| 考核内容 | 考核方式 | 占比 | 得分 |
|---|---|---|---|
| 出口商品报价基础知识 | 课堂案例操作 | 20% | |
| 价格核算 | 学生提供实际案例和相关数据，进行出口商品的价格核算，包括 FOB 价、CFR 价、CIF 价等 | 20% | |
| 价格比较与策略制定 | 对比不同市场和客户的需求和价格水平，根据市场需求和竞争情况，制定出口商品的报价策略，并撰写报价策略报告 | 30% | |
| 合同签订与风险防范 | 根据制定的报价策略，完成出口合同的签订，并撰写合同签订过程的风险防范报告 | 20% | |
| 团队协作与沟通能力评价 | 通过小组讨论和案例分析等形式，评价学生在实训过程中的团队协作能力和沟通能力表现 | 10% | |

思博国际有限公司收到澳大利亚客户来电，询购 1 000 只睡袋，请按下列条件报出每只睡袋的 CIFC5 悉尼的美元价格。睡袋国内购货成本为每只 80 元人民币，国内其他费用总计为 5 000 元人民币，思博国际有限公司的预期利润为 10%。该睡袋用纸箱装，每箱 20 只。从装运港至悉尼的海运费为每箱 20 美元。海运出口保险按 CIF 加一成投保一切险、战争险，费率为 0.8%（人民币对美元的汇率为 6.65 元兑换 1 美元）。

# 第八单元

# 贸易合同的签订与履行

## 单元介绍

本课程将通过跨境贸易合同的签订与履行学习，让学生了解跨境贸易合同的种类、条款、签订流程等，并掌握如何履行跨境贸易合同。通过跨境贸易合同签订和履行流程，让学生深入了解签订和履行合同过程中的细节和注意事项，并培养学生的沟通、协作和解决问题的能力。

## 学习目标

**知识目标：**

1. 了解跨境贸易合同的种类和条款；
2. 了解跨境贸易合同的签订流程；
3. 了解跨境贸易合同的履行和变更。

**技能目标：**

1. 具备签订跨境贸易合同的能力；
2. 具备履行跨境贸易合同的能力；
3. 具备团队协作和沟通能力。

**素质目标：**

1. 增强学生的职业道德和行业规范意识；
2. 提高学生的社会责任感和可持续发展意识。

## 任务8.1　了解合同的形式与内容

## 任务描述

本任务要求我们深入理解合同的形式与内容，包括合同名称、双方信息、签订地点和日期、目的和内容、履行方式和期限、权利和义务、违约责任和争议解决方式等。同时，我们需要掌握合同的基本结构和格式，包括约首、本文和约尾。

✏️ **任务分析**

（1）合同形式：合同可以采用意向书、备忘录、协议或合同等形式。其中，协议是最常见的合同形式，也是法律上认可的有效合同形式。

（2）合同内容：合同的内容通常包括约首、本文和约尾三部分。

约首是合同的开头部分，包括以下内容：①合同名称。②合同双方：包括双方名称、地址、法定代表人等信息。③合同签订地点和日期。

本文是合同的主要内容，包括以下内容：①合同目的和内容：明确说明合同的目标和双方的具体义务，如品名、规格、包装、价格、港口、交货期、付款方式等。②履行方式和期限：明确规定双方履行义务的方式和时间。③权利和义务。④违约责任和争议解决方式。

约尾是合同的结尾部分，包括以下内容：①签署人、日期和印章；②附加条款；③合同生效方式。

✏️ **知识储备**

（1）合同名称：确保名称能够准确反映合同的性质和内容。

（2）双方信息：在约首部分明确标注双方的名称、地址、法定代表人等信息，确保身份明确。

（3）签订地点和日期：在约首部分明确标注合同的签订地点和日期，以便在争议时进行法律追溯。

（4）目的和内容：品名、规格、包装、价格、港口、交货期等具体条款。确保双方对合同的理解一致。

（5）履行方式和期限：明确规定双方履行义务的方式和期限，包括交付方式、检验方式等。确保双方按照约定履行义务。

（6）权利和义务：确保双方对自己的权利和义务有清晰的认识。

（7）违约责任和争议解决方式：明确约定违约责任和争议解决方式，如索赔、仲裁等，以保护双方的合法权益。

（8）签署人、日期和印章：在约尾部分标注签署人的姓名、日期和印章，确保合同真实性和有效性。

（9）附加条款：可以在约尾部分添加附加条款，以说明其他需要说明的事项。

（10）合同生效方式：明确标注合同生效的方式和时间，确保合同有效性。

### 8.1.1 合同的形式

**1. 意向书**

意向书是指当事人在商谈合同事宜时，为了表明双方的意向而签署的书面文件。意向书一般不具有法律约束力，但是在一些特定情况下，如双方在意向书中明确表示具有法律效力，或者意向书中包含了具体的合同条款等，可能会被认定为具有法律效力的文件。

**2. 备忘录**

备忘录是指当事人在商谈合同事宜时，为了记录双方商谈的内容和达成的共识而签署的书面文件。备忘录一般不具有法律约束力，但是在一些特定情况下，备忘录中的内容可能会被认定为具有法律效力的文件。

### 3. 协议

协议是指双方当事人就某项事宜达成的一致意见，一般具有一定的法律效力。协议可以是口头的，也可以是书面的，但是为了证明协议的存在和内容，一般建议采用书面形式。

### 4. 合同

合同是指双方当事人在平等自愿的基础上，就某项事宜达成的协议，具有法律约束力。合同可以是口头的，也可以是书面的，但是为了证明合同的存在和内容，一般建议采用书面形式。合同一旦签订，双方当事人必须按照约定履行自己的义务，否则将承担相应的法律责任。

合同是指双方或多方达成的一种具有法律约束力的协议。根据合同的形式分类主要有以下几种形式：

（1）口头合同。

口头合同是指双方当事人在口头上达成的协议，其法律效力存在一定的不确定性，因为口头合同的内容不容易确定和证明。

（2）书面合同。

书面合同是指双方当事人在书面上签署的协议，其法律效力比口头合同更为明确和稳定，因为书面合同可以记录双方的权利和义务，并且可以作为证据在法律上得到认可。

（3）电子合同。

电子合同是指利用电子技术进行签署和存储的合同，其法律效力与书面合同相同，但需要满足一定的法律要求，如电子签名的合法性和电子文件的完整性等。

总的来说，无论是口头合同、书面合同还是电子合同，其法律效力都是存在的，但书面合同和电子合同的法律效力更为稳定和明确，因为它们可以记录和证明双方当事人的意愿和约定。

## 8.1.2  合同的内容

合同的内容主要包括三部分：约首、本文和约尾。

### 1. 约首

约首是合同的开头部分，一般包括以下内容：

（1）合同名称：合同的名称应该简明扼要，能够准确反映合同的性质和内容。

（2）合同双方：合同双方应该明确标注，包括名称、地址、法定代表人等信息。

（3）合同签订地点和日期：合同签订的地点和日期应该在约首中明确标注。

### 2. 本文

本文是合同的主要内容，一般包括以下内容：

（1）合同的目的和内容：合同的目的和内容应该明确、具体、详细，确保双方当事人对合同的理解一致。

在跨境贸易合同中常常采用由卖方草拟的合同——销售合同（Sales Contract），由买方草拟的合同——购货合同（Purchase Contract）。内容比较全面、完整，除品名、规格、包装、价格、港口、交货期、付款方式、检验检疫等条件外，还有索赔、仲裁、不可抗力等条件。

（2）合同的履行方式和期限：合同的履行方式和期限应该明确标注，以确保双方当事人按照约定履行自己的义务。

（3）合同的权利和义务：合同的权利和义务应该明确、具体、详细，确保双方当事人对自己的权利和义务有清晰的认识。

（4）违约责任和争议解决方式：合同中应该包括双方当事人的违约责任和争议解决方式，以保障合同的履行和维护双方当事人的合法权益。

### 3. 约尾

约尾是合同的结尾部分，一般包括以下内容：

（1）签署人、日期和印章：约尾中应该标注签署人的姓名、日期和印章，以确保合同的真实性和有效性。

（2）附加条款：如果合同中还有其他需要说明的事项，可以在约尾中添加附加条款。

（3）合同生效方式：约尾中应该明确标注合同生效的方式和时间，以确保合同的有效性。

## 任务 8.2　掌握合同的磋商环节

### ✍ 任务描述

交易磋商一般包括四个环节：询盘、发盘、还盘和接受。本任务要求我们深入理解这四个环节的含义、作用以及它们之间的相互关系，掌握交易磋商的基本流程，以便在实际交易中能够正确运用。

### ✍ 任务分析

（1）询盘（Inquiry）：旨在了解对方的商品或服务信息以及交易条件。询盘可以是口头或书面的，内容一般包括买方或卖方的需求、对商品或服务的要求以及希望达成的交易条件。

（2）发盘（Offer）：发盘是卖方对买方询盘的回应，它包含了卖方愿意提供的商品或服务的规格、质量、数量、价格、交付条件等信息。

（3）还盘（Counter-offer）：还盘是买方对卖方发盘的回应，它包含了买方对卖方发盘中的条件提出的修改或补充意见。还盘可以是口头或书面的，买卖双方可能会进行多次还盘，以协商达成双方都能接受的交易条件。

（4）接受（Acceptance）：接受是买方或卖方对对方提出的交易条件表示同意，表示交易达成。

### ✍ 知识储备

（1）在书写询盘和发盘时，应使用简洁、明确、专业的语言，避免模糊或歧义的表述。

（2）在书写还盘时，应明确表述自己的修改或补充意见，同时保持礼貌和尊重，避免过于强硬或冒犯的表述。

（3）在书写接受时，应明确表示同意对方的交易条件，同时确认合同的各项条款和要求。在接受的过程中，如遇到与预期不符的情况，应及时与对方进行沟通协商，以确保交易的顺利进行。

（4）一般来说，贸易磋商的基本流程包括询盘、发盘、还盘和接受四个环节。在每个环节中，买卖双方需要进行有效的沟通和协商，以确保交易的顺利进行。

（5）在签订贸易合同时，应仔细阅读合同条款，确保合同内容准确无误地反映双方达成的共识。

（6）在签订合同时，买卖双方可以采取相应的措施，如加入保障条款、选择合适的支付方式等，以降低风险和保障自身权益。

### 8.2.1　询盘

贸易磋商的程序一般包括四个环节：询盘、发盘、还盘和接受。

询盘是指买方向卖方提出询问的过程。在询盘中，买方通常会询问商品的价格、规格、质量、交货期限等信息。卖方应该及时回复询盘，并提供详细的商品信息和报价。一份典型的询盘应包括以下信息：

（1）公司名称和联系人姓名；

（2）询问的商品或服务的名称和规格；

（3）所需数量和交货时间；

（4）目的地和运输方式；

（5）其他特殊要求或备注。

询盘的目的是帮助采购方了解市场价格和商品质量，以便做出最佳的采购决策。供应商或制造商可以根据询盘提供报价和其他相关信息，以便采购方做出决策。在进行询盘时，应确保提供准确和详细的信息，以便供应商或制造商能够提供最准确的报价和信息。

卖方询盘举例：

Dear Sir/Madam,

We are pleased to introduce our company as a leading manufacturer and exporter of high-quality leather goods. We have been in business for over 20 years and have a reputation for producing products of exceptional quality.

We would like to offer you our latest range of leather wallets, which are made from the finest quality leather and are available in a range of colors and designs. We can supply up to 10,000 wallets per month, with a lead time of 6 weeks for delivery.

Please let us know if you are interested in our products and would like to receive a price list and product catalog. We look forward to the opportunity to do business with you.

Best regards,
Morries

买方询盘举例：

Dear Sir/Madam,

We are interested in purchasing your products and would like to receive more information about your range of leather wallets.

Could you please provide us with a price list and product catalog, as well as information on your lead time for delivery and payment terms?

We are particularly interested in your range of wallets made from the finest quality leather and would like to know if you can supply us with samples for evaluation.

Thank you for your attention to this matter. We look forward to hearing back from you soon.

Best regards,

Alice

### 8.2.2　发盘

发盘是指卖方根据买方的询盘,向买方提供商品的报价和详细规格等信息。在发盘中,卖方应该根据市场情况和商品质量等因素,提供合理的报价和商品信息。发盘是指向买方或代理商提供商品或服务的价格和条款的商业行为。在跨境贸易中,发盘是一种常见的销售方式,通常通过电子邮件或传真发送。发盘通常包括商品或服务的价格、数量、交货时间、支付方式和其他条款。

以下是一个发盘的例子:

Dear Sir/Madam,

We are pleased to offer you our latest product, the XYZ Widget, at a price of $10 per unit. We can supply up to 1,000 units per month, with a lead time of 4 weeks for delivery. Payment terms are 30% deposit upon order confirmation, with the balance due upon shipment.

We also offer a discount of 5% for orders of 500 units or more.

Please let us know if you have any questions or require any additional information. We look forward to the opportunity to do business with you.

Best regards,

Morries

在这个例子中,发盘的内容包括商品的价格、数量、交货时间和支付方式。此外,还提供了一个折扣,以鼓励买方购买更多的商品。

### 8.2.3　还盘

还盘是指在商业谈判中,买卖双方在收到对方发盘后,根据自己的需求和利益,向对方提出修改价格、数量、交货时间或其他条款的要求。还盘通常是在买方认为发盘的条款不符合其要求或预算时提出的。

以下是一个还盘的例子:

Dear Sir/Madam,

Thank you for your recent offer for the supply of 1,000 units of your XYZ product. While we appreciate your offer, we are unable to accept the terms as they are currently presented.

We would like to propose the following changes to your offer:

- Price: We would like to negotiate a lower price of $8 per unit, as we have received lower offers from other suppliers.

- Quantity：We would like to increase the quantity to 2,000 units, as we have a larger order to fulfill.

- Payment terms：We would like to request a 60-day payment term, as this would better suit our cash flow requirements.

We understand that these changes may affect your ability to fulfill the order, and we are open to further negotiation to reach a mutually beneficial agreement.

Please let us know if you are willing to accept these changes or if you would like to propose alternative terms. We look forward to your response.

Best regards,

Alice

在这个例子中，买方向卖方提出了三个修改建议，包括降低价格、增加数量和延长支付期限。买方还表示愿意继续协商以达成双方都能接受的协议。

## 8.2.4　接受

接受是指买方同意卖方的报价和商品规格，并表示愿意购买的过程。在接受中，买方应该确认商品的质量、数量、交货期限等要求，并签署合同。卖方应该按照合同约定，及时交付商品，并确保商品的质量和数量符合合同要求。

接受是指在商业谈判中，买卖双方就商品或服务的价格和条款达成一致，买方同意购买，卖方同意提供商品或服务的商业行为。接受是商业合同有效成立的必要条件之一。

以下是一个接受的例子：

Dear Sir/Madam,

Thank you for your recent offer for the supply of 1,000 units of your XYZ product. We are pleased to accept your offer at the price of $9 per unit, with a lead time of 4 weeks for delivery and payment terms of 30% deposit upon order confirmation, with the balance due upon shipment.

We appreciate your attention to this matter and look forward to doing business with you.

Best regards,

Alice

在这个例子中，买方接受了卖方的发盘，并确认了商品的价格、数量、交货时间和支付方式。

有效接受的情形包括：

（1）接受必须是对发盘的明确回应，可以是口头或书面。

（2）接受必须是无条件的，不能有任何修改或附加条件。

（3）接受必须在发盘的有效期内进行。

（4）接受必须由发盘所指定的人或机构进行。

接受的撤回和撤销必须在对方接收到接受前进行，否则接受已经生效并形成了合同。《联合国国际货物销售公约》规定，接受可以是口头或书面，并且可以通过任何方式进行，包括电子邮件和传真。

　　在一些情况下，即使接受超过了发盘的有效期，也可以被视为有效的，例如发盘方在接受超过有效期后仍然执行了合同的行为时。总之，商业谈判中的接受是商业合同有效成立的必要条件之一，需要注意接受的条件和有效期限，以确保合同的有效性。

　　这四个环节是交易磋商过程中必不可少的环节，双方当事人应该在交易磋商过程中，注重沟通和协商，以达成双方的利益最大化。

　　有效合同的标准：一方的发盘经对方有效接受，合同即告成立，但合同是否具有法律效力，是否受法律保护，要具备以下几个条件。

　　（1）合同当事人必须具有订立合同的行为能力。

　　（2）合同必须有对价或约因，即合同当事人之间相互给付、互为有偿。

　　（3）合同标的和内容必须合法。

　　（4）合同必须符合法律规定的形式。

　　（5）合同当事人的意思表示必须真实。

　　总之，一个有效的合同必须是基于合法目的的，双方自愿达成的，涉及有价值的东西，完整、由具备法定能力的人签署，并符合法律要求，明确规定各方的权利和义务。

# 任务8.3　掌握合同的履约步骤

## 任务描述

　　本任务要求我们深入了解贸易合同履行的流程和步骤，包括出口合同履行和进口合同履行，以便在实际交易中能够正确运用。

## 任务分析

　　根据不同的合同类型、货物种类和交易方式，贸易合同的履行流程和步骤可能会有所不同。在贸易合同的履行过程中，需要注意以下几点。

　　（1）单据的完整性：在贸易过程中需要涉及多种单据，如装船单、发票、提单等。确保单据的完整性、准确性和合法性是贸易顺利进行的关键。

　　（2）风险的防范：在贸易过程中可能存在各种风险，如货物损坏、丢失、延误等。为了降低风险，买卖双方可以采取相应的措施，如购买保险、选择可靠的运输公司等。

　　（3）货款的安全性：在贸易过程中，货款支付是一个重要的环节。为了确保货款的安全性，买卖双方可以采取多种支付方式，如电汇、信用证等。同时，双方应明确支付的期限和条件，避免产生纠纷。

　　（4）合同的变更处理：在贸易过程中，可能需要对合同条款进行变更或调整。双方应保持沟通协商，并就变更内容达成书面协议，以确保权益的保护。

　　（5）争议的处理：在贸易过程中，可能发生争议或纠纷。双方应通过友好协商或仲裁等方式解决争议，保护自身权益的同时保持贸易关系的稳定和持续发展。

## 知识储备

　　（1）每种类型的合同对买卖双方的权利义务有不同的规定和要求，需要根据具体情况选择合适的合同类型。

（2）每种单据都有其特定的作用和要求，需要仔细准备和审核。

（3）买卖双方需要根据具体情况选择合适的运输方式和清关手续，并遵守相关法律法规和要求。

（4）买卖双方可以根据具体情况选择合适的支付方式（如电汇、信用证等），并遵守相关法律法规和要求，确保货款的安全性和及时支付。

（5）了解争议处理的程序和方法可以帮助买卖双方更好地维护自身权益，保持贸易关系的稳定和发展。

### 8.3.1　出口合同的履行

以 CIF 价格，L/C 结算方式的出口贸易合同履行的完整步骤为例（表 8-1），具体操作可能因合同类型、货物种类、国家地区等因素而有所不同。以上是出口合同履行的主要流程和步骤，具体操作可能因合同类型、货物种类、国家地区等因素而有所不同。

表 8-1　出口合同履行（以 CIF，L/C 结算为例）中买卖双方主要贸易行为

| 买方 | 卖方 |
| --- | --- |
| 1. 签订合同，约定 CIF 价格、L/C 结算方式 | 1. 签订合同，确认 CIF 价格、L/C 结算方式 |
| 2. 开出以卖方为受益人的信用证 | 2. 咨询出口许可证及单证要求 |
| 3. 提供出口许可证及使馆加签等单证要求 | 3. 办理出口许可证及使馆加签等单证要求 |
| 4. 通知卖方信用证已开出 | 4. 催证、改证、确认信用证内容，准备发货 |
| 5. 按照合同约定支付货款 | 5. 按照合同约定安排货物的报关、报检运输、保险和交单结汇 |
| 6. 接收货物，检验单据 | 6. 交单结汇，收取货款 |
| 7. 如单据符合信用证规定，向卖方支付货款 | 7. 如单据符合信用证规定，收取货款 |
| 8. 提货、清关及加工或销售；结束合同履行 | 8. 外汇核销、退税；结束合同履行 |

（1）签订合同：买卖双方签订出口贸易合同，约定商品名称、数量、价格、交货期限、装运港口、付款方式等。

（2）准备货物：卖方按照合同要求准备货物，包括生产、包装、运输等。

（3）通知装运：卖方通知买方货物已经准备好，并告知装运时间和船名。

（4）装运：卖方将货物装上船，并向买方提供装船单和发票。

（5）报关：卖方将货物报关，获取出口许可证和相关文件。

（6）提交单据：卖方将装船单、发票、出口许可证等单据提交给开证银行。

（7）付款：买方通过开证银行付款，银行将货款转账给卖方。

（8）运输：货物运输到目的港口，买方通知收货人准备清关。

（9）清关：买方在目的地进行清关手续，将货物交付给收货人。

（10）结算：完成货款结算，结束合同履行。

在出口合同履约中，卖方需要注意以下问题：

（1）确认合同条款：卖方需要仔细阅读合同条款，确保自己能够按照合同约定完成交货、出口和结算等事项。

（2）准备货物：卖方需要按照合同约定准备货物，并在约定的时间内安排出口和运输。同时，卖方需要确保货物的品质和数量符合合同约定。

（3）核查信用证：卖方需要仔细核查收到的信用证内容是否符合合同约定，以及信用证的有效期和要求。如果信用证有任何问题，卖方需要及时与买方协商解决。

（4）提交单据：卖方需要准备符合信用证要求的单据，并在约定的时间内提交给买方。如果单据不符合要求，卖方需要及时修改并重新提交。

（5）与货代和运输公司协调：卖方需要与货代和运输公司协调，确保货物能够按时出口和运输，并及时提供相关的单证和文件。

（6）处理投诉和索赔：如果买方对货物有任何投诉或索赔，卖方需要及时处理，并与买方协商解决。同时，卖方需要了解相关的跨境贸易规则和法律法规，以避免出现法律纠纷。

### 8.3.2　进口合同履行

以 FOB 价格，L/C 结算方式的进口贸易合同履行的完整步骤为例（表 8-2），具体操作可能因合同类型、货物种类、国家地区等因素而有所不同。

表 8-2　进口合同履行（以 FOB，L/C 结算为例）中买卖双方主要贸易行为

| 买方 | 卖方 |
| --- | --- |
| 1. 签订合同，约定 FOB 价格、L/C 结算方式 | 1. 签订合同，确认 FOB 价格、L/C 结算方式 |
| 2. 申请开立信用证 | 2. 收到信用证后，确认信用证内容并备货 |
| 3. 支付货款 | 3. 在信用证规定的最晚船期之前安排发货 |
| 4. 收到货物，检验单据 | 4. 联系客人检验，并出具客检证 |
| 5. 如单据符合信用证规定，向卖方支付货款 | 5. 联系货代订舱出运，并取得正本提单 |
| 6. 如单据不符合信用证要求，拒绝支付货款 | 6. 如单据不符合信用证要求，进行修改并重新提交单据 |
| 7. 完成交易 | 7. 完成交易 |

（1）签订合同：买卖双方签订进口贸易合同，约定商品名称、数量、价格、交货期限、装运港口、付款方式等。

（2）开证：买方向银行开立信用证，并告知卖方信用证开立的具体要求。

（3）准备货物：卖方按照合同要求准备货物，包括生产、包装、运输等。

（4）装运：卖方将货物装上船，并向买方提供装船单和发票。

（5）提交单据：卖方将装船单、发票、提单等单据提交给开证银行。

（6）付款：开证银行收到单据后，按照信用证的要求付款给卖方。

（7）运输：货物运输到目的港口，买方通知清关。

（8）清关：买方在目的地进行清关手续，将货物交付给收货人。

（9）结算：完成货款结算，结束合同履行。

在进口合同履约中，买方需要注意以下问题：

（1）确认合同条款：买方需要仔细阅读合同条款，确保自己能够按照合同约定完成付款、验货和接收货物等事项。

（2）开立信用证：买方需要按照合同约定开立信用证，并在规定的时间内提交给卖方。

信用证的内容必须清晰明确，符合合同约定。

（3）确认货物的品质和数量：买方需要在收到货物后及时检查货物的品质和数量，并出具检验证明。如果发现货物有任何问题，买方需要及时与卖方协商解决。

（4）付款：买方需要按照合同约定的付款方式和时间支付货款。如果出现付款问题，买方需要及时与卖方协商解决。

（5）处理单据：买方需要核查卖方提交的单据是否符合信用证要求和合同约定，如果单据不符合要求，买方需要及时通知卖方并要求修改。

（6）接收货物：买方需要在约定的时间和地点接收货物，并在货物到达前做好相关的准备工作，如清关手续、仓储安排等。

（7）处理投诉和索赔：如果买方对货物有任何投诉或索赔，买方需要及时处理，并与卖方协商解决。同时，买方需要了解相关的跨境贸易规则和法律法规，以避免出现法律纠纷。

# 任务 8.4　了解合同违约与责任

## 任务描述

本任务旨在深入探讨国际商业合同的违约问题，包括违约的判断标准、责任承担和解决方式等，同时介绍常用的国际规则和惯例。

## 任务分析

违约问题涉及国际商业合同的各个层面，包括合同约定、法律法规和国际惯例。以下是对这些方面的具体分析。

（1）合同约定：合同是国际商业交易的基础。合同中应明确约定双方的权利和义务，包括交付货物的时间、地点、质量、价格、支付方式等。如果一方无法按照合同约定履行义务，则被视为违约。

（2）法律法规：各个国家和地区的法律法规对违约问题的处理方式和赔偿标准有所不同。了解和遵守当地的法律法规是避免违约纠纷的重要途径。例如，我国《合同法》明确规定了当事人的违约责任和赔偿标准。

（3）国际惯例：在国际商业交易中，一些国际组织、行业协会和商会制定了一系列国际惯例和规则，用于协调和解决违约问题。其中，联合国《国际货物销售合同公约》是最为重要的国际惯例之一，它对违约问题做出了明确规定。

## 知识储备

（1）《联合国国际货物销售合同公约》（以下简称《公约》）：该公约是国际商会的《国际贸易术语解释通则》（INCOTERMS）的补充，对国际贸易中的合同义务、违约责任和补救措施等做出了详细规定。

（2）《国际贸易术语解释通则》（INCOTERMS）：这是一份由国际商会制定的解释贸易术语的规则，旨在减少因贸易术语引起的争议。它规定了各种贸易术语的含义和应用范围。

（3）《国际商会统一惯例和惯例法》（UCP600）：这是由国际商会制定的关于信用证支付的规则，旨在规范信用证业务操作，减少支付过程中的纠纷。它规定了信用证的审核、支付、拒绝支付等方面的规则。

### 8.4.1 有关合同违约的国际规则

国际商业合同的违约问题，一般适用以下国际规则：

**1.《联合国国际货物销售合同公约》（《公约》）**

《公约》规定了合同违约的情形和后果，包括以下内容：

（1）合同违约的情形：《公约》规定了合同违约的情形，包括出卖人未交货或未交货合同规定的商品、商品不符合合同规定的质量标准、买方未支付合同规定的货款等。

（2）违约方的赔偿责任：《公约》规定了违约方应承担的赔偿责任，包括赔偿对方因违约而遭受的损失和损失的利润等。

（3）免责事由：《公约》规定了违约方的免责事由，包括不可抗力、出卖人未知的商品缺陷等。

（4）赔偿限制：《公约》规定了赔偿责任的限制，包括对方的过错、损失的减少等。

总的来说，《公约》为国际货物买卖合同提供了一套完整的规则和标准，为跨境贸易提供了法律保障和便利。在合同违约的情况下，《公约》规定了明确的赔偿责任和免责事由，保障了各方的权益。

**2.《国际商会国际贸易术语解释通则》**

该通则规定了跨境贸易中常用的贸易术语和交货条件，明确了买卖双方的责任和义务。《国际商会跨境贸易术语解释通则》并没有直接规定合同违约情况的处理方式，但是它对于合同履行过程中双方的责任和义务进行了明确的规定，这些规定在合同违约的情况下也会对处理方式产生影响。

根据 INCOTERMS 的规定，卖方和买方在合同履行过程中需要承担的责任和义务包括：

（1）卖方的责任和义务：卖方需要按照合同规定的条款和条件交付商品，并提供所需的文件和信息，承担商品的质量和数量风险，以及在合同规定的期限内向买方提供必要的协助。

（2）买方的责任和义务：买方需要按照合同规定的条款和条件支付货款，并提供所需的文件和信息，承担商品的质量和数量风险，以及在合同规定的期限内向卖方提供必要的协助。

在合同违约的情况下，INCOTERMS 的规定将会影响违约方承担的责任和义务。例如，如果卖方未按照合同规定的条款和条件交付商品，那么根据 INCOTERMS 的规定，卖方需要承担商品的质量和数量风险，买方有权要求卖方承担相应的赔偿责任。如果买方未按照合同规定的条款和条件支付货款，那么根据 INCOTERMS 的规定，卖方有权要求买方承担相应的赔偿责任。

总的来说，INCOTERMS 虽然没有直接规定合同违约情况的处理方式，但它对于合同履行过程中双方的责任和义务进行了明确的规定，这些规定在合同违约的情况下也会对处理方式产生影响。

有关合同违约
的国际规则

### 3. 《国际商会跟单信用证统一惯例（UCP600）》

该惯例规定了跨国贸易中常用的信用证条款，明确了信用证的开立、修改、付款等程序。《国际商会统一惯例和惯例（UCP600）》是跨境贸易中广泛使用的信用证惯例，它规定了信用证的开立、修改、使用和结算等方面的规则。在信用证交易中，如果卖方未能履行合同规定的义务，就会引发违约问题。UCP600 对履约中的违约情况做出了如下规定：

（1）信用证的有效期限：信用证的有效期限是指信用证开立后规定的最后交单日期。如果卖方未能在有效期限内提交符合信用证要求的单据，就会被认定为违约。此时，买方可以拒绝支付货款，或者要求卖方承担相应的违约责任。

（2）卖方提交的单据不符合信用证要求：如果卖方提交的单据不符合信用证要求，买方可以拒绝支付货款，或者要求卖方重新提交符合要求的单据。如果卖方无法在规定期限内提交符合要求的单据，就会被认定为违约。此时，买方可以拒绝支付货款，或者要求卖方承担相应的违约责任。

（3）卖方违反合同规定的义务：如果卖方未能按照合同规定的条款和条件履行义务，就会被认定为违约。此时，买方可以拒绝支付货款，或者要求卖方承担相应的违约责任。

（4）买方违反合同规定的义务：如果买方未能按照合同规定的条款和条件履行义务，就会被认定为违约。此时，卖方可以拒绝交付货物，或者要求买方承担相应的违约责任。

总的来说，UCP600 为信用证交易中的违约问题提供了明确的处理方式，对于保障买卖双方的权益具有重要意义。

### 8.4.2　合同违约的判断标准

进出口贸易合同违约的判断标准主要包括以下几个方面。

（1）合同约定：进出口贸易合同中通常会明确规定各方的权利和义务，包括交货时间、货物质量、价格等方面的内容。如果一方未能按照合同约定履行义务，就会构成违约。假设 A 公司与 B 公司签订了一份进口合同，约定 B 公司在 2023 年 10 月 1 日前交货，货物总价为 10 万美元。合同中还明确规定了货物的数量、品质和包装等细节。但是到了交货期限，B 公司未能按时交货，导致 A 公司无法按照约定时间向客户交付货物，造成了经济损失。此时，A 公司可以认为 B 公司构成了违约。

具体来说，根据合同约定，B 公司在 2023 年 10 月 1 日前应该交货，但是 B 公司未能按时履行义务。这就构成了违约。根据合同条款，A 公司有权要求 B 公司承担相应的违约责任，包括赔偿经济损失和违约金等。如果 B 公司拒绝承担责任，A 公司可以通过仲裁或诉讼等方式解决争议。

此外，如果货物的品质或包装等方面存在问题，也可以构成违约。例如，如果 B 公司交付的货物与合同约定的品质不符或者包装不当，导致货物受损或者无法正常使用，A 公司同样可以认为 B 公司构成了违约，并要求 B 公司承担相应的责任。

综上所述，进出口贸易合同中的合同约定非常重要，如果一方未能按照合同约定履行义务，就会构成违约。在处理合同违约问题时，需要根据具体情况进行分析和判断，并采取相应的措施加以解决。

（2）法律法规：进出口贸易涉及多个国家和地区，不同国家和地区的法律法规也会对合同的履行产生影响。如果一方未能按照相关法律法规的规定履行义务，就会构成违约。

假设 C 公司与 D 公司签订了一份出口合同，约定 C 公司将货物出口至美国，货物总价为 20 万美元。合同中明确规定了货物的数量、品质和价格等细节。但是，在货物运抵美国时，C 公司未能按照美国海关规定履行报关手续，导致货物被扣留在海关，无法按照约定时间交付给 D 公司。此时，C 公司可以认为自己构成了违约。

具体来说，根据美国海关规定，所有进口货物都必须进行报关手续，否则将被扣留在海关。在本案例中，C 公司未能按照美国海关规定履行报关手续，导致货物被扣留在海关，无法按照约定时间交付给 D 公司。这就构成了违约。根据合同条款，D 公司有权要求 C 公司承担相应的违约责任，包括赔偿经济损失和违约金等。如果 C 公司拒绝承担责任，D 公司可以通过仲裁或诉讼等方式解决争议。

此外，不同国家和地区的法律法规也可能对进出口贸易产生影响。例如，一些国家和地区对进口货物的品质、标准、认证等方面有着严格的规定，如果进口货物未能符合相关规定，就会被视为违法行为。因此，在签订进出口贸易合同时，需要考虑到不同国家和地区的法律法规，并遵守相关规定。

综上所述，进出口贸易涉及多个国家和地区，不同国家和地区的法律法规也会对合同的履行产生影响。如果一方未能按照相关法律法规的规定履行义务，就会构成违约。在处理合同违约问题时，需要根据具体情况进行分析和判断，并遵守相关法律法规。

（3）国际惯例：跨境贸易领域有许多惯例和惯常做法，例如《国际商会跟单信用证统一惯例（UCP600）》《国际货物销售合同（CISG）》等。如果一方未能按照国际惯例履行义务，就会构成违约。

假设 E 公司与 F 公司签订了一份进口合同，约定 F 公司将货物进口至中国，货物总价为 50 万元人民币。合同中明确规定了货物的数量、品质和价格等细节。但是，在货物运抵中国时，F 公司未能按照《国际商会跟单信用证统一惯例（UCP600）》的规定开立符合要求的信用证，导致货物无法顺利进口。此时，E 公司可以认为 F 公司构成了违约。

具体来说，根据《国际商会跟单信用证统一惯例（UCP600）》的规定，进口商和出口商之间的贸易交易中，信用证是一种常用的支付方式。信用证是银行作为中介，按照出口商和进口商之间的协议，对进口商付款的一种保障方式。在本案例中，F 公司未能按照《国际商会跟单信用证统一惯例（UCP600）》的规定开立符合要求的信用证，导致货物无法顺利进口，这就构成了违约。根据合同条款，E 公司有权要求 F 公司承担相应的违约责任，包括赔偿经济损失和违约金等。如果 F 公司拒绝承担责任，E 公司可以通过仲裁或诉讼等方式解决争议。

此外，跨境贸易领域还有其他的惯例和惯常做法，例如《国际货物销售合同（CISG）》等。如果一方未能按照国际惯例履行义务，同样会构成违约。因此，在签订跨境贸易合同时，需要考虑到国际惯例和惯常做法，并遵守相关规定。

综上所述，跨境贸易领域有许多惯例和惯常做法，例如《国际商会跟单信用证统一惯例（UCP600）》《国际货物销售合同（CISG）》等。如果一方未能按照国际惯例履行义务，就会构成违约。在处理合同违约问题时，需要根据具体情况进行分析和判断，并遵守相关国际惯例和惯常做法。

（4）商业惯例：进出口贸易中还存在着一些行业内的商业惯例，例如装运时间、付款方式等。如果一方未能按照行业内的商业惯例履行义务，就会构成违约。

假设 A 公司与 B 公司签订了一份进口合同，约定 B 公司将货物进口至中国，货物总价为 50 万元人民币。合同中明确规定了货物的数量、品质和价格等细节。在货物装运前，B 公司未能按照行业内的商业惯例通知 A 公司装运时间，导致货物无法按时到达中国。此时，A 公司可以认为 B 公司构成了违约。

具体来说，在进出口贸易中，货物的装运时间是一个非常重要的因素。通常情况下，出口商会在货物装运前提前通知进口商货物的装运时间，以便进口商做好接收准备。如果出口商未能按照行业内的商业惯例通知进口商货物的装运时间，导致货物无法按时到达，就会构成违约。在本案例中，B 公司未能按照行业内的商业惯例通知 A 公司货物的装运时间，导致货物无法按时到达中国。这就构成了违约。根据合同条款，A 公司有权要求 B 公司承担相应的违约责任，包括赔偿经济损失和违约金等。如果 B 公司拒绝承担责任，A 公司可以通过仲裁或诉讼等方式解决争议。

此外，进出口贸易中还存在着其他的商业惯例，例如付款方式等。如果一方未能按照行业内的商业惯例履行义务，同样会构成违约。因此，在签订进出口贸易合同时，需要考虑到行业内的商业惯例，并遵守相关规定。

综上所述，进出口贸易中存在着一些行业内的商业惯例，例如装运时间、付款方式等。如果一方未能按照行业内的商业惯例履行义务，就会构成违约。在处理合同违约问题时，需要根据具体情况进行分析和判断，并遵守相关行业内的商业惯例。

总的来说，进出口贸易合同违约的判断标准是多方面的，需要综合考虑合同约定、法律法规、国际惯例和商业惯例等多个因素。在处理合同违约问题时，需要根据具体情况进行分析和判断，并采取相应的措施加以解决。

## 📑 职业指导

### 跨境贸易合同履约与诚信

随着全球化的推进，跨境贸易在世界范围内得到了越来越广泛的应用，而跨境贸易合同则是跨境贸易中最重要的法律文书之一。然而，由于跨境贸易合同具有复杂性和不确定性，其履约过程中常常出现各种风险和问题。因此，在跨境贸易合同履约过程中，诚信是非常重要的因素。

一、跨境贸易合同的特点

跨境贸易合同相对于国内贸易合同来说，具有以下几个特点。

1. 法律体系不同：由于不同国家的法律体系不同，跨境贸易合同可能需要遵守多种国家的法律规定，这增加了合同的复杂性。

2. 货物运输跨度大：跨境贸易涉及货物的运输，货物运输跨度大，运输时间长，因此货物在运输过程中可能会出现各种问题。

3. 汇率波动风险：由于跨境贸易需要涉及不同国家的货币，因此货币汇率波动会给跨境贸易带来不确定性。

4. 文化差异：由于不同国家的文化差异，跨境贸易合同可能存在理解上的差异，这也增加了合同履约的难度。

二、诚信在跨境贸易合同履约中的重要性

诚信是商业活动中最基本、最重要的商业道德之一。在跨境贸易合同中，诚信尤为重要。因为跨境贸易合同通常具有复杂性和不确定性，如果买卖双方缺乏诚信，则容易导致合同履约失败，从而影响交易双方的利益。

1. 保证交易顺利进行：在跨境贸易合同中，买卖双方需要相互信任，保证交易顺利进行。如果一方缺乏诚信，则容易导致交易失败。

2. 保障交易双方权益：诚信可以保障交易双方的权益。如果交易双方缺乏诚信，则容易导致一方权益受损。

3. 建立良好商业信誉：诚信可以建立良好的商业信誉。在跨境贸易中，商业信誉对于企业的发展至关重要。

三、如何提高跨境贸易合同履约的诚信度

提高跨境贸易合同履约的诚信度需要买卖双方共同努力。以下是一些提高跨境贸易合同履约诚信度的方法：

1. 建立长期合作关系：建立长期合作关系可以增加彼此之间的信任和了解，从而提高合作的效率和履约率。

2. 加强信息共享：加强信息共享可以增加彼此之间的透明度和信任度，从而减少误解和纠纷。

3. 严格执行合同条款：严格执行合同条款可以增加双方之间的信任度，并且可以减少纠纷和争议。

4. 加强风险管理：加强风险管理可以减少风险发生的可能性，并且可以提高履约率。

四、结论

跨境贸易合同履约是一个复杂而又不确定的过程。在这个过程中，诚信是非常重要的因素。买卖双方需要共同努力，建立长期合作关系、加强信息共享、严格执行合同条款和加强风险管理等措施，以提高跨境贸易合同履约的诚信度。只有这样，才能够保证交易双方的权益得到充分保障，并且建立良好商业信誉。

## 📝 任务实施

| 任务编号 | 任务名称 | 任务讨论 | 任务执行 | 总结评价 |
|---|---|---|---|---|
| 任务8.1 | 了解合同的形式与内容 | 讨论合同的形式和内容，包括书面合同、口头合同等，以及合同中应包括的条款和要求 | 分析实际贸易中合同的形式和内容，记录不同形式和内容的优缺点和适用范围 | 对合同的形式和内容进行评价，理解它们在贸易中的作用和意义 |
| 任务8.2 | 掌握合同的磋商环节 | 讨论合同的磋商过程，包括双方对合同条款的商讨、修改和确定等 | 分析实际贸易中合同的磋商过程，记录不同磋商方式的优缺点和适用范围 | 对合同的磋商环节进行评价，理解它们在贸易中的作用和意义 |
| 任务8.3 | 掌握合同的履约步骤 | 讨论合同的履约过程，包括合同签订后的执行、跟踪、监督等步骤 | 分析实际贸易中合同的履约过程，记录不同履约方式的优缺点和适用范围 | 对合同的履约步骤进行评价，理解它们在贸易中的作用和意义 |

续表

| 任务编号 | 任务名称 | 任务讨论 | 任务执行 | 总结评价 |
|---|---|---|---|---|
| 任务 8.4 | 了解合同违约与责任 | 讨论合同违约的概念、类型和责任，以及违约后的处理方式，如索赔、仲裁等 | 分析实际贸易中合同违约与责任的情况，记录不同处理方式的优缺点和适用范围 | 对合同违约与责任进行评价，理解它们在贸易中的作用和意义。同时需要对任务分析中需要做的其他工作进行评价，总结任务完成情况和经验教训 |

以上表格可根据具体任务需求进行调整和完善。在实际实施过程中，可以组织团队成员进行讨论、分工合作，共同完成任务。同时，及时记录和总结评价，以便更好地完成任务目标。

## 知识与技能训练

### 同步测试

参考答案

**一、判断题**

1. 进出口贸易合同可以采用口头形式，也可以采用书面形式。（　　）

2. 在进出口贸易中，双方可以通过电子邮件的方式签署正式的合同。（　　）

3. 磋商是进出口贸易合同签订的必须环节，没有磋商就不能签订合同。（　　）

4. 合同磋商的环节包括要约和承诺两个部分，其中要约可以是口头或书面的形式。（　　）

5. 合同签订后，双方必须按照合同的约定履行自己的义务，这是合同履行的基本原则。（　　）

6. 如果合同一方不能按照约定履行合同，那么合同另一方可以自行其是，不需要承担任何责任。（　　）

7. 进出口贸易合同中通常会规定货物的质量、数量、交货时间等条款，这些条款是合同的必要条款。（　　）

8. 在进出口贸易中，如果合同双方对合同条款的理解产生分歧，可以根据当地法律规定进行解决。（　　）

9. 在合同违约的情况下，受损方有权要求违约方承担相应的赔偿责任。（　　）

10. 在进出口贸易中，如果一方违反了合同约定，对方可以采取仲裁或诉讼等方式进行解决。（　　）

**二、选择题**

1. 下列哪一项是进出口贸易合同正式签订的标志？（　　）

A. 双方在合同书上签字　　　　　　B. 双方交换合同副本

C. 双方开始履行合同　　　　　　　D. 双方将合同提交给相关部门审批

2. 在进出口贸易合同的磋商过程中，以下哪个环节是最关键的？（　　）

A. 要约　　　　　B. 承诺　　　　　C. 谈判　　　　　D. 协商

3. 以下哪一项是导致不能履行合同的主要原因？（　　）

A. 经济危机　　　　　B. 自然灾害　　　　　C. 一方违约　　　　　D. 市场变化

4. 在进出口贸易中，如果一方违反了合同约定，以下哪种方式是最常见的解决方式？
（　　）

A. 协商　　　　　　　B. 仲裁　　　　　　　C. 诉讼　　　　　　　D. 调解

5. 下列哪一项是关于合同违约责任的说法是正确的？（　　）

A. 违约方只需要承担约定的责任

B. 违约方需要承担所有的责任

C. 违约方需要承担约定的责任和受损方的损失

D. 违约方不需要承担任何责任

6. 下列哪一项是关于国际规则在进出口贸易中的作用的说法是正确的？（　　）

A. 国际规则是指导性的，不具备法律约束力

B. 国际规则是强制性的，所有国家都必须遵守

C. 国际规则只适用于发达国家，发展中国家不需要遵守

D. 国际规则没有任何意义，各国可以根据自己的利益进行贸易活动

7. 在进出口贸易中，以下哪个环节可以体现国际规则的作用？（　　）

A. 合同的签署　　　B. 合同的履行　　　C. 贸易争端解决　　　D. 价格谈判

8. 下列哪一项是关于国际贸易仲裁的说法是正确的？（　　）

A. 仲裁是一种诉讼外解决贸易争端的方式

B. 仲裁结果一般是由仲裁机构进行执行的

C. 仲裁结果只适用于特定的案件

D. 仲裁结果不可以上诉

9. 下列哪一项是关于国际贸易诉讼的说法是正确的？（　　）

A. 诉讼是一种诉讼外解决贸易争端的方式

B. 诉讼结果一般是由国家政府进行执行的

C. 诉讼结果适用于特定的案件

D. 诉讼结果不可以上诉

10. 磋商环节是指进出口贸易合同的哪个阶段？（　　）

A. 合同签订前　　　B. 合同签订后　　　C. 合同履行阶段　　　D. 合同解除阶段

### 三、简答题

1. 进出口贸易合同的形式有哪些？请简要说明各种形式的特点。

2. 磋商环节在进出口贸易合同中的作用是什么？

3. 进出口贸易合同的履约步骤是什么？

4. 合同违约责任是指什么？违约责任一般由谁承担？

5. 国际贸易中的合同违约责任如何判断？

### ✍ 综合实训

　　根据合同的磋商环节：询盘、发盘、还盘和接受内容，组织学生进行实际的演练，建议包括实训目的、实训内容、实训要求、实训考核等。

### 实训目的

通过本次实训，使学生掌握进出口贸易合同磋商的基本流程和技巧，能够根据商务函电和合同范本完成询盘、发盘、还盘和接受等环节，提高学生实际操作能力，为今后的工作打下基础。

### 实训内容

（1）询盘：学生扮演进口商，根据所需采购的商品或服务，撰写商务函电，向出口商发起询盘。

（2）发盘：学生扮演出口商，根据进口商的询盘要求，撰写发盘回复，包括商品或服务的价格、质量、数量、包装、交货时间等条款。

（3）还盘：学生扮演进口商，根据出口商的发盘内容，进行还盘，与出口商就价格、质量、数量、包装、交货时间等条款进行协商。

（4）接受：学生扮演出口商，根据进口商的还盘内容，撰写接受函，确认双方达成的合同条款，完成合同磋商流程。

### 实训要求

（1）学生需按照进出口贸易合同磋商的规范流程进行演练，确保每个环节的函电撰写符合商务函电的基本要求。

（2）学生需根据市场实际情况和双方利益诉求，合理协商合同条款，体现商务谈判的能力。

（3）学生需注意每个环节的时间节点和沟通方式，保持与对方的良好沟通，达成双赢的结果。

（4）学生需在实训结束后提交实训报告，总结实训过程中的问题和经验，提出改进意见和建议。

### 实训考核

（1）考核内容：实训过程中学生的表现、函电撰写的能力、合同磋商的能力、团队协作能力等。

（2）考核标准：根据学生的函电撰写情况、对合同条款的理解和协商能力、团队协作程度等方面进行综合评价。

（3）考核方式：教师评价和学生互评相结合，以教师评价为主。教师根据学生的实际表现和提交的实训报告进行评价，学生互评可以作为参考。

杭州埃斯博国际有限公司向一外商发盘："可供应打印机 华为 3 000 台木箱装，每台300 美元 CIFC3 科威特，订立合同后，两个月内装船，即期不可撤销信用证付款，请电复。"外商收到发盘后，立即电复说："我接受你的发盘，在订立合同后 10 天内装船。"我方对此未作任何答复。但外商来电要求我方与之订立合同。试问：双方的合同是否成立？为什么？

# 第九单元

# 贸易争议的规避与救济

## ✍ 单元介绍

本课程将通过学习贸易争议的规避与救济措施，让学生了解贸易争议的种类、原因、规避方法以及救济途径等。通过了解贸易争议解决流程，让学生深入了解贸易争议解决过程中的细节和注意事项，并培养学生的沟通、协作和解决问题的能力。

## ✍ 学习目标

**知识目标：**

1. 了解贸易争议的种类、原因、规避方法等；
2. 了解贸易争议解决的方式和途径；
3. 了解国际贸易法规和惯例。

**技能目标：**

1. 具备规避贸易争议的能力；
2. 具备解决贸易争议的能力；
3. 具备团队协作和沟通能力。

**素质目标：**

1. 增强学生的职业道德和行业规范意识；
2. 提高学生的社会责任感和可持续发展意识。

## 任务 9.1　商品的检验、检疫制度

### ✍ 任务描述

本任务将深入了解商品的检验和检疫，包括法定检验和非法定商检，以及相关的检验和检疫机构。

### ✍ 任务分析

法定检验：国家法律法规规定的，对特定商品或者进出口商品进行的强制性检验。例

如，对食品、药品、危险品等，法律规定了严格的检验标准和程序，确保商品符合国家的安全和卫生要求。

非法定商检：贸易双方自行约定的，对于特定商品或者进出口商品进行的检验。

✏ **知识储备**

（1）法定检验是由国家法律法规规定的强制性检验，非法定商检是由贸易双方自行约定的自愿性检验。

（2）在贸易过程中需要了解目标市场的法定检验标准和要求。

（3）官方机构通常负责执行国家的法定检验，保障商品的安全和质量；独立第三方机构则提供非法定商检服务，确保商品符合合同要求。

（4）了解不同检测方法的原理和应用可以帮助更好地理解商品的检验和检疫过程。

（5）在国际贸易中，存在一些通用的标准和惯例，如联合国《国际贸易术语解释通则》（INCOTERMS）和《国际贸易法委员会仲裁规则》（UNCITRAL），这些规则有助于协调不同国家和地区的贸易实践，提高贸易效率。

（6）了解不同国家和地区的认证要求以及国际互认协议可以帮助顺利完成商品的检验和检疫过程。

（7）通过对可能出现的风险进行评估并采取相应措施可以降低潜在的质量问题和安全隐患。

### 9.1.1　商品的检验、检疫

跨境贸易商品的检验检疫是指在跨境贸易中对买卖双方成交的商品，由具有权威的检验检疫机构对商品的质量、数量、重量、包装、卫生、安全及装运条件进行检验并对涉及人、动植物的传染病、病虫害、疫情等进行检疫的工作。

对跨境贸易商品的检验检疫，一方面为了维护国家经济的顺利发展，保护人民的生命和生活环境的安全与健康，另一方面，通过对跨境贸易商品的检验检疫，可以按照有关标准，由第三方权威机构来出具相关检验报告，对商品从物理指标到化学指标等全方位的提供定量、定性分析，从而可以更加有效地为买卖双方提供责任归属的依据，避免贸易纠纷。

#### 1. 法定检验

进出口商品检验分为法定检验和非法定检验两大类。法定检验是指原国家商检局根据对外贸易发展的需要，对涉及社会公共利益的进出口商品实施强制检验检疫。也就是说，国家以立法形式，通过强制手段，对某些（类）进出口商品由国家商检机构统一实行强制性检验。属于法定检验的出口商品，经检验不合格者不得出口，同理，属于法定检验的进口商品，未向商检机构报检或检验不合格的则不能获得海关验放，更不准销售与使用。

CIQ 是中国出入境检验检疫局（China Inspection and Quarantine，CIQ）的缩写，是中国政府负责进出口商品检验检疫工作的机构之一。

CIQ 的主要职责包括：

（1）对进出口商品进行检验检疫，确保商品符合国家的法律法规和质量标准。

（2）管理和监督进出口商品的检验检疫工作，包括检验检疫机构的认证和监督。

（3）发放进出口商品的检验证书和检验合格证书。

（4）处理和调查涉及进出口商品质量、安全等方面的投诉和纠纷。

（5）开展进出口商品质量安全监测和风险评估工作，提供相关信息和预警。

（6）与国际组织和其他国家的检验检疫机构进行合作和交流，推动国际贸易的顺利进行。

CIQ 在中国的各个口岸设有办事机构，负责对进出口商品进行检验检疫并发放相应的证书。进出口商在办理报关手续时，需要向 CIQ 提交相应的申请和文件，并按照 CIQ 的要求接受检验检疫。只有通过 CIQ 的检验检疫并获得相应的证书，商品才能顺利进出口。

根据《中华人民共和国进出口商品检验法》规定，凡是列入《商检机构实施检验的进出口商品种类表》的进出口商品，必须向商检机构申请商品检验，海关凭商检部门出具的通关单接受申报。

《商检机构实施检验的进出口商品种类表》是商检机构对进出口商品进行检验的依据，也是进出口商品检验制度的重要组成部分。该表包括实际进出口商品、包装及铺垫和运输工具三大类，具体商品种类由海关总署根据外贸发展需要确定，并通过调整《商检机构实施检验的进出口商品种类表》的方式进行公布。

目前，最新版本的《商检机构实施检验的进出口商品种类表》是 2021 年 8 月 31 日发布的，自 2021 年 11 月 1 日起实施。该表包括 18 大类 158 子类，其中第一类动物商品、第二类植物商品、第四类食品等都是常见类别。

《商检机构实施检验的进出口商品种类表》（以下简称《种类表》）是商检机构根据《商检法》及其实施条例的规定，对进出口商品实施检验的种类进行明确和列表。根据《种类表》，商检机构将对列入种类表的进出口商品实施检验，并确定检验类别，包括进口商品安全性能检验、出口商品质量检验等。对于未列入种类表的进出口商品，商检机构将根据具体情况进行判断和处理。

此外，《种类表》还规定了与进出口商品有关的术语定义、商品归类原则、商品品目调整等内容。为了方便查询，《种类表》还提供了进出口商品目录表及注释。

需要注意的是，《种类表》是由国家质检总局制定，并根据外贸发展情况适时进行调整的。商检机构应根据《种类表》的要求，对列入种类表的进出口商品实施检验，并确定检验类别。对于未列入种类表的进出口商品，商检机构将根据具体情况进行判断和处理。

**2. 非法定商检**

非法定商检是指未经法定商检机构授权或批准进行的商检活动。在许多国家，商检是由政府机构或特定的授权机构进行的，以确保进出口商品的质量、安全和符合性。非法定商检可能是由私人机构、个人或其他未经授权的组织进行的商检活动。

非法定商检存在一定的风险和问题。首先，非法定商检无法保证其检验结果的准确性和可靠性。这可能导致商品的质量和安全问题未被及时发现和解决，给消费者带来风险。其次，非法定商检可能没有遵守国家或地区的相关法律法规和标准，导致商品的合规性问题。最后，非法定商检可能会给企业带来法律风险和经济损失，因为一旦被发现违反相关规定，可能会面临罚款、商品退运或其他惩罚措施。

因此，为了确保进出口商品的质量和合规性，企业应当遵守国家或地区的法定商检要求，并选择合法授权的商检机构进行商检活动。同时，消费者也应当选择合法商检认证的商品，以保障自身权益和安全。非法定检验一般是以买卖双方合同为主要依据，对商品按一定的程序进行检验。就出口商品而言，与法定商检不同的是检验地点、检验标准和检验机构，法定商检一般是在出口地按国家标准由国家商检部门进行检验，而非法定商检，则是由进口方指定的检验机构按国际标准或事先拟定的标准进行检验，检验地点可以在出口国，也可以在进口国。

检验机构在检验结束后，都会对商品的质量总体水平有明确的检验结论。检查方法主要有全检和抽样检验。非法定商检的流程主要包括自检、预约检验、施检和签发检验证书（图9-1）。

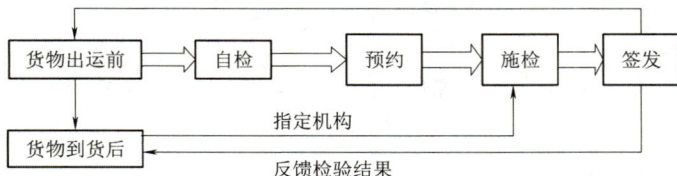

**图 9-1　非法定检验流程图**

## 9.1.2　检疫、检验机构

跨境货物买卖中，交易双方除了自行对货物进行必要的检验外，还必须由某个机构进行检验，经检验合格后方可出境或入境。这种根据客户的委托或有关法律的规定对进出境商品进行检验、鉴定和管理的机构就是商品检验、检疫机构。

国际上的商品检验机构名称各异，有的称公正行（Authentic Surveyor），宣誓衡量人（Sworn Measurer），有的称实验室（Laboratory）等。

### 1. 官方机构

国家出入境检验检疫机构

中国出入境商品的检验检疫和监督管理工作由国家出入境检验检疫局及其设立在全国各地的分支机构负责。

进出口药品的监督检验、计量器具的量值检定、船舶和集装箱的规范检验、飞机（包括飞机发动机、机载设备）的适航检验、锅炉和压力容器的安全检验、核承压设备的安全检验等，分别由国家各有关主管部门归口实施法定检验和监督管理。

（1）国家出入境检验检疫局。

国家出入境检验检疫局（General Administration of Customs of the People's Republic of China，GACC）是中华人民共和国负责出入境商品检验检疫工作的主管部门。

该局的主要职责包括：

①研究拟定有关出入境卫生检疫、动植物检疫及进出口商品检验法律法规和政策规定的实施细则、办法及工作规程，督促出入境检验检疫机构贯彻执行。

②组织实施出入境检验检疫、鉴定和监督管理；负责国家实行进出口许可制度的民用商品出入境验证管理；组织进出口商品检验检疫的前期监督和后续管理。

③组织实施出入境卫生检疫、传染病监测和卫生监督；组织实施出入境动植物检疫和监督管理；负责进出口食品卫生、质量的检验、监督和管理工作。

④组织实施进出口商品法定检验；组织管理进出口商品鉴定和外商投资财产鉴定；审查入境检验检疫局批准法定检验商品的免验和组织办理复验。

⑤组织对进出口食品及其生产单位的卫生注册登记及对外注册管理；管理出入境检验检疫标志、进口安全质量许可、出口质量许可并负责监督检查；管理和组织实施与进出口有关的质量认证认可工作。

⑥负责涉外检验检疫和鉴定机构（含中外全资、合作的检验、鉴定机构）的审核认可并依法进行监督。

⑦负责商品普惠制原产地证和一般原产地证的签证管理。

⑧负责管理出入境检验检疫业务的统计工作和国外疫情的收集、分析、整理，提供信息指导和咨询服务。

⑨拟定出入境检验检疫科技发展规划；组织有关科研和技术引进工作；收集和提供检验检疫技术情报。

⑩垂直管理出入境检验检疫机构。

⑪开展有关国际合作与技术交流，按照规定承担技术性贸易壁垒和检疫协议的实施工作，执行有关协议。

⑫承办国务院及海关总署交办的其他事项。

国家出入境检验检疫局负责确保进出口商品的质量、安全和合规性，以保护国内市场和消费者的权益。该局通过对进出口商品进行检验检疫，确保商品符合相关的质量标准、安全要求和法律法规，防止不合格或有害商品进入市场。同时，该局还负责监督和管理出入境口岸的检验检疫工作，确保口岸的检验检疫工作顺利进行。

（2）国家技术监督局。

进出口计量器具的量值检定由国家技术监督局下属的计量器具检定部门负责。我国《计量法》规定，"制造、修理计量器具的企业、事业单位，必须具备与制造、修理计量器具相适应的设施、人员和检定仪器设备，经县级以上人民政府计量行政部门考核合格，取得《制造计量器具许可证》或者《修理计量器具许可证》"。"制造计量器具的企业、事业单位生产本单位未生产过的计量器具新商品，必须经省级以上人民政府计量行政部门对其样品的计量性能考核合格，方可投入生产"。

"进口计量器具，必须经省级以上人民政府计量行政部门检定合格后，方准销售"。经检验不合格，需向国外提出索赔的，由省、市、自治区以上计量行政部门对外出证。如需凭商检证书对外索赔的，商检机构任省级以上计量行政部门出具的检验证明换发证书，有关计量检定的技术问题，由出具检验证明的计量行政部门负责。

（3）药品检验机构。

药品检验机构由卫生部归口管理。按照国家《药政管理条例》和卫生部发布的《进口药品质量管理办法》的规定，凡进出口药品（包括原料药、制剂和药材），一律列为法定检验，由各地药检机构实施检验。

（4）船舶检验局。

船舶检验局是国家船舶技术监督机构，成立于1956年，总部设在北京，负责对船舶执行法定的监督检验，同时办理船级业务。其主要任务是：①制订船舶检验的规章制度和船舶规范；在全国主要港口设立办事机构，执行监督检验；②对船舶、海上设施及其材料、机械设备实施监督检验和试验，使船舶和海上设施具备正常的技术条件，以保障海上船舶、设施和人身的安全以及海洋环境不受污染；③根据我国参加的有关国际公约，代表政府签发公约要求的船舶证书；④办理船舶入级业务；担任公证检验。

**2. 独立的第三方检验机构**

独立的第三方检验机构有很多。这些机构通常是独立于政府或企业的专业机构，提供独立、客观和中立的检验服务。它们的主要职责是对各种类型的商品进行检验，以确保其符合相关的质量、安全和合规性标准。

独立的第三方检验机构通常具有专业的技术团队和先进的检验设备，能够对商品进行全面和准确的检验。它们可以根据客户的需求，进行抽样、测试、评估和验证，以确定商品是否符合相关的标准和要求。这些机构的检验结果通常具有权威性和可靠性，被广泛接受和信任。

独立的第三方检验机构在国际贸易中起着重要的作用。它们可以帮助企业确保出口商品的质量和合规性，提高商品的竞争力和市场准入能力。同时，它们也可以为进口商提供检验服务，确保进口商品符合国内的质量和安全要求。

在选择独立的第三方检验机构时，企业应该考虑其专业能力、资质认证、信誉和服务范围等因素。同时，与检验机构建立长期合作关系也有助于提高效率和降低成本。目前在国际上比较有名望、有权威的民间商品检验机构有：

（1）中国进出口商品检验总公司（China National Import & Export Commodities Inspection Corporation）；

（2）日本海事鉴定协会（Nippon Kaiji KenteiKyokai 英文名 Japan Marine Surveyors & Sworn Measurer's Association，NKKK）；

（3）英国劳合氏公证行（Lloyd's Surveyor LD.）；

（4）美国保险人实验室（Underwriters Laboratories Inc.，UL）；

（5）英之杰检验集团（Inchcape Inspection And Testing Services，ITS）；

（6）瑞士通用公证行（Societe Generale De Surveillance S.A，SGS）。

# 任务9.2　了解检验的一般流程

检验的一般流程
与相关规定

✍ **任务描述**

本任务将深入了解报检的一般流程，包括检验准备、检验实施、检验记录、检验报告和检验后续工作。

✍ **任务分析**

（1）检验准备：需要根据货物的性质和要求，准备相应的检测设备和工具，以及样品存放和标识等。

（2）检验实施：在检验实施过程中，检验检疫机构会对货物的质量、规格、数量、包装、标识等方面进行严格的检查和鉴定，确保货物符合相关的标准和要求。

（3）检验记录：在检验实施过程中，检验检疫机构会对货物的检验结果进行详细的记录，包括货物的名称、规格、数量、质量、包装、标识等方面的情况。

（4）检验报告：检验报告是货物进出口的重要凭证，也是买卖双方进行结算和索赔的重要依据。

（5）检验后续工作：在完成检验报告后，检验检疫机构会对货物进行后续的处理和管理。如果货物符合相关的标准和要求，检验检疫机构会签发相关的证书或文件，允许货物进出口。如果货物存在质量问题或不符合相关的标准和要求，检验检疫机构会要求货主或代理人进行整改或处理，直到符合要求为止。

### 📝 知识储备

（1）了解货物报检的定义、目的和意义，以及报检的一般流程和要求。

（2）掌握报检所需的各种单证和资料，包括合同、发票、装箱单、提单、原产地证明、质量保证书等。

（3）了解不同种类的货物需要采取的不同种类的检验方式和程序，例如全数检验、抽样检验、现场检验和实验室等。

（4）了解常见的质量标准和要求，例如国际标准、国家标准、行业标准等，以及不同国家和地区的特殊标准和要求。

（5）了解样品采集和测试的方法和技术，例如物理测试、化学测试、生物测试等，以及不同样品需要采取的不同测试方法和标准。

（6）了解如何编写和分析检验报告，包括对货物的质量、规格、数量等方面的评价和总结。

### 9.2.1　申请报检

报检是指进出口商品的外贸关系人（如生产商、出口商、进口商等）按照法律、法规或规章的规定，向检验检疫机构报请检验检疫工作的手续。

办理报检手续的报检人包括三类：一是在检验检疫机构备案的进出口商品的收货人或者发货人；二是经出入境检验检疫机构注册登记的代理报检企业；三是经出入境检验检疫机构注册登记出入境快件运营企业，采用快件方式进出口商品的，收货人或者发货人应当委托出入境快件运营企业办理报检手续。

报检的一般流程包括以下几个步骤。

（1）检验准备：根据检验要求，选择合适的检验方法和检验设备，准备好所需的样品，确认检验场地和人员等。

（2）检验实施：按照检验方法和标准要求，对样品进行检验，记录检验结果，并判断是否符合要求。

（3）检验记录：将检验结果记录在相应的表格或文档中，包括检验日期、时间、地点、检验人员、样品信息、检验项目、检验结果等。

（4）检验报告：根据检验结果，编写检验报告，对检验结果进行分析和评价，提出整改建议等。

（5）检验后续工作：根据检验报告，对不合格的样品进行整改或处理，对合格的样品进行标记或包装等。

以上是一般检验的流程，具体情况可能因检验类型和要求的不同而有所差异。

法定检验的进口商品到货后，收货人必须向卸货口岸或者到达站的商检机构办理登记。商检机构在报关单上加盖"已接受登记"的印章，海关凭报关单加盖的印章验放。法定检验的出口商品，发货人应当在商检规定的地点和期限内，持合同等必要的证单向商检机构报验。一般而言，出口货物必须在所在地检验检疫机构办理报检，实施"产地商检，口岸复核并换证放行"的手续。

### 1. 填制报检申请单

（1）填写进出口货物报关单，并提交相关单证。
（2）海关对报关单进行审核，确认货物的品名、规格、数量、价值等信息。
（3）海关根据货物的不同属性，对货物进行分类，确定适用的税率和监管要求。
（4）海关对货物进行查验，确保货物的品质、数量、规格等符合申报要求。

### 2. 安排报检时间

进出口商品的报检时间，应视商品的种类不同而不同，如表9-1所示。

表 9-1　不同商品类别的报验时间要求

| 商品 | 类别 | 报检时间要求 |
| --- | --- | --- |
| 出口商品 | 一般商品 | 出口报关或装运前7天，实行"产地商检，口岸复检并放行"的原则 |
| | 需隔离检疫的动物 | 出境前60天预报，隔离前7天报验 |
| | 活动物 | 出境前7天报验，需要熏蒸消毒的，15天前报验 |
| | 观赏动物 | 出境前30天报验 |
| 进口商品 | 植物、种子、种苗及其他繁殖材料 | 入境前7天报验 |
| | 人体组织、生物制品、血液制品、种畜、禽及其精液、胚胎、受精卵等 | 入境前30天报验 |
| | 其他动物 | 入境前15天报验 |

### 3. 了解报检单位资质

报检单位一般可分为自理报检单位和代理报检单位。

自理报检单位在首次报检时，必须先到当地检验检疫机构领取并填写《报检单位注册登记表》，有进出口经营权的单位须提供本单位营业执照和政府批文办理登记备案手续，取得报检单位代码。按报检单位统一编码原则，报检单位的代码是全国唯一的，即不同地区的报检单位，以不同的代码标识。自理报检单位如需前往其他口岸办理报检业务时，无须重新备案登记，只需持"自理报检单位备案登记证明书"副本或复印件，填写异地备案登记表即可。

代理报检单位是指在检验检疫机构注册登记，接受出口货物生产企业的委托或受进出口货物贸易关系人的委托，依法为委托人办理出入境检验检疫报检/申报事宜的，具有工商行政管理部门注册登记的境内企业法人。申请从事代理报检业务的企业应按《出入境检验检疫代理报检管理规定》的要求，向所在地检验检疫机构办理代理报检注册登记手续。其注册登记应具备的基本条件包括《企业法人营业执照》经营范围中列明有代理报检或与之相关的经营权；注册资金人民币150万元以上；有固定场所及符合办理检验检疫业务所需要的条件；

有不少于 10 名检验检疫机构考试合格并取得《报检员资格证》的人员等，经各地直属出入境检验检疫机构初审、国家质检总局审核获得许可、登记，并取得国家质检总局颁发《代理报检单位注册登记证书》后，方可在规定的区域内从事代理报检业务。根据我国民法的有关规定，代理人从事代理活动之前必须取得委托人的授权，在授权范围内，以代理人的名义从事民事法律行为。因此，代理报检单位在向检验检疫机构报检时，应当出具授权委托书。报检人员均需持证上岗。

### 4. 了解报检范围

（1）国家法律法规规定必须由检验检疫机构检验检疫的（即法定商检的商品）；

（2）有关国际公约规定须经出入境检验检疫的；

（3）输入国家或地区规定或与我国有协议/协定，必须凭检验检疫机构出具有关证书方准入境的；

（4）对外贸易合同、信用证规定由检验检疫机构出证的；

（5）对外贸易关系人申请的检验检疫业务。

### 5. 提交报检单证

（1）入境货物的单证。

①一般情况下，入境货物报检时，报检人应填写入境货物报检单，同时提供外贸合同、发票、提单、装箱单以及入境货物通知单等单证；实施安全质量许可、卫生检疫注册的应提交有关证明文件，并在报检单上注明文件号；

②报检入境货物品质检验的还应提供国外品质证书或质量保证书、商品使用说明及有关标准和技术资料；凭样成交的，须提交成交样品；

③申请残损鉴定的还应提供理货残损单、铁路商务记录、空运事故记录或海事报告等证明货损情况的有关单证；

④入境货物经收货部门验收或其他单位检验的，应加附有关验收记录、重量明细单或检验结果报告单等；

⑤对入境特殊物品的报检，报检人还应根据不同货物种类向检验检疫机构提供相应资料、证明或证书；

⑥入境废旧物品还应该提供国家环保部门签发的"进口废物批准证书"和经认可的检验机构签发的装船前检验证书；

⑦入境的保健食品应提供卫生主管部门（卫生部）核发的进口保健食品批准证书；

⑧入境动植物及其商品应附加输出国或地区的官方检疫证书、产地证书；须办理进口审批手续的，还必须提供必要的入境动植物检疫许可证、接种证明等；

⑨外商投资财产鉴定要求提供营业执照、批文、合资/独资章程、投资清单和报检单、发票、提单、征（免）税表、合同等；

⑩从日本、美国、韩国等国进口的货物，在申报时须提供无木质包装申明或使用非针叶树木质包装申明或出口前经检疫机构热处理后出具的植物检疫证书；

这里要明确一点，当委托代理报检时，还应提供代理报检委托书，并由委托人按规定格式填写。

（2）出境货物的单证。

①出境货物检验检疫报检时，报检人应填写出境货物报检单，并提供外贸合同（确认

书）、信用证、发票、装箱单、厂检结果单、委托书、出境货物运输包装性能检验结果单等单证，凭样成交的，还应提供买卖双方确认的签封样品；

②受理出境货物检疫报检时，报检人应提供外贸合同（确认书）、信用证、发票、装箱单、委托书等；

③凡需办理审批、卫生注册或许可证手续的，报检时应提交有关文件，并在报检单上注明注册号或许可证号；

④外地出境货物需在本口岸申请办理核查货证/验证手续时，还应加附产地局签发的"出境货物换证凭单"正本或电子转单凭单；

⑤过境动植物及其商品报检时，还应持货运单和输出国或地区官方出具的检疫证明，运输动物过境时，还应提交国家检验检疫局签发的"动物过境许可证"。

（3）报检单填写说明。

报检人必须按规定认真填写报检单，按照同一合同、发票、提单填写一份报检单。做到书写工整，字迹清楚，不得随意涂改；项目填写齐全，译文准确，中英文内容一致，并加盖报检单位公章。

报检单可分为"入境货物报检单"和"出境货物报检单"。

（4）遵守报检纪律。

①报检员提供的单证必须真实有效，如实申报，不得伪造；

②报检人对所需检验检疫证书的内容如有特殊要求的，应预先在报检单上申明；

③报检单证应符合单单相符、货证相符的原则；

④应按规定交纳检验检疫费；

⑤报检人应预先约定检验检疫鉴定的时间且在申明上注明；

⑥申请人应提供进行抽样和检验检疫鉴定等必要的工作条件；

⑦报检员应了解和掌握出入境报检的手续和有关规定，熟悉相关法律法规，有良好的政治和业务素质；

⑧违反报检规定的，如伪造、买卖、编造、涂改以及不如实申报骗取检验检疫证单的，将由出入境检验检疫机构按相关法律法规予以处罚。

### 9.2.2　实施检验

检验是指国家商检部门所属的地方商检局应出口商的要求，在指定地点，对指定货物按国家规定程序及标准所进行检验的一种方式。进出口商品需要在进出口国规定的地点进行检验。例如，在中国，进出口商品通常需要在各地的出入境检验检疫机构进行检验。具体的检验地点会根据商品的种类、数量和进出口合同的规定而有所不同。

检验的标准需要根据进出口合同约定的质量标准进行。例如，合同中可能会规定商品需要符合国际标准或者国内标准，也可能是企业自行制定的标准。检验机构会根据合同约定的标准对进出口商品进行检验，以确保其符合要求。

检验的内容包括商品的品质、数量和包装，以及装运过程中的残损、短缺和装运技术条件等。例如，在中国，进出口商品需要经过检验机构对商品的品质、数量、包装和运输条件等进行检验，以确保商品符合合同规定，并且不会对运输和贸易造成不良影响。

实施检验的目的是为了确定商品是否符合合同规定，以及明确事故的起因和责任的归属。例如，如果进出口商品在运输过程中出现了残损、短缺等问题，检验机构需要对问题进行调查和分析，以明确事故的起因和责任归属。这样可以为双方提供公正、科学的依据，有利于问题的解决和责任的承担。

### 9.2.3 签发证书

签证是指进出口货物在进出口时，需要办理相应的签证手续，以确保货物符合进出口国家的法律法规和标准的过程（图9-2）。签证是跨境货物贸易中必须的环节，也是保障进出口贸易安全和质量的重要手段。

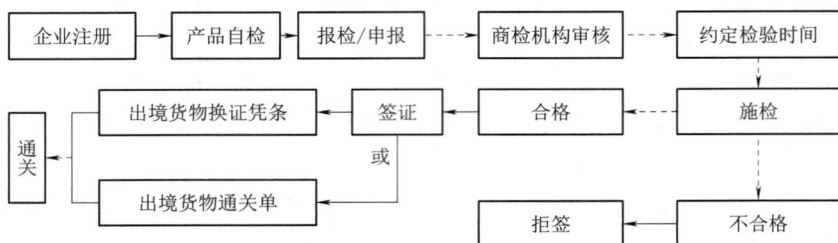

图 9-2 法定商检流程示意图

商检机构进行检验之后，符合标准，认为合格的，签发商品检验证书，海关依据商品检验书予以验放。商品经过检验不合格的，商检机构发给不合格通知书，经返工整改后，可以申请一次复验。复验仍不合格的，出口商品不准出口，进口商品不准销售使用。

签证流程一般包括以下步骤：
（1）申请签证，提交申请单和相关单证。
（2）签证机构对货物进行审核，确认货物符合进出口国家的法律法规和标准。
（3）签证机构对货物发放签证，确认货物符合进出口国家的法律法规和标准。

对于商检合格的商品，商检机构签发供海关通关之用的检验证书。目前，检验证书形式主要有"出境货物通关单"和"出境货物换证凭条"。前者是纸质，可以在规定时间内的同一口岸内多次使用，后者通过商检机构专用网络系统发送至出口口岸商检机构。

如果证书需要更改，则报检人必须按商检局的要求，在填妥"更改申请单"后，交还原证书，经相关部门的审核同意后方可办理更改手续。

商检机构进行检验之后，符合标准，认为合格的，签发商品检验证书。海关依据商品检验书予以验放。商品经过检验不合格的，商检机构发给不合格通知书，经返工整改后，可以申请一次复验。复验仍不合格的，出口的商品不准出口，进口的商品不准销售或使用。

# 任务 9.3  掌握检验证书及作用

## 任务描述

本任务将深入了解检验证书的种类和作用，包括我国商品检验证书和其他检验证书的种类，以及检验证书在贸易中的重要作用。

### 任务分析

检验证书的种类包括以下两种。

（1）我国商品检验证书：国家出入境检验检疫局为进出口商品签发的检验证书，是一种官方检验证书，其作用是证明卖方所交货物的质量、重量（数量）及包装是否符合买卖合同的规定。

（2）其他检验证书：包括生产厂商或进出口公司的检验证书、进口商驻出口地点代表或代理人在货物装运前的检验证书如 SGS 检验证书和"客检证"等。这些检验证书的作用与我国商品检验证书类似，也是为了证明货物的质量和规格是否符合要求。

检验证书在贸易中的作用，具体包括以下几个方面。

（1）作为买卖双方交接货物的依据：通过检验证书，买方可以确认卖方所交货物的质量、重量（数量）及包装是否符合买卖合同的规定，从而确保交易的货物符合要求。

（2）作为买卖双方结算货款的依据：在信用证支付方式下，检验证书通常是卖方向银行办理付款、承兑或议付时提交的单据之一。

（3）作为索赔和理赔的依据：如果买方对到货质量、重量（数量）或包装提出异议，要求索赔时，检验证书是一项很重要的凭证。

（4）作为报关验放的有效证书和计算关税的重要依据：在报关过程中，检验证书可以作为证明货物质量和规格的凭证，帮助顺利通过海关的验放。

### 知识储备

（1）了解不同种类的检验证书：我国商品检验证书和其他种类的检验证书，如生产厂商或进出口公司的检验证书、进口商驻出口地点代表或代理人在货物装运前的检验证书如 SGS 检验证书和"客检证"等。

（2）理解各种检验证书的作用：不同种类的检验证书在贸易中发挥着不同的作用。例如，我国商品检验证书可以证明货物的质量和规格是否符合要求，其他种类的检验证书则可能用于证明货物的特定属性或特定地区的标准。

（3）了解检验证书在贸易中的重要性：检验证书在贸易中扮演着重要的角色，作为买卖双方交接货物的依据、买卖双方结算货款的依据、索赔和理赔的依据以及报关验放的有效证书和计算关税的重要依据。

### 9.3.1　检验证书的种类

检验证书（Inspection of Certificate），是检验检疫机构对进出口商品检验检疫或鉴定后，根据不同的检验或鉴定项目签发的各种检验检疫证书、鉴定证书和其他证明书，统称为检验证书。

检验证书包括两类：第一类是我国商品检验证书，是由中国商检局为进出口商品签发的；第二类是其他检验证书，包括生产厂商或进出口公司的检验证书、进口商驻出口地点代表或代理人在货物装运前的检验证书如 SGS 检验证书和"客检证"等。

根据进出境货物不同的检验、检疫要求、鉴定项目和不同作用，我国商检局签发不同的检验检疫证书、凭单、报告单和记录报告，共有数十种以上。常见的有以下几种：

（1）出入境检验检疫品质证书（Quality Certificate）。

是证明进口商品品名、规格、等级、成分、性能等商品质量实际情况。

（2）出入境检验检疫数量检验证书（Quantity Certificate）。

是证明进出口商品的数量、重量，如毛重、净重等。

（3）出入境检验检疫植物检疫证书（Phytosanitary Certificate）。

是证明植物基本不带有其他的有害物，因而符合输入国或地区的植物要求。

（4）出入境检验检疫动物卫生证书（Animal Health Certificate）。

是证明出口动物商品经过检疫合格的书面证件，它适用于冻畜肉、冻禽、皮张、肠衣等商品，且必须由主任兽医签署。

（5）出入境检验检疫卫生证书（Sanitary Certificate）。

是证明可供食用的出口动物商品、食品等经过卫生检疫或检验合格的证件，例如肠衣、罐头食品、蛋品、乳制品等。

（6）熏蒸/消毒证书（Fumigation/Disinfection Certificate）。

是证明出口动植物商品，木制品等已经过消毒或熏蒸处理，保证安全卫生，例如猪鬃、针叶木、马尾、羽毛、山羊毛、羽绒制品等。

（7）出境货物运输包装性能检验结果单。

适用于经检验合格的出境货物包装性能检验。

（8）残损鉴定证书（Inspection Certificate on Damaged Cargo）。

是证明进口商品残损情况，供索赔时使用。

（9）包装检验证书（Inspection Certificate of Packing）。

是用于证明进出口商品包装情况的证书。

（10）温度检验证书（Certificate of Temperature）。

是证明出口冷冻商品温度的证书。

（11）船舶检验证书（Inspection Certificate On Tank/Hold）。

是证明承运出口商品的船舶清洁、牢固、冷藏效能及其他装运条件是否符合保护承载商品的质量和数量完整与安全要求的证书。

（12）货载衡量检验证书（Inspection Certificate on Cargo Weight & Measurement）。

是证明进口商品的重量、体积吨位的证书，是计算运费和指定配载计划的依据。

如果国外商人要求提供其他名称的证明时，可建议对方采用上述种类的证书，不另出其他名称的证书。例如，国外商人提出要"分析证"，就可以用"品质检验证书"；商人提出"包装证"，可在"重量检验证书"内加注包装内容证明等。如果商人要求我对一批商品分别出具品质证书、重量证书、卫生证书以及产地证书，为了简化手续，在取得对方同意后，可出具上述各项要求合并在一起的检验证书，但在特殊情况下，在同商检机构协商同意后可适当灵活掌握。

商品检验证并不是所有的结汇业务中必备单据，是否需要，应根据国家的有关规定及客户的具体要求，有些不是必须商检商品，客户又没有要求，在结汇中可不提供。值得注意的是，检验证的名称和内容必须与信用证中的描述相符，否则会影响结汇。

### 9.3.2　检验证书的作用

（1）是买卖双方交接货物的依据，以证明卖方所交货物的质量、重量（数量）及包装是否符合买卖合同的规定；

（2）是买卖双方结算货款的依据，在信用证支付方式下，检验证书通常是卖方向银行办理付款、承兑或议付时提交的单据之一；

（3）是进行索赔和理赔的依据，买方如对到货质量、重量（数量）或包装提出异议，要求索赔时，检验证书是一项很重要的凭证；

（4）也是报关验放的有效证书和计算关税的重要依据。

## 任务 9.4　熟悉合同违约的救济方法

合同违约的
救济方法

### 📝 任务描述

本任务将探讨在合同违约的情况下，可以采取的救济方法，包括友好协商、调解、仲裁和诉讼等。

### 📝 任务分析

在合同违约的情况下，双方首先应该优先考虑友好协商，尽可能通过对话和妥协来解决问题。友好协商可以避免双方陷入长时间的纠纷和争议，有助于维持商业关系的稳定和持续。

如果双方无法通过友好协商解决争议，可以考虑采用调解的方式。调解是指由第三方调解人协助双方协商解决争议的一种方式。调解人可以帮助双方沟通、协商和妥协，以达成一个双方都能接受的解决方案。

如果调解无法解决问题，双方可以选择仲裁的方式。仲裁是指由仲裁机构或仲裁员对合同纠纷进行裁决的一种方式。仲裁机构通常会指定一名独立的仲裁员，对双方提交的证据和陈述进行评估，并做出公正的裁决。

如果仲裁仍无法解决问题，双方可以选择通过诉讼来解决争议。诉讼是指通过司法程序来解决合同纠纷的一种方式。在诉讼过程中，法院会对双方提交的证据和陈述进行评估，并做出法律上的裁决。

根据具体情况，双方可以选择合适的救济方法来解决问题。在选择救济方法时，应该考虑到争议的性质、金额、证据的可获得性、时间、成本和资源以及法律适用性和法律地位等因素。

### 📝 知识储备

（1）了解各种救济方法的优缺点，包括友好协商、调解、仲裁和诉讼等。这些方法各有其特点，可以根据具体情况选择最合适的方法。

（2）熟悉合同条款的解释和适用，包括合同中的条款、条件、责任和义务等。在解决合同违约纠纷时，需要对合同条款进行解释和适用，以确定各方的权利和责任。

（3）了解证据收集和处理的重要性，包括书面证据、口头证据、物证等。在解决合同违约纠纷时，需要收集和提供充分的证据来支持主张。

（4）熟悉各种救济方法的法律适用性和法律地位，包括友好协商、调解、仲裁和诉讼等。了解各方法的法律约束力和法律地位，可以帮助确定各方的权利和责任。

（5）熟悉各种救济方法的程序和规则，包括友好协商、调解、仲裁和诉讼等。了解各方法的程序和规则，可以帮助了解各方法的具体操作流程和要求。

### 9.4.1　协商

在合同违约的情况下，双方应该优先考虑友好协商，尽可能通过对话和妥协来解决问题。友好协商可以帮助双方更好地了解彼此的立场和诉求，找到共同的解决方案，避免争端进一步升级。在友好协商的过程中，双方应该保持冷静、理性，尊重对方的权益和利益，寻求互利共赢的解决方案。

友好协商是处理合同违约问题的第一步，也是最好的解决方式之一。以下是友好协商的具体步骤。

（1）确定协商对象：在处理合同违约问题时，首先需要确定协商对象，通常是违约方的负责人或代表人。

（2）制定协商议程：在协商前，双方应该制定协商议程，明确协商的目的、议题、时间和地点等。协商议程应该充分考虑双方的利益和诉求，避免争端进一步升级。

（3）建立信任关系：在协商开始前，双方应该建立起信任关系，尊重对方的权益和利益，保持冷静、理性的态度，避免情绪化的言语和行为。

（4）分析问题：在协商中，双方应该分析问题的本质和原因，了解对方的立场和诉求，找到共同的解决方案。

（5）提出建议：在协商中，双方应该提出建设性的建议，寻求互利共赢的解决方案。建议应该具体、可行、符合法律和合同规定。

（6）达成协议：在协商中，双方应该努力达成协议，解决争议。协议应该明确具体、具有可执行性，避免后续争端。

（7）签署协议：在协商结束后，双方应该签署协议，确认达成的协议内容。协议应该具有法律效力，双方应该遵守协议内容。

总之，友好协商是处理合同违约问题的重要方式之一，可以帮助双方更好地了解彼此的立场和诉求，找到共同的解决方案，避免争端进一步升级。在开展友好协商时，双方应该保持冷静、理性，尊重对方的权益和利益，寻求互利共赢的解决方案。

### 9.4.2　调解

调解是指由第三方调解人协助双方协商解决争议的一种方式。调解相对于诉讼和仲裁而言，更加灵活、快速、廉价，可以更好地保护双方的商业关系。调解的结果需要双方自愿达成，具有法律效力。在合同纠纷中，如果双方关系比较友好，可以选择调解来解决争议。

调解是一种非正式的争议解决方式，是处理合同违约问题的一种重要手段。以下是调解的具体步骤。

（1）确定调解机构：在处理合同违约问题时，需要选择一家合适的调解机构，通常是由政府或行业协会设立的调解机构。

（2）提交申请：当发生合同违约问题时，双方可以向调解机构提交调解申请。申请需要包括双方的基本信息、合同违约的情况、诉求等内容。

（3）确定调解员：调解机构会根据申请的情况，选择一名或数名调解员。调解员应该具有专业的知识和技能，能够公正、客观地处理争议。

（4）开展调解：调解员会邀请双方到调解现场，进行调解。调解员会听取双方的陈述、分析争议的原因和性质，提出建议，协助双方达成和解。

（5）达成和解：在调解中，双方可以达成和解协议。和解协议应该具有可执行性，符合法律和合同规定。调解员会对和解协议进行确认，双方签署和解协议后，和解协议具有法律效力。

总之，调解是一种非正式的争议解决方式，可以帮助双方快速、高效地解决合同违约问题。在开展调解时，双方应该保持冷静、理性，尊重对方的权益和利益，遵守调解机构的规定和程序。调解员应该公正、客观地处理争议，协助双方达成和解。

### 9.4.3　仲裁

仲裁是指由仲裁机构或仲裁员对合同纠纷进行裁决的一种方式。仲裁具有法律效力，可以代替诉讼解决争议。仲裁相对于诉讼而言，更加灵活、快速、廉价，双方可以自主选择仲裁员和仲裁机构，更好地保护商业秘密和商业关系。在合同纠纷中，如果双方无法通过友好协商或调解解决争议，可以选择仲裁来解决争议。

仲裁是一种正式的争议解决方式，是处理合同违约问题的一种重要手段。以下是仲裁的具体步骤。

（1）确定仲裁机构：在处理合同违约问题时，需要选择一家合适的仲裁机构，通常是由政府或行业协会设立的仲裁机构。

（2）提交仲裁申请：当发生合同违约问题时，双方可以向仲裁机构提交仲裁申请。申请需要包括双方的基本信息、合同违约的情况、诉求等内容。

（3）确定仲裁庭：仲裁机构会根据申请的情况，选择一名或数名仲裁员组成仲裁庭。仲裁员应该具有专业的知识和技能，能够公正、客观地处理争议。

（4）开展仲裁：仲裁庭会邀请双方到仲裁现场，进行仲裁。仲裁员会听取双方的陈述、分析争议的原因和性质，提出裁决意见，协助双方解决争议。

（5）发布裁决：在仲裁中，仲裁庭会根据事实和法律规定，做出裁决。裁决应该具有可执行性，符合法律和合同规定。仲裁机构会对裁决进行确认，裁决具有法律效力。

总之，仲裁是一种正式的争议解决方式，可以帮助双方公正、客观地解决合同违约问题。在开展仲裁时，双方应该保持冷静、理性，尊重对方的权益和利益，遵守仲裁机构的规定和程序。仲裁员应该公正、客观地处理争议，根据事实和法律规定，做出公正的裁决。

### 9.4.4 诉讼

诉讼是指通过司法程序来解决合同纠纷的一种方式。诉讼程序相对于调解和仲裁而言，更加正式、繁琐、耗时、费用高昂。在合同纠纷中，如果双方无法通过友好协商、调解或仲裁解决争议，可以选择诉讼来解决争议。诉讼需要双方提交证据、出庭辩论，由法院根据法律规定进行裁决，裁决结果具有法律效力。

诉讼是一种最后的争议解决方式，是处理合同违约问题的一种正式手段。以下是诉讼的具体步骤。

（1）提起诉讼：当发生合同违约问题时，受害方可以向法院提起诉讼。诉讼需要包括双方的基本信息、合同违约的情况、诉求等内容。

（2）立案：法院会根据诉讼材料，决定是否受理此案，并对案件进行立案。立案后，法院会通知双方，要求双方提供证据和意见。

（3）开庭审理：法院会根据双方提供的证据和意见，安排开庭审理。在庭审中，双方可以陈述自己的观点和证据，法院会对证据进行审查和鉴定，最终做出判决。

（4）判决：法院会根据事实和法律规定，做出判决。判决应该具有可执行性，符合法律和合同规定。判决具有法律效力。

（5）执行：当判决生效后，受害方可以向法院申请强制执行。法院会对被执行人的财产进行查封、扣押等措施，直至判决得到全面执行。

总之，诉讼是一种最后的争议解决方式，可以帮助双方公正、客观地解决合同违约问题。在开展诉讼时，双方应该保持冷静、理性，尊重对方的权益和利益，遵守法院的规定和程序。法院应该公正、客观地处理争议，根据事实和法律规定，做出公正的判决。

综上所述，合同违约的救济方式有友好协商、调解、仲裁和诉讼。在选择救济方式时，应该根据具体情况进行分析和判断，优先考虑友好协商和调解，避免争端进一步升级。如果无法通过友好协商和调解解决争议，可以选择仲裁或诉讼来解决争议。在处理合同违约问题时，需要注意保护自己的权益，收集证据，遵守法律和合同规定。

在贸易合同中规定违约情况的处理是非常重要的，因为一旦出现违约情况，合同双方需要有明确的处理方式，以保护自己的权益。以下是一些值得注意的事项。

（1）明确违约条款：在合同中应该明确规定违约的情况和处理方式，包括违约方应承担的责任和赔偿金额等。同时，违约条款应该符合当地法律法规的规定，以保证其有效性。

（2）合理的赔偿金额：在规定违约的赔偿金额时，应该考虑到违约的性质、影响和后果等因素，制定合理的赔偿标准。赔偿金额过高或过低都可能会导致争议和纠纷。

（3）协商解决：在出现违约情况时，应该首先采取协商的方式解决，尽量避免诉讼和仲裁等争议解决方式。协商解决可以节省时间和成本，同时也有助于维护合作关系。

（4）保留权利：在合同中应该明确规定双方保留的权利，如追究违约方的法律责任、终止合同等。这些权利可以帮助受害方在违约情况下保护自己的利益。

总之，在贸易合同中规定违约情况的处理需要考虑到多个因素，包括违约条款的明确性、赔偿金额的合理性、解决方式的选择等。双方应该在签订合同前认真考虑和商议，以确保合同的有效性和可执行性。

### 📑 拓展阅读

#### 脱钩断链，不是解决跨境贸易纠纷的必由之路

近年来，由于贸易保护主义的抬头以及全球经济格局的变化，跨境贸易纠纷不断升级。在这种背景下，一些国家和地区提出了脱钩断链的做法，试图通过减少与特定国家的经济联系来解决贸易纠纷。然而，这种做法并非解决问题的必由之路。

首先，脱钩断链会导致全球经济的不稳定。国际贸易是全球经济的重要组成部分，如果一些国家采取脱钩断链的做法，将会对全球经济造成不利影响。这种做法可能导致贸易壁垒的出现，使得全球经济受到冲击。此外，脱钩断链也会影响全球产业链的稳定，对全球供应链造成不良影响。

其次，脱钩断链并不能解决跨境贸易纠纷的根本问题。贸易纠纷往往是由于贸易政策、贸易规则等方面的分歧所引起的。如果采取脱钩断链的做法，虽然可以减少与特定国家的经济联系，但并不能解决贸易政策和规则方面分歧。这些分歧仍然存在，并有可能在其他方面产生负面影响。

最后，脱钩断链也会影响到企业和消费者的利益。全球化和开放市场给企业和消费者带来了更多的机会和选择。如果采取脱钩断链的做法，将会限制企业和消费者的选择范围，并可能导致价格上涨和质量下降。

因此，脱钩断链并不是解决跨境贸易纠纷的必由之路。相反，各国应该加强沟通协调，通过对话和协商解决贸易分歧。同时，应该加强对全球经济的监管和管理，维护公平竞争和开放市场的原则。只有这样，才能够实现可持续发展和共赢局面。

### ✍️ 任务实施

| 任务编号 | 任务名称 | 任务讨论 | 任务执行 | 总结评价 |
|---|---|---|---|---|
| 任务9.1 | 商品的检验、检疫制度 | 讨论商品的检验和检疫制度，包括国家法律法规的规定、检验检疫机构等 | 分析实际贸易中商品的检验和检疫制度，记录不同制度的优缺点和适用范围 | 对商品的检验和检疫制度进行评价，理解它们在贸易中的作用和意义 |
| 任务9.2 | 了解检验的一般流程 | 讨论检验的一般流程，包括准备检验、实施检验、出具检验报告等 | 分析实际贸易中检验的一般流程，记录不同流程的优缺点和适用范围 | 对检验的一般流程进行评价，理解它们在贸易中的作用和意义 |
| 任务9.3 | 掌握检验证书及作用 | 讨论检验证书的概念、种类和作用，以及在贸易中的重要性 | 分析实际贸易中检验证书的应用情况，记录不同证书的优缺点和适用范围 | 对检验证书进行评价，理解它们在贸易中的作用和意义 |
| 任务9.4 | 熟悉合同违约的救济方法 | 讨论合同违约的救济方法，包括协商、仲裁、诉讼等 | 分析实际贸易中合同违约的救济方法，记录不同救济方法的优缺点和适用范围。同时需要分析任务分析中需要做的其他工作，如风险防范、合同纠纷处理等，并进行相应的讨论和执行 | 对合同违约的救济方法进行评价，理解它们在贸易中的作用和意义。同时需要对任务分析中需要做的其他工作进行评价，总结任务完成情况和经验教训 |

以上表格可根据具体任务需求进行调整和完善。在实际实施过程中，可以组织团队成员进行讨论、分工合作，共同完成任务。同时，及时记录和总结评价，以便更好地完成任务目标。

## 知识与技能训练

参考答案

### 同步测试

**一、简答题**

1. 简述我国关于检验时间、地点的设定。
2. 我国商检机构的主要任务有哪些？
3. 简述商检证书的作用。
4. 买卖双方发生索赔的原因有哪些？
5. 简述不可抗力事故的构成条件、范围及法律后果。
6. 仲裁具有哪些特点？

**二、填空题**

根据下面不同的商品名称，填入对应出入境可能需要的检验证书名称。

| 商品名称 | 出入境可能需要的检验证书 |
|---|---|
| 罐头食品、乳制品 | |
| 冻畜肉、冻禽 | |
| 家具 | |
| 羽绒制品 | |
| 植物及种子 | |
| 生牛皮 | |
| 包装木箱 | |

**三、综合实训**

实训目的：帮助学生了解国际贸易中争议解决的方式，掌握仲裁条款的运用，学会在争议发生时合理应对。

实训内容：

1. 了解争议的具体情况：在本案中，双方对商品的品质发生了争议。首先需要了解具体的争议点，包括对品质的标准、合同中的约定等进行详细分析。

2. 解析仲裁条款：根据合同中约定的仲裁条款，确定仲裁的方式和程序，理解双方的权利和义务。

3. 应对诉讼程序：尽管双方已经约定了仲裁条款，但对方在所在地法院起诉，因此需要了解并应对诉讼程序。

4. 选择合适的解决方式：根据实际情况和法律规定的不同，选择合适的解决方式，包括仲裁、诉讼或协商等。

实训要求：

1. 掌握国际贸易中争议解决的基本知识。
2. 理解仲裁条款的意义和作用。
3. 学会在争议发生时选择合适的解决方式。
4. 培养学生的团队合作精神和沟通能力。

实训考核

| 考核内容 | 评分标准 | 分值 | 得分 |
| --- | --- | --- | --- |
| 案例分析 | 能够准确分析争议的焦点，对仲裁条款的内容进行合理解析，提出合理的解决方案 | 30 | |
| 角色扮演 | 在角色扮演中能够流利地模拟仲裁场景，展示出解决问题的能力 | 20 | |
| 方案评估 | 能够根据实际效果和法律规定，对提出的解决方案进行评估和优化，给出合理的评估意见 | 20 | |
| 团队合作与个人表现 | 在团队合作中能够积极参与，发挥出良好的团队合作精神和沟通能力，个人表现优秀 | 30 | |
| 总计 | | 100 | |

请你根据下面案例，为公司提出可能的救济方案。

浙江某进出口公司与外商订立一项出口合同，在合同中明确规定了仲裁条款，约定在履约过程中如发生争议，在中国仲裁。后来，双方对商品的品质发生争议，对方在其所在地法院起诉我方，法院发来传票，传该公司出庭应诉。对此，你认为该如何处理？请你提出可能的救济方案。

# 第十单元
# 跨境贸易方式选择

课件

## 单元介绍

本课程通过跨境贸易方式的学习，让学生了解跨境贸易方式的种类、特点和适用范围，并掌握如何根据贸易需求选择合适的跨境贸易方式。通过模拟跨境贸易方式选择流程，让学生深入了解选择过程中的细节和注意事项，并培养学生的分析、比较和决策能力。

## 学习目标

**知识目标：**

1. 了解跨境贸易方式的种类和特点；
2. 了解跨境贸易方式的适用范围；
3. 了解如何根据贸易需求选择合适的跨境贸易方式。

**技能目标：**

1. 具备分析跨境贸易方式的能力；
2. 具备比较跨境贸易方式的能力；
3. 具备选择跨境贸易方式的能力。

**素质目标：**

1. 增强学生的职业道德和行业规范意识；
2. 提高学生的社会责任感和可持续发展意识。

## 任务 10.1　了解传统的跨境贸易方式

## 任务描述

传统的跨境贸易方式有多种，包括经销与代理、寄售与展卖、招标投标与拍卖、期货交易与套期保值，以及对销贸易和加工贸易。这些贸易方式都有其独特的优点和缺点，适用于不同的贸易场景和商品类型。

传统国际贸易
方式与跨境电子
商务的比较

## 任务分析

### 1. 经销与代理

经销是一种常见的跨境贸易方式，指购买商品并出售给消费者或其他商家。经销的优点包括可以获得差价利润，同时可以通过库存管理和销售策略来控制风险。代理是指商家与制造商之间达成协议，代理销售制造商的商品。代理的优点包括可以减轻制造商的库存压力，同时可以通过扩大销售渠道来增加销售额。

### 2. 寄售与展卖

寄售是一种跨境贸易方式，指将商品交给他人代为销售，代销商按照销售额的一定比例向制造商支付费用。寄售的优点包括可以减轻制造商的库存压力，同时可以通过代销商的销售渠道来扩大市场。展卖是一种跨境贸易方式，指在展览会或博览会上展示和销售商品。展卖的优点包括可以吸引潜在客户，展示商品的多样性和特点，同时可以通过展会的信息交流和社交机会来建立商业关系。

### 3. 招标投标与拍卖

招标是一种跨境贸易方式，指通过公开征集投标人的方式来确定交易对象。招标的优点包括可以吸引多个投标人，提高竞争性，同时可以通过规范化的招标程序来确保公正性和透明度。投标是一种跨境贸易方式，指在招标过程中提交标书并参与竞标。投标的优点包括可以通过竞争获得更优惠的价格和更好的质量。拍卖是一种跨境贸易方式，指通过公开竞价的方式确定交易价格。拍卖的优点包括可以通过竞价提高商品的价值，同时可以通过吸引更多的买家来扩大销售渠道。

### 4. 期货交易与套期保值

期货交易是一种跨境贸易方式，指在未来的某个时间进行商品交易，并通过期货合约进行定价和交割。期货交易的优点包括可以通过杠杆效应获得高收益，同时可以通过套期保值来降低风险。套期保值是一种通过期货合约对冲现货交易风险的方法。通过套期保值，可以在一定程度上降低价格波动和市场风险对贸易的影响。

### 5. 对销贸易与加工贸易

对销贸易是一种跨境贸易方式，指通过双边贸易的方式实现贸易平衡。在对销贸易中，双方可以根据各自的需求和资源进行交换和交易，以实现互利共赢的效果。加工贸易是一种跨境贸易方式，指通过进口原材料或零部件并在国内加工生产后出口商品的方式进行贸易。加工贸易可以促进就业和经济增长，同时也可以提高国内产业的竞争力和技术水平。

## 知识储备

（1）经销适用于一般商品贸易；代理适用于特定区域的销售；寄售适用于难以直接销售的商品；展卖适用于展示和推广特定商品；招标投标适用于大型项目或政府采购；拍卖适用于特定类型的商品（如艺术品等）；期货交易适用于价格波动较大的商品；套期保值适用于规避价格风险的需求；对销贸易适用于双方互有需求的商品；加工贸易适用于加工制造产业的发展和提升。

（2）经销可以通过控制库存和销售策略来获得利润；代理可以减轻制造商的库存压力并扩大销售渠道；寄售可以减轻制造商的库存压力并降低销售风险；展卖可以展示商品特点、

吸引潜在客户并建立商业关系；招标投标可以提高竞争性并确保公正性和透明度；拍卖可以通过竞价提高商品价值并吸引更多买家；期货交易可以通过杠杆效应获得高收益并降低风险；套期保值可以通过对冲效应降低价格波动和市场风险的影响；对销贸易可以实现双边互利共赢的效果；加工贸易可以促进就业和经济增长并提高国内产业的竞争力。

### 10.1.1　经销与代理

#### 1. 经销

经销是指进口商（即经销商）与国外出口商（即供货商）达成协议，承担在规定的期限和地域内购销指定商品的义务，是跨境贸易中一种比较传统的出口推销方式。出口商可以通过订立经销协议与国外客户建立一种长期稳定的购销关系。利用国外经销商的销售渠道来推销商品，巩固并不断扩大市场份额，以促进其商品出口。

按经销商权限的不同，经销方式可分为两种：一种是独家经销亦称包销，是指经销商在规定的期限和地域内，对指定的商品享有独家专营权。另一种是一般经销，亦称定销。在这种方式下，经销商不享有独家专营权，供货商可在同一时间、同一地区内委派几家商号来经销同类商品。这种经销商与国外供货商之间的关系同一般进口商和出口商之间的关系并无本质区别。所不同的只是确立了相对长期和稳固的购销关系。经销协议是供货人和经销人订立的确立双方法律关系的契约，其内容的繁简可根据商品的特点、经销地区的情况以及双方当事人的意图加以确定。在实际业务中，许多经销协议只原则性地规定双方当事人的权利、义务和一般交易条件，以后每批货的交付双方要依据经销协议再订立具体买卖合同。明确价格、数量、交货期甚至支付方式等具体交易条件，或由供货商根据经销商发出的订单来交付货物。

通常，经销协议中会对经销商品的范围、经销地区、经销数量或金额、作价方法、经销商品的其他义务、经销期限等加以规定。

#### 2. 代理

代理是代理人按照本人的授权，代表本人与第三人订立合同或作其他法律行为，而由本人直接享有由此而产生的权利与承担相应的义务，是许多大型商贸机构在从事进出口业务中习惯采用的一种贸易做法。

在跨境贸易中按委托人授权的大小可分为：总代理，拥有代表委托人从事一般商务活动和某些非商务性的事务；独家代理，委托人在该地区内，不得委托其他代理人，只从事代理协议中规定的有关业务的代理人；一般代理，不享有独家专营权。佣金代理完成授权范围内的事务后按协议规定的办法向委托人计收佣金。

代理人在代理业务中，只是代表委托人行为。代理人与委托人通过代理协议建立的这种契约关系是属于委托代理关系，而不同于经销中的买卖关系。

销售代理协议主要包括以下内容：代理商品和地区、代理人的权利与义务、委托人的权利与义务、佣金的支付，除此之外，还有不可抗力和仲裁等条款规定。

### 10.1.2　寄售与展卖

#### 1. 寄售

寄售是指出口人将准备销售的货物运往国外寄售地，委托当地代销人按照寄售协议规定的条件代为销售后，再由代销人同货主结算货款。

寄售是一种委托代售的贸易模式，也是跨境贸易中为开拓商品销路、扩大出口而采用的一种通常做法。它与先出售、后出运货物的一般贸易方式不同，而是先出运、后出售商品。寄售人和代销人之间不是买卖关系，而是委托与受托关系，寄售协议属于行纪合同（又称信托合同）性质。寄售人与代销人是委托代售关系。代销人只能根据寄售人的指示代为处置货物，在委托人授权范围内可以以自己的名义出售货物、收取货款并履行与买主订立的合同，但货物的所有权在寄售地售出之前仍属寄售人；寄售是由寄售人先将货物运至寄售地，然后再寻找买主，因此，它是凭实物进行的现货交易；寄售方式中的代销人不承担任何风险和费用，货物售出前的一切风险和费用均由寄售人承担。

寄售协议要注意处理以下三方面的问题：寄售商品的作价方法、佣金的问题、货款的收付。

对寄售人来说，寄售有利于开拓市场和扩大销路。代销人在寄售方式中不需垫付资金，也不承担风险。寄售是凭实物进行的现货买卖，买主看货成交，付款后即可提货，大大节省了交易时间，减少了风险和费用，为买主提供了便利。采用寄售方式出口时，寄售人要承担货物售出前的一切风险，资金周转期长，收汇不够安全。

**2. 展卖**

展卖是利用展览会和博览会及其他交易会形式，对商品实行展销结合的一种贸易方式。

展卖可以采取各种不同的方式。从展卖商品的所有方和客户的关系来看，展卖的做法主要有两种：一是将货物通过签约方式卖断给国外客户，双方是一种买卖关系，由客户在国外举办或参加展览会货价有所优惠，货款可在展览会后或定期结算。另一种方式是由双方合作，展卖时货物所有权不变，展品出售的价格由货主决定。国外客户承担运输、保险、劳务及其他费用，货物出售后收取一定手续费作为补偿。展卖结束后，未售出的货物可以折价卖给合作的客户，或运往其他地方进行另一次展卖。

展卖有利于宣传出口商品，扩大影响，招揽潜在买主，促进交易；有利于建立和发展客户关系，扩大销售地区和范围；有利于开展市场调研，了解消费者的意见，有利于改进商品质量，增强出口竞争力。

除此之外，还可以将寄售和展卖方式结合起来进行。用组合方式提高货物的销售。

目前，中国进出口商品交易会、中国进口博览会在全球跨境贸易中扮演着越来越重要的角色。

### 10.1.3 招标投标与拍卖

**1. 招标投标**

招标投标是一种传统的贸易方式。一些政府机构、市政部门和公共事业单位经常用招标方式采购物资、设备、勘探开发资源或招包工程项目，有些国家也用招标方式进口大宗商品。世界银行贷款项目和国际间政府贷款项目，通常也在贷款协议中规定，运用这些贷款采购物资、设备、发包工程时，必须采用国际竞争性招标投标方式。招标与投标是一种贸易方式的两个方面。

招标是指招标人（买方）发出招标通知，说明拟采购的商品名称、规格、数量及其他条件，邀请投标人（卖方）在规定的时间、地点按照一定的程序进行投标的行为。

投标是指投标人（卖方）应招标人的邀请，按照招标的要求和条件，在规定的时间内向招标人递价，争取中标的行为。

国际招标主要有公开招标和非公开招标两种。

### 2. 拍卖

拍卖是一种具有悠久历史的交易方式，在今天的跨境贸易中仍被采用。通过拍卖成文的商品通常是品质难以标准化、或难以入存、或按传统习惯以拍卖出售的商品，如裘皮、茶叶、烟草、羊毛、木材、水果以及古玩和艺术品等。

跨境贸易中的拍卖是由经营拍卖业务的拍卖行接受货主的委托，在规定的时间和场所，按照一定的章程和规则，以公开叫价的方法，把货物卖给出价最高的买主的一种贸易方式。

拍卖是在一定的机构内有组织地进行的；拍卖具有自己独特的法律和规章；拍卖是一种公开竞买的现货交易。拍卖的出价方法包括增价拍卖也称英式拍卖、减价拍卖又称荷兰式拍卖和密封递价拍卖又称招标式拍卖。

拍卖业务进行的程序，一般可分为三个阶段：准备阶段、正式拍卖、成交与交货。

## 10.1.4　期货交易与套期保值

### 1. 期货交易

期货交易是指在期货交易所内，按一定规章制度进行的期货合同的买卖。

期货交易是一种特殊的交易方式。早期的期货交易产生于11—14世纪的欧洲，在17世纪的日本得到了发展。现代期货市场起源于19世纪后期的美国。

现代期货交易是在期货交易所内进行的。期货交易商品基本上都是属于供求量较大、价格波动频繁的初级商品，如谷物、棉花、食糖、咖啡、可可、油料、活牲畜、木材、有色金属、原油，以及贵金属、金、银等。目前期货交易所已经遍布世界各地，特别是在美国、英国、日本、新加坡等地的期货交易所在国际期货市场上占有非常重要的地位。其中交易量比较大的著名交易所有：美国的芝加哥商品交易所、芝加哥商业交易所、纽约商品交易所、纽约商业交易所，英国的伦敦金属交易所，日本的东京工业品交易所、谷物交易所，香港的期货交易所，以及新加坡的国际金融交易所等。

不同的参加者进行期货交易的目的不同，有的是为了配合现货交易，利用期货交易转移价格变动的风险；有的是为了在期货市场上套取利润；有的是专门从事投机，目的是取得相应的投资利润。

保证金制度使期货市场的整个运行机制更具有凝聚力，几乎达到了万无一失的地步。它使期货交易机制日趋完善，从而吸引更多的人来参加交易。

### 2. 套期保值

套期保值又称为"海琴"，是期货市场交易者将期货交易与现货交易结合起来进行的一种市场行为。其定义可概括为交易者在运用期货交易临时替代正常商业活动中，转移一定数量商品所有权现货交易的做法。其目的就是要通过期货交易转移现货交易的价格风险，并获得这两种交易相配合的最大利润。

套期保值之所以能起到转移现货价格波动风险的作用，是因为同一种商品的实际货物市场价格与期货市场价格的变化趋势基本上是一致的，涨时俱涨，跌时俱跌。

因此，套期保值者经常在购入现货的同时在期货市场上出售期货，或在出售现货的同时买入期货。由于利用期货市场和现货市场相反的交易，通常会出现一亏一盈的情况。套期保值就是希望以期货市场的盈利来弥补实际货物交易中可能遭到的损失，从而达到保值的目的。

### 10.1.5 对销贸易与加工贸易

#### 1. 对销贸易

对销贸易（Counter Trade）由两个或两个以上的贸易方达成协议，规定一方的进口商品可以部分或全部以对方的出口商品来支付。

对销贸易实质上是进口和出口相结合的方式，一方商品或劳务出口必须以进口对方商品或劳务为条件，并且不采用货币支付，而是用对方的出口商品来支付。对销贸易有多种形式，如易货贸易（Barter Trade）、补偿贸易（Compensation Trade）、反购或互购（Counter Purchase）、转手贸易（Switch Trade）和抵销（Offset）。在我国对外经贸活动中采用较多的用易货贸易和补偿贸易。

#### 2. 加工贸易

（1）来料加工。

来料加工又称对外加工装配业务。广义的来料加工包括来料加工和来件装配两个方面，是指由外商提供一定的原材料、零部件、元器件，由我方按对方的要求进行加工或装配，成品交由对方处置，我方按照约定收取工缴费作为报酬。

（2）进料加工。

进料加工是指从国外购进原料，加工生产出成品再销往国外。由于进口原料的目的是为了扶植出口，所以，进料加工又可称为"以进养出"。我国开展的以进养出业务，除了包括进口轻工、纺织、机械、电子行业的原材料、零部件、原器件，加工、制造或装配出成品再出口外，还包括从国外引进农、牧、渔业的优良品种，经过种植或繁育出成品再出口。

（3）境外加工。

境外加工是指我国企业在国外进行直接投资的同时，利用当地的劳动力开展加工装配业务，以带动和扩大国内设备、技术、原材料、零配件出口的一种国际经济合作方式。境外加工贸易是在海外进行投资办厂的基础上开展来料加工或进料加工或就地取材的一种贸易方式。

## 任务 10.2 了解跨境电子商务方式

### 任务描述

跨境电子商务是指不同国家或地区的商家和消费者通过互联网平台进行商品交易和跨境支付，涉及海关、物流、支付等多个环节。主流的跨境电子商务平台包括速卖通、亚马逊、WISH、SHOPEE、洋码头、eBay 和 Lazada 等。这些平台具有较高的知名度和较多的用户群体，提供多种支付方式、物流方式和营销手段，适合不同类型和规模的商家开展跨境电子商务。

## 任务分析

在跨境电子商务中，商家需要了解不同国家和地区的贸易政策和法规，以及海关、物流、支付等相关环节的要求和规定。

按照交易方向，跨境电子商务可以分为出口跨境电子商务和进口跨境电子商务两种类型。出口跨境电子商务是指将本国商品销售到其他国家，而进口跨境电子商务则是指将其他国家商品销售到本国。

跨境电子商务具有以下特点：

（1）全球化：跨境电子商务可以将商品销售到全球范围内，商家可以借助互联网平台拓展全球市场。

（2）高效性：跨境电子商务可以缩短交易时间和空间距离，提高交易效率。

（3）多样性：跨境电子商务可以提供多种支付方式、物流方式和营销手段，满足不同消费者需求。

（4）风险性：跨境电子商务涉及不同国家或地区的政治、经济、文化等因素，存在一定的风险和不确定性。

## 知识储备

（1）了解不同国家和地区的贸易政策和法规，以及海关、物流、支付等相关环节的要求和规定。

（2）了解跨境电子商务的特点和分类，以及不同平台的差异和优劣势。

（3）掌握跨境网店操作实务的流程和方法，包括网店开设、运费模板设置、选品与价格核算、上新与优化、平台活动和店铺营销、客服与支付管理、物流与售后服务等。

（4）熟悉主流跨境电子商务平台的操作流程和规则，包括速卖通、亚马逊、WISH、SHOPEE、洋码头、eBay 和 Lazada 等。

（5）了解其他相关知识和技能，例如市场调研、数据分析、营销策略等，以提高商家的竞争力和经营效率。

### 10.2.1　跨境电子商务

#### 1. 跨境电子商务概念

跨境电子商务是指分属不同关境的交易主体，通过电子商务平台达成交易、进行电子支付结算，并通过跨境电商物流及异地仓储送达商品，从而完成交易的一种国际商业活动。它是对外贸易的有利补充和重要发展手段之一，是针对国外客户在网上实现在线交易的贸易方式，包括跨境电子商务进口和出口两个业务，其经营方式比国内的淘宝、天猫、京东等网店要复杂得多，包括在跨境电商平台购买跨境商品的跨境购物；在跨境电商平台提供安全、便捷的国际支付服务的跨境支付；在跨越不同国家或地区的物流服务的跨境物流；以及在跨境电商平台提供的全球化广告和营销服务的跨境营销。

## 2. 跨境电子商务分类

跨境电子商务按物流方向、商业模式和营运方式可以分成不同的类别。具体参见表 10-1。

**表 10-1　跨境电子商务的分类**

| 分类 | 描述 |
|---|---|
| 物流方向 | 1. 出口跨境电子商务：从国内向国外销售商品，需要进行出口物流 |
| | 2. 进口跨境电子商务：从国外向国内销售商品，需要进行进口物流 |
| 商业模式 | 1.B2B 跨境电子商务：企业之间进行跨境电子商务交易 |
| | 2.B2C 跨境电子商务：企业向消费者进行跨境电子商务交易 |
| | 3.C2C 跨境电子商务：消费者之间进行跨境电子商务交易 |
| 运营模式 | 1. 自营跨境电子商务：企业自己拥有商品库存，自行进行跨境电子商务交易。B2B 模式是跨境电商的主要模式，一般涉及大宗商品交易，如工业品、电子商品等 |
| | 2. 平台跨境电子商务：企业在跨境电子商务平台上进行交易，平台提供技术支持和服务。B2C 模式则是跨境电商的一种新型模式，一般涉及个人消费品、服装、饰品等 |
| | 3. 代购跨境电子商务：消费者通过代购网站或代购个人进行跨境电子商务交易。C2C 模式，一般涉及二手商品、闲置物品的交易 |

## 3. 跨境电子商务的特点

跨境电子商务的特点主要体现在以下几个方面。

（1）跨境电子商务具有全球化的特点，可以实现商品和服务的全球化交易。消费者可以通过互联网购买来自世界各地的商品，商家也可以将商品销售到全球市场。

（2）跨境电子商务打破了地域限制，消除了传统实体店面的空间限制。消费者可以随时随地通过互联网购买商品，商家可以利用电子商务平台将商品销售到全球市场。

（3）跨境电子商务提供了更多的选择和便利性。消费者可以通过互联网比较不同国家和地区的商品和价格，选择最适合自己的商品。同时，跨境电子商务还提供了便捷的支付和物流服务，使消费者可以更方便地购买跨境商品。

（4）跨境电子商务促进了国际贸易的发展。通过跨境电子商务，商家可以将商品销售到全球市场，扩大销售渠道和市场份额。同时，消费者也可以通过跨境电子商务购买到更多的国际商品，丰富了消费者的选择。

（5）跨境电子商务还促进了国际间的合作和交流。通过跨境电子商务平台，商家可以与全球的供应商和合作伙伴进行合作，实现资源共享和互利共赢。同时，消费者也可以通过跨境电子商务了解和体验不同国家和地区的商品和文化。

总之，跨境电子商务具有全球化、打破地域限制、提供更多选择和便利性、促进国际贸易和合作等特点，对于推动经济发展和促进国际交流具有重要意义。

## 10.2.2　跨境网店操作实务

### 1. 网店开设

首先需要在所选电商平台注册店铺信息并填写必要的信息，选择适合自己的跨境电商平台，如亚马逊、eBay、速卖通等。每个平台的要求不同，所以要仔细了解平台要求并按照要求进行信息填写。注册平台账号，并完成店铺资料填写和认证，根据平台要求，开设自己的店铺。

为了在全球范围内进行商品交易，开设一家网店首先需要在众多热门的跨境电商平台中选择一个最适合自己经营业务的平台，比如全球性的巨头亚马逊、eBay 以及致力于服务全球中小企业的速卖通等。但每一个平台都有其独特的规定和要求，比如对于店铺的经营领域、品类、等级等都有不同的限制。因此，我们需要对每个平台的要求进行深入细致的了解，并在理解的基础上，根据平台的规定和要求来完善和补足我们店铺的信息，包括填写必要的店铺资料，进行有效的店铺认证等。只有当我们按照平台的要求完成了这一系列的工作，才能顺利地开设出一家适合自己经营的网店。

### 2. 运费模板设置

根据不同商品特性和目的地国家的物流要求，选择合适的物流方式并计算出相应运费，在平台内设定和管理运费模板。

精确地根据各种商品的独特特性，以及它们被发送至不同国家的物流需求，我们将选择最适合的物流方式，并对运费进行精细准确的计算。在电子商务平台的内部，我们将精心设定和管理这些运费模板，以便更好地满足我们客户的需求。

### 3. 选品与价格核算

仔细研究目标市场和客户需求并选择合适的商品进行销售。核算商品的成本和目标利润，以确定合理的销售价格。

精心细致地研究目标市场和客户们的具体需求，掌握客户们的需求和潜在的痛点，运用这些关键信息来挑选出最为合适的商品进行推广和销售。研究并精确计算出商品的生产成本，根据商品的品质、市场稀缺性、功能优势等因素进行定价，同时也需要考虑到商品的目标利润，以确保销售价格设置的合理性，既能够为企业获取丰厚的利润，也能够让消费者们能够以公道的价格获取到他们所需的商品。

### 4. 上新与优化

将自己的商品发布到店铺中，并设置好商品的价格、描述和图片等信息。拟定吸引人的英文商品标题和相关关键词，拍摄和优化高质量的商品图片，并完善商品的详细页，为目标客户提供更详尽的信息。在商品价格、描述和图片的设定上，需要投入大量的时间和精力，以确保它们充满吸引力和专业性。为了让目标客户能够在搜索结果中更容易地发现商品，要精心拟定一个引人注目的英文商品标题，同时，添加相关的关键词，以便提高它们的搜索排名。为了给顾客提供更加详尽的商品信息，还要精心拍摄和优化高质量的商品图片，让它们在展示商品细节和功能时，显得真实而生动。此外，必须完善商品的详细页，为目标客户提供更加详尽的信息，从而让他们在购物过程中，感受到卖家的专业和用心。

### 5. 平台活动和店铺营销

通过各种方式进行推广，如搜索引擎优化、社交媒体营销、广告投放等。充分利用平台提供的营销工具和资源，积极进行店铺宣传和参加平台举办的各项活动，提高店铺的综合竞争力。

我们可以通过诸多新颖且具有吸引力的方式进行有效的推广，例如，我们将以精细而专业的搜索引擎优化（SEO）、广受用户欢迎的社交媒体营销策略，以及在广泛渠道投放的精准广告，持续提升店铺的知名度和曝光度。同时，我们也充分利用平台所提供的那些具有卓越功能和庞大资源的营销工具，积极地在店铺中进行宣传和推广，以吸引更多顾客的注意力。此外，我们还需积极参加由平台主办的各类精彩纷呈的促销活动，借此提升店铺的整体品牌影响力和吸引力，从而进一步提高店铺的综合竞争实力，使其在众多竞争对手中脱颖而出。

**6. 客服与支付管理**

及时处理客户的订单，包括确认订单、发货、物流跟踪等。为客户提供便捷的支付方式并监控收款账户。及时解决客户的咨询和疑虑，跟踪款项的支付情况，为客户提供良好的购物体验和服务。以客户为中心，在第一时间内全心全意地处理客户的订单，确保每一份订单都得到妥善的处理，这包括对订单的详细确认、迅速的发货以及随时随地的物流跟踪等。

为客户提供多种便捷的支付方式，通过实时监控收款账户，确保客户的每一笔款项都能及时、准确地被接收。同时，能迅速处理客户的咨询和疑虑，帮助客户及时解决问题，并持续跟踪款项的支付情况，以便为客户提供更优质的购物体验和服务。应致力于为客户提供一站式、全方位、有保障的服务，确保每位客户在平台上都能享受到最尊贵的购物体验。

**7. 物流与售后服务**

提供良好的售后服务，如退换货、维修等，及时发货和追踪物流，为顾客提供及时有效的发货服务。同时，处理客户售后问题，积极管理和回应客户的评价和反馈。如出现纠纷，及时解决并减少可能的损失。

提供全面而卓越的物流与售后服务，包括退换货、维修等多种功能，要承诺快速响应顾客的需求，以最快的速度发出订单，并且对于每一个订单的物流流程进行实时监控，保证顾客能够在最短的时间内获得他们所期待的商品。客服团队更是致力于提供及时而有效的发货服务，以确保顾客的满意度达到最大化。同时，要重视客户的售后评价和反馈，这是衡量服务质量的重要标尺。若出现纠纷，应在第一时间进行妥善解决，以确保顾客的权益，并且尽量减少可能的损失。

## 10.2.3　主流跨境电子商务平台

具有全球影响力的主流电子商务平台如表 10-2 所示。

**表 10-2　具有全球影响力的主流电子商务平台**

| 平台名称 | 主要特点 |
| --- | --- |
| 阿里巴巴国际站 | 面向全球买家和供应商的 B2B 跨境电子商务平台，提供海外采购和国际贸易服务 |
| 亚马逊 | 全球最大的电商平台之一，提供全球范围的跨境电子商务服务，包括海外购物和国际物流 |
| eBay | 全球知名的 C2C 和 B2C 电商平台，允许个人和企业在全球范围内进行跨境交易 |
| Wish | 总部位于美国的跨境电子商务平台，提供廉价商品和折扣购物体验 |
| AliExpress | 面向全球消费者提供中国商品的购买渠道，以低价和免费国际运输而闻名 |
| JD Worldwide（京东全球购） | 京东旗下的跨境电子商务平台，提供全球范围的商品购买和国际物流服务 |
| Walmart Global | 美国零售巨头沃尔玛的跨境电子商务平台，允许全球消费者购买沃尔玛的商品 |
| Rakuten Global Market | 日本跨境电子商务平台，提供全球范围的商品购买和国际物流服务 |

### 1. 速卖通

速卖通是阿里巴巴旗下的 B2B 平台，主要面向海外买家，提供全球贸易服务。

基本特点、特色：速卖通以"一站式全球贸易服务平台"为宗旨，提供从商品搜索、下单、支付到物流配送等全流程服务，致力于帮助海外买家轻松高效地采购全球优质商品。

业务区域：全球范围内，速卖通主要面向海外买家，涉及的商品范围广泛，包括服装、家居、电子、玩具等多个领域。据统计，截至 2020 年，速卖通的贸易规模已达到 1.2 万亿人民币。

速卖通对卖家收取一定的佣金和服务费用。速卖通在海外买家中口碑较好，服务质量受到肯定。

### 2. 亚马逊

亚马逊是全球最大的电商平台之一，主要面向全球消费者提供商品销售和配送服务。

基本特点、特色：亚马逊以"客户至上"为宗旨，致力于为消费者提供优质的购物体验。亚马逊的平台特点是商品品类丰富、价格竞争激烈、物流速度快。

业务区域：全球范围内。

商品定位、贸易规模：亚马逊的商品范围非常广泛，从图书、电子商品到家居、服装等各个领域都有涉及。据统计，亚马逊的贸易规模已经超过 1 万亿美元。

亚马逊对卖家收取一定的佣金和服务费用。

客户评价：亚马逊在全球消费者中口碑较好，服务质量受到肯定。

### 3. WISH

WISH 是一家总部位于美国的电商平台，主要面向全球消费者提供商品销售和配送服务。

基本特点、特色：WISH 以"实惠购物"为宗旨，致力于为消费者提供价格实惠的商品。WISH 的平台特点是商品价格便宜、品类丰富、物流速度较慢。

业务区域：全球范围内。WISH 的商品定位主要是价格实惠的商品，涉及的商品范围广泛，包括服装、家居、电子、玩具等多个领域。据统计，WISH 的贸易规模已经超过 1 亿美元。

WISH 对卖家收取一定的佣金和服务费用。WISH 在全球消费者中口碑参差不齐，服务质量存在一定问题。

### 4. SHOPEE

SHOPEE 是东南亚地区最大的电商平台之一，主要面向东南亚地区消费者提供商品销售和配送服务。

基本特点、特色：SHOPEE 以"简单、快捷、安全"为宗旨，致力于为东南亚地区消费者提供优质的购物体验。SHOPEE 的平台特点是商品品类丰富、价格竞争激烈、物流速度快。

业务区域：东南亚地区。SHOPEE 的商品范围非常广泛，从服装、美妆到家居、食品等各个领域都有涉及。据统计，SHOPEE 的贸易规模已经超过 100 亿美元。

SHOPEE 对卖家收取一定的佣金和服务费用。SHOPEE 在东南亚地区消费者中口碑较好，服务质量受到肯定。

### 5. 洋码头

洋码头是一家专业的跨境电商平台，专注于为中国消费者提供海外商品购物服务。洋码头以"全球直采"为核心理念，致力于为中国消费者提供优质、多样的海外商品。

基本特点、特色：洋码头专注于提供全球直采的优质商品，商品品类丰富、价格优惠、质量有保障。洋码头的平台特点是支持跨境购物、一站式购物体验、物流速度快。

业务区域：全球范围内，洋码头主要面向中国消费者，涉及的商品范围广泛，包括服装、家居、电子、玩具等多个领域。据统计，截至2020年，洋码头的贸易规模已经超过100亿美元。

洋码头对卖家收取一定的佣金和服务费用。洋码头在中国消费者中口碑较好，服务质量受到肯定。

### 6. eBay

eBay是全球著名的电商平台之一，主要面向全球消费者提供商品销售和拍卖服务。

基本特点、特色：eBay以"个人卖家"为核心，致力于为消费者提供丰富多样的商品选择和低廉的价格。eBay的平台特点是商品品类丰富、价格竞争激烈、物流速度较慢。

业务区域：全球范围内，eBay的商品定位主要是个人卖家，涉及的商品范围广泛，包括服装、家居、电子、玩具等多个领域。据统计，截至2020年，eBay的贸易规模已经超过1 000亿美元。

eBay对卖家收取一定的佣金和服务费用。eBay在全球消费者中口碑较好，服务质量受到肯定。

### 7. Lazada

Lazada是东南亚地区最大的电商平台之一，主要面向东南亚地区消费者提供商品销售和配送服务。

基本特点、特色：Lazada以"简单、快捷、安全"为宗旨，致力于为东南亚地区消费者提供优质的购物体验。Lazada的平台特点是商品品类丰富、价格竞争激烈、物流速度快。

业务区域：东南亚地区。Lazada的商品范围非常广泛，从服装、美妆到家居、食品等各个领域都有涉及。据统计，Lazada的贸易规模已经超过100亿美元。

Lazada对卖家收取一定的佣金和服务费用。Lazada在东南亚地区消费者中口碑较好，服务质量受到肯定。

### 📖 前沿视角

国务院办公厅2021年7月2日发布了《国务院办公厅关于加快发展外贸新业态新模式的意见》，意见指出："完善跨境电商发展支持政策。在全国适用跨境电商企业对企业（B2B）直接出口、跨境电商出口海外仓监管模式，完善配套政策。便利跨境电商进出口退换货管理。优化跨境电商零售进口商品清单。稳步开展跨境电商零售进口药品试点工作。引导企业用好跨境电商零售出口增值税、消费税免税政策和所得税核定征收办法。研究制定跨境电商知识产权保护指南，引导跨境电商平台防范知识产权风险。到2025年，跨境电商政策体系进一步完善，发展环境进一步优化，发展水平进一步提升。"

意见还特别强调："完善覆盖全球的海外仓网络。支持企业加快重点市场海外仓布局，完善全球服务网络，建立中国品牌的运输销售渠道。鼓励海外仓企业对接综试区线上综合服务平台、国内外电商平台等，匹配供需信息。优化快递运输等政策措施，支持海外仓企业建立完善物流体系，向供应链上下游延伸服务，探索建设海外物流智慧平台。推进海外仓标准建设。到 2025 年，依托海外仓建立覆盖全球、协同发展的新型外贸物流网络，推出一批具有国际影响力的国家、行业等标准。"

请结合课程学习，谈谈你对发展跨境电子商务的认识。

✎ 任务实施

| 任务编号 | 任务名称 | 任务讨论 | 任务执行 | 总结评价 |
|---|---|---|---|---|
| 任务 10.1 | 了解传统的跨境贸易方式 | 讨论传统的跨境贸易方式，包括经销与代理、寄售与展卖、招标投标与拍卖、对销贸易与加工贸易等主要形式、流程和优缺点 | 分析传统跨境贸易方式的应用情况和特点，记录不同方式的优缺点和适用范围 | 对传统的跨境贸易方式进行评价，理解它们在贸易中的作用和意义 |
| 任务 10.2 | 了解跨境电子商务方式 | 讨论跨境电子商务的概念、分类和发展趋势，以及主流电商平台的特点和作用 | 分析跨境电子商务的优势和挑战，记录不同电商平台的特色和服务范围 | 对跨境电子商务方式进行评价，理解它们在贸易中的作用和意义。同时对主流电商平台进行分析，了解它们的优势和劣势，以及如何选择合适的平台进行贸易 |

以上表格可根据具体任务需求进行调整和完善。在实际实施过程中，可以组织团队成员进行讨论、分工合作，共同完成任务。同时，及时记录和总结评价，以便更好地完成任务目标。

📱 知识与技能训练

同步测试                                          参考答案

**一、判断题**

1. 包销与独家代理的根本区别在于：前者是买卖关系，后者是委托代理关系。（    ）

2. 为鼓励出口，我国规定所有出口商品都可以搞对外加工装配。（    ）

3. 对外加工装配业务就是进料加工。（    ）

4. 寄售业务中代销人可以以委托人的名义，也可以以自己的名义从事授权范围内的事务。（    ）

5. 招标和投标是一种交易的两个方面，属于竞卖方式。（    ）

6. 补偿贸易是在信贷的基础上进行的一种吸引外商直接投资的贸易方式。（    ）

7. 在包销协议中，必须将专买权和专卖权作为对流条件加以规定。（    ）

8. 一般代理除享有独家代理同样的权利和义务外，还同时享有专营权。（    ）

9. 包销是指出口商（卖方）同国外（或地区）的双方根据其包销协议规定，出口商在一定时期和一定地区内就一种或数种商品给予包销商以独家经销的权利。（    ）

10. 寄售业务中，代销人只享有对货物的控制权不享有所有权，因此，货物售出前的风险同寄售人承担。（    ）

11. 阿里巴巴是全球最大的跨境电子商务平台之一,主要服务于中国市场。(    )

12. Wish 是美国的一家跨境电子商务平台,主要服务于美国市场。(    )

13. 全球速卖通是阿里巴巴旗下的跨境电子商务平台,主要服务于国际市场。(    )

14. 敦煌网是一家专注于跨境 B2B 的电子商务平台。(    )

15. eBay 是专门用于销售二手商品的跨境电子商务平台。(    )

## 二、综合实训

根据项目内容,组织学生进行实际的演练,要求学生根据国际贸易传统贸易方式如利用经销、代理、寄售、展卖、对销贸易、加工贸易等和利用电子商务方式去迅速占领海外市场,为问界品牌的新能源车开拓中东、"一带一路"沿线国家、欧洲及非洲市场,设计一套采用各种贸易组合的贸易方式,以快速打开市场并拓展市场份额:

问界(AITO)是一家新兴的智能新能源汽车品牌,定位于"智能、豪华、安全"。该品牌于 2019 年正式发布,并推出了多款车型,包括 SUV、轿车、MPV 等。

问界在新能源汽车领域注重智能化的发展方向,致力于为用户提供智能化的驾驶体验和便捷的服务。其车型配备了丰富的智能科技配置,如自动驾驶辅助系统、智能互联功能、智能语音控制系统等。

此外,问界还注重豪华和安全性能,其车型采用了高品质的材料和制造工艺,拥有宽敞舒适的内部空间和多项安全配置。

问界汽车在新能源汽车市场上正在逐步获得消费者的认可和好评,其用户口碑和市场表现不断提升。

开拓中东、"一带一路"沿线国家、欧洲及非洲市场的贸易方式实训方案。

实训目的:

通过实际演练,让学生掌握国际贸易传统贸易方式和电子商务方式,以快速打开中东、"一带一路"沿线国家、欧洲及非洲市场,并拓展问界品牌新能源车的市场份额。

实训内容:

1. 学习国际贸易传统贸易方式:通过课堂学习和实践案例分析,学生将了解经销、代理、寄售、展卖、对销贸易和加工贸易等传统贸易方式的特点、优势和适用场景。

2. 学习电子商务方式:学生将学习电子商务平台的运营模式、销售渠道、在线营销和售后服务等内容,了解如何利用电子商务平台进行海外市场拓展。

3. 设计贸易方式组合:学生将根据问界品牌新能源车的特点和目标市场需求,设计一套贸易方式组合,结合经销、代理、寄售、展卖、对销贸易、加工贸易和电子商务等方式,以快速打开市场并拓展市场份额。

实训要求:

1. 学生需要进行市场调研,了解目标市场的消费者需求、竞争情况和法律法规要求,为贸易方式的设计提供准确的市场数据和分析。

2. 学生需要与当地合作伙伴、政府和消费者进行密切合作和沟通,以确保贸易方式的可行性和有效性。

3. 学生需要运用所学知识和技能,结合实际情况,灵活运用贸易方式组合,以实现快速打开市场和拓展市场份额的目标。

实训考核：

1. 实训报告：学生需要提交一份实训报告，详细描述所设计的贸易方式组合，包括具体的市场分析、贸易方式选择和实施方案等。

2. 实训演练：学生需要进行实际演练，模拟与当地合作伙伴的洽谈和合作过程，展示对贸易方式的理解和应用能力。

3. 实训成果评估：根据实训报告和实训演练的表现，评估学生对贸易方式的理解和应用能力，以及对市场拓展和市场份额增加的贡献。

通过以上综合实训方案，学生将能够全面了解国际贸易传统贸易方式和电子商务方式，掌握如何设计贸易方式组合，以快速打开中东、"一带一路"沿线国家、欧洲及非洲市场，并拓展问界品牌新能源车的市场份额。同时，学生还将培养市场调研、合作沟通和创新思维等能力，为将来的职业发展打下坚实基础。

# 附录

## 新形态资源导引

### 一、课程电子资源

1. 《进出口贸易实务》课程标准
2. 《进出口贸易实务》教材课件
3. 《进出口贸易实务》视频资料

### 二、空白单证样张

1. 销售合同
2. 商业发票
3. 装箱单
4. 汇票
5. 普惠制产地证
6. 原产地证明书
7. 货物运输保险单
8. 海运提单
9. 货物出运委托书
10. 入境货物报检单
11. 出境货物报检单
12. 出口货物报关单
13. 货物运输保险投保单
14. 信用证开证申请书

# 参 考 书 目

[1] 黎孝先. 国际贸易实务 [M]. 3 版. 北京：对外经济贸易大学出版社，2016.
[2] 邵作仁. 国际贸易实务 [M]. 5 版. 大连：东北财经大学出版社，2015.
[3] 魏彩慧. 出口业务操作 [M]. 北京：北京大学出版社，2012.
[4] 张严欣. 进口业务操作 [M]. 北京：北京大学出版社，2012.
[5] 吴百福. 进出口贸易实务教程 [M]. 上海：上海人民出版社，2001.
[6] 吴百福. 国际贸易结算实务 [M]. 北京：中国商务出版社，2003.
[7] 李左东. 国际贸易理论、政策与实务 [M]. 北京：高等教育出版社，2002.
[8] 温厉. 国际贸易卷（MBA 案例系列教材）[M]. 北京：中国人民大学出版社，2002.
[9] 沈瑞年. 国际结算 [M]. 北京：中国人民大学出版社，2001.
[10] 吴国新. 国际贸易理论与实务 [M]. 北京：机械工业出版社，2003.
[11] 张卿. 国际贸易实务 [M]. 北京：首都经济贸易大学出版社，2002.
[12] 韩玉珍. 现代国际贸易实务 [M]. 北京：首都经济贸易大学出版社，2003.
[13] 王益平. 国际支付与结算 [M]. 北京：北京交通大学出版社，2003.
[14] 徐景霖. 国际贸易实务 [M]. 大连：东北财经大学出版社，2002.
[15] 石玉川. 国际贸易实务 [M]. 北京：中国商务出版社，2003.
[16] 陈亚平. 国际贸易理论与实务 [M]. 北京：中国财经出版社，2003.
[17] 叶德万. 国际贸易实务 [M]. 广州：华南理工大学出版社，2003.
[18] 王达政. 国际贸易实务 [M]. 北京：高等教育出版社，2003.